Hélène Lee
Der erste Rasta

Hélène Lee

Der erste Rasta

Aus dem Französischen übersetzt
von Angelika Inhoffen

hannibal

Titel der Originalausgabe: Le Premier Rasta

published 1999 Flammarion, Paris

Lektorat: Matthias Inhoffen
Titelfoto: Contrast/Vienna
Buchdesign: bw-works, Michael Bergmeister
Druck: Art Press, A-6600 Höfen
ISBN: 3-85445-178-4

Inhalt

Dankesworte

Professor Robert Hill. Respekt!

Dank an Donovan Philips. Schade – er hätte dieses Buch ebenso schreiben können wie ich.

Dank an die großartigen Rasta-Brüder, die mich immer wieder ermutigten und die geduldig meine Fragen beantwortet haben: Mortimer Planno, Bongo Puru, Bongo Sheffan, die Mystic Revelation of Rastafari, Jah Youth, Johnny Dizzy Moore, Bro Manny, Bro Sam, David Elliott, Bernard Satta Collins, Cedric Brooks sowie all die anderen. Jah Love!

Großen Respekt zolle ich den Rasta-Elders aus Tredegar Park, insbesondere Miss Amy, Miss Vinette, Chi-Chi Boy – und nicht zu vergessen der Königin, Miss Gertrude Campbell.

Dank an Jimmy Cliff.

Dank an Ras Miguel Lorne für sein Engagement und seine Verdienste um die Verbreitung des Rasta-Gedankens.

Dank auch an das Jamaica Institute, an das jamaikanische Staatsarchiv in Spanish Town, an das Schomburg Center in New York, an die University of the West Indies und dort ganz besonders an die Professoren Ajai und Laxmi Mansingh, an Professor Barry Chevannes und an Mrs. Dunn.

Dank an Schwester Ignatius, Joe Watt, Hartley Neita, Dicky Jobson, Winston Chang, Miss Lisa Lovelace.

Sharon und Glady. Was für eine Riesengeduld hattet ihr mit mir!

Perry, Sally, Jason, meine Schutzengel, ohne euch …

Hochachtung vor David Marchand, dem Meister von Obia.

Danke, Stephen Davis. Ich habe alles kopiert!

Dank an Francis Falceto.

Dank an Bruno Bayon, der die Idee zu diesem Buch hatte, und an Bernard Loupias, der an das Projekt geglaubt hat.

Dank an die großartige Melanie für ihre Geduld („Ich hätte schon gern eine Mutter wie die anderen – aber nur manchmal!“) und an alle, die mich unterstützt haben.

Dank der Familie Howell: Avinel Taylor, Patrick, „Son“ und Lesford, Daphney, Kathleen, Curlyn, Rosie und ihren hübschen Kindern. Mein besonderer Dank gilt den „Prinzen“ Monty und Blade für das Vertrauen, das sie mir entgegengebracht haben (das war nicht selbstverständlich) – und für die Spaziergänge im Paradies!

Prolog

Die Propheten des Jahres 2000 skandieren ihre biblischen Verse im Reggae-Rhythmus. Bob Marley, den Plattenverkaufszahlen nach weltweit die Nummer eins, hat Millionen junger Leute geholfen, zu einer Identität zu finden, jungen Menschen, die sich in einer Welt, in der vorwiegend das Geld regiert, erschlagen fühlen von den politischen Systemen und unter der Last der Geschichte leiden. Seine Songtexte sind ihre Evangelien: „Wir sind, was wir sind, amen!"

Woraus erwächst Marley dieser Stolz? Woher bezieht der Sohn einer Sklavin bloß diese wundersame Kraft und reiht sich einfach ein unter die Kinder Gottes?

Bob Marleys Botschaft kommt von weit her. Die nach Jamaika gebrachten Afrikaner haben ihren Stolz niemals verloren; in ihrer Geschichte wimmelt es von Propheten und Rebellen. Marcus Garvey, Vater der Black-Power-Bewegung und Identitätsstifter des modernen Afrika, ist Jamaikaner.

Er ist aller Wahrscheinlichkeit nach auch der Hauptinitiator jener Bewegung, die den Rastas vorausging. Als er 1922 in den Vereinigten Staaten Millionen Schwarzer hinter sich versammelt und seiner Rasse wirtschaftlich und politisch auf die Beine helfen will, sperrt man Garvey ein, hält ihn auf in seinem Elan. Das Amerika jener Tage konnte die Existenz eines Schwarzen, der so viel Macht besaß, nicht hinnehmen. Man stellt ihn wegen einer völlig belanglosen Angelegenheit vor Gericht und schickt ihn zurück in seine Heimat.

Genau zeitgleich keimt in Jamaika die Idee eines schwarzen Messias auf. Garvey schenkt den spirituellen Sehnsüchten seines Volkes nicht allzu viel Beachtung – oder besser gesagt, er kanalisiert die Energien und lenkt sie auf wesentliche, materielle Dinge. Als seine Anstrengungen in dieser Richtung scheitern, gewinnt die Mystik die

Oberhand. Die Rasta-Bewegung wird aus diesem Scheitern heraus geboren; Äthiopien wird zum Sinnbild. Angesichts eines Systems, das Garvey in die Knie zwingt, erfindet man sich einen neuen Grund zur Hoffnung: Ras Tafari, den irdischen Gott, König der Könige Äthiopiens. Auf diesem mystischen Sockel wird ein Mann namens Leonard Howell sein Paradies auf Erden errichten.

Es bedarf schon einer gehörigen Portion an Respektlosigkeit, um sich einen neuen Gott zu erschaffen. Wer sind diese dreisten Kerle, die ersten Rastas? Eine Bande Kampflustiger aus der Karibik, ehemalige Krieger, die schon 1914 bis 1918 gekämpft hatten, Abenteurer und Seefahrer. In Panama bauen sie den Panamakanal. Im Harlem der Zwanzigerjahre betätigen sie sich als Wunderheiler und Propheten, in Kuba als Zigarrendreher, auf den Schiffen als Gewerkschaftler. In den Schützengräben werden sie zu Rebellen. Ihre Reisen führen sie bis nach Moskau und Äthiopien. Sie ziehen alle möglichen Quellen heran, um Argumente zu finden, warum sie überlebt haben: Marx, Einstein, die Bibel, die magischen Bücher aus dem Orient … Die Kinder eines Scheiterns, ja schon – doch keine Loser. Sie wagen eine Verschmelzung, an der sich bislang noch kein Philosoph versucht hat: die von Wissenschaft und westlichem Rationalismus mit afrikanischer Kultur und indischer Mystik; diese Mischung balancieren sie aus, tragen sie ins Universum über den Herzschlag des Reggae. Heute gehen ihre drei Farben um die ganze Welt.

Die Geschichte von Leonard Percival Howell, dem ersten Künder von Ras Tafari, ist die eines kühnen Mannes. Angesichts des Unheils der „mentalen Versklavung" mutet diese Geschichte an wie der Versuch, die Seele wieder aufzurichten, mit allen Mitteln und um jeden Preis.

In seiner Pinakel-Farm thronend, umgeben vom Nimbus des Ganja, erfindet Howell das Modell des königlichen Afrikaners, der allein den Befehlen Gottes gehorcht. In zwanzig Jahren „Regentschaft" formt er eine Generation von Menschen, die schon bald ihre Kultur ins moderne Jamaika tragen wird. Woher nimmt er seine Aura?

Woraus schöpft er seine Kraft? Verblendet durch den Flitterglanz des Reggae-Business, haben wir seine Geschichte völlig vergessen. Daher kommen wir, wenn heute eine neue Generation Marley entdeckt und nach seiner „Message" fragt, schnell ins Trudeln mit unseren Antworten. Es gibt zu viele Ungereimtheiten und Widersprüchlichkeiten in den Botschaften der einzelnen Sänger. Zu viele unterschiedliche Glaubenssekten. Jeder bedient sich der Vision, der Gefühlswelt der Rastas. Oder lehnt beides en bloc ab, ohne tieferen Grund.

Aber vielleicht ist es ja gerade diese Freiheit, diese Weite der Bewegung, die ihre Power ausmacht.

Leonard Howell erlag nie der Versuchung, ins Religiöse abzudriften. In der Geschichte des ersten Rastas deutet nichts, aber auch gar nichts darauf hin, dass er ein Dogma errichten wollte. Er wendet sich an ein Volk, das leidet, und er versucht, für jedes Leiden eine Linderung zu finden: Er begegnet uns, wie er Hungernden zu essen und Obdachlosen ein Zuhause gibt, ihnen Äcker besorgt, sie in Schutz nimmt, wenn sie verfolgt werden. Um ihnen den Mut zum Weitermachen zurückzugeben, muss er sie zuweilen lehren zu träumen, doch diese Träume – Äthiopien und der König der Könige – sind lediglich Mittel, um diesen Menschen wieder Vertrauen in etwas einzuflößen. Er gründet keine Kirche, sondern baut eine riesige Ganjaplantage auf, wo jeder lebt und denkt, wie es ihm gefällt.

Heute, wo seine Nachfolger dabei sind, jene Träume zur Religion zu erheben, lehrt uns die Geschichte Howells, dass weder Rassismus noch Sektierertum etwas mit der Rasta-Bewegung zu tun haben müssen. Der erste Rasta hat nie versucht, uns eine konkrete Anleitung zur Identitätsfindung an die Hand zu geben. Er hat uns alle Freiheit gelassen und wir kommen Howell am nächsten, wenn wir Sorge tragen, dass seine Kühnheit und seine Liebe zur Freiheit niemals in Vergessenheit geraten.

Kapitel 1

Die Füße des Gespensts

An der Strassenecke rostet ein Schild vor sich hin: „St. Yago Heights, Parzellen zu verkaufen“. Ein Weg führt zwischen den Hügeln hindurch. „Zum Eingang des Pinakels geht es da drüben lang“, erklärt mir der Fahrer des Taxis. Ich drücke ihm zwanzig Dollar in die Hand und mache mich davon. Der Lada hinter mir wartet noch einen Moment, bis er schließlich wegfährt; seine Insassen folgen mir stumm mit ihren Blicken. Als wir kurz zuvor an einem neu erbauten Haus vorbeigefahren waren, hatte der Taxifahrer gesagt und dabei mit dem Kinn in eine ganz bestimmte Richtung gewiesen: „Dort liegen zwei der Kinder des Pinakels beerdigt, am Ufer des Sturzbachs. Das Haus wurde auf den Gräbern errichtet.“ Meine Nachbarin machte ein viel sagendes Gesicht: „Diese Schlucht ist voller Gespenster.“

Die Straße, die ich entlanggehe, wirkt verlassen. Der Belag ist grau, überall wuchern Pflanzen, doch das Sträßchen scheint einst mit viel Liebe angelegt worden zu sein. Von wem? Um wohin zu gelangen? Hier ist doch gar nichts …

Mein Weg führt durch einen Irrgarten aus kleinen Erhebungen, ändert tausendfach die Richtung und nach und nach verliere ich die Orientierung. Die Sonne scheint und alles ist still; verdörrte Lianen hängen über die Wegabzweigungen. Bin ich hier wirklich am Pinakel, dem geheiligten Ort der Rastas?

Das Pinakel … In allen Büchern, die sich mit der Rasta-Bewegung befassen, ist es erwähnt, doch keiner scheint zu wissen, wo sich diese heilige Stätte überhaupt befindet – und auch nicht, was sich dort abgespielt hat. Hat hier, in diesem Wirrwarr aus zerklüftetem Kalkgestein und Dornengestrüpp, die jüngste Religion des zwanzigsten Jahrhunderts ihre Wiege? Kommen hier die Dreadlocks her, der Reggae und die grün-gelb-rote Kultur, die mittlerweile die ganze Welt erobert hat?

Als ich mich umdrehe, taucht plötzlich eine Frau auf, sie hat sich mitten auf der Straße vor mir aufgebaut. Ihr Gesicht kann ich von weitem nicht erkennen, doch ich sehe, dass sie das lange Gewand und den Turban der Rasta-Frauen trägt. Sie verschwindet auf einem kleinen Pfad und ich hefte mich an ihre Fersen. Genauer betrachtet, musste dieser Weg wohl einmal eine Schotterstraße gewesen sein von der Breite eines Pferdefuhrwerks; nun wirkt er nur noch wie eine leicht erhöhte Fläche, die zunehmend verwildert.

Ein Vogel schreit und ich drehe mich um. Hinter mir auf einem Berg starrt mich eine Ruine mit leeren Augen an. Etwas weiter vorn nehme ich zwischen zwei Felsen, die in den Himmel zu ragen scheinen, einen wunderschönen Torbogen aus roten Ziegelsteinen wahr. Wo ich auch hinschaue, stechen die Spitzen monströser Aloen wie Speere aus dem Dickicht hervor. Ich schiebe sie zur Seite und plötzlich habe ich wieder freien Blick. Blauer Himmel, so weit das Auge reicht. Ganz unten liegt Spanish Town – die ehemalige Hauptstadt Jamaikas; etwas weiter links angesiedelt sieht man Kingston mit seinen nebelverhangenen Vororten entlang des düsteren St.-Thomas-Gebirges. Nach Süden zu sind die Zuckerrohrfelder, die Halbinsel von Hellshire, das Meer zu erkennen. Die Unendlichkeit nimmt mich gefangen. Vom „Great House“, das während der Kolonialzeit auf dem Gipfel der Anhöhe stand, ist nur noch eine Steinplattform übrig sowie eine sorgfältig verputzte Backsteinzisterne, auf deren Grund grüne Algen, bewässert von einer schwarzen Brühe, wachsen. Als ich gerade den Rückweg antreten will, tritt plötzlich die Frau in Grün-Gelb hinter der Zisterne hervor, sie hält etwas in der Hand. Sie ist nicht mehr jung; von weitem hatte mich ihre zierliche Gestalt getäuscht.

„Suchen Sie etwas?“

„Geschichte … Ich interessiere mich für Leonard Howell."

„Ah, Meister Howell! … Und was weißt du über ihn?"

„Nicht viel."

Die Frau lacht und senkt den Blick, dann sieht sie mich prüfend an und beugt sich zu meinem Ohr hin: „Er war ein tatkräftiger Mann!"

Der Gegenstand, den sie in ihrer Hand trägt, ist ein brauner, verwitterter Backstein. Ganz leise sagt sie: „Er ging sehr häufig barfuß … seine Füße haben diesen Stein berührt."

Sie nestelt ihren Beutel aus Skailederflicken auf und verstaut den Stein darin – wie bei einer Zeremonie.

„Sie sagen, er wäre gestorben, aber er lebt."

Sie sagt dies ins Leere hinein, mit dem gleichen Lächeln in den Augen wie eben schon. Dann schaut sie mir mitten ins Gesicht: „Glaubst du mir?"

Ich will gerade sagen: „Verstehe", da fällt mir ein, dass die Rastas das Wort „understand" nicht mögen; für sie bedeutet es „sich zu unterwerfen, zu erniedrigen". Ich sage also: „Ich weiß, dass er lebt. Schließlich war er es, der mir den Weg hierher gezeigt hat. Er allein weiß, warum ich hier bin!"

Sie lacht und steigt die Stufen hinunter.

„Also, du interessierst dich für den Meister … Du willst mehr über ihn erfahren?"

„Natürlich."

„Wenn du die Wahrheit wissen willst, musst du mit mir kommen."

Wohin mitkommen? Und wer ist diese Frau?

Ich folge ihr Schritt auf Schritt den Pfad hinunter, doch als wir an einem Wäldchen ankommen, biegt sie jäh nach links ab in Richtung der Felsen, die über dem Rio Cobre aufragen. Sie scheint hier jede Mauerritze zu kennen und ich habe Mühe, ihr zu folgen über die vielen Gesteinsbrocken, die sich unter meinen Füßen lösen. Schon bald verliere ich sie aus den Augen; ich möchte ihr rufen, doch ich kenne ihren Namen gar nicht. Inmitten des Gerölls halte ich inne und zaudere. Die Sonne geht unter. Ein Gespenst hat mich hierher geführt: Ich habe gesehen, wie seine Füße über den Stein schlurften.

Als das Pinakel – die erste Rasta-Siedlung – 1958 zerstört wurde, flohen etwa zweitausend seiner Bewohner nach Kingston. Der herrschenden Klasse Jamaikas war es soeben gelungen, die Rastas als „Bedrohung“ anzuprangern ... Von da an fand man die Anhänger dieses eigenartigen Kults in den Ghettos der Unterstadt zusammengepfercht. Ihre Armut, ihre freie Art zu sprechen, ihre wilden Haartrachten wurden von der kolonialen Welt als Provokation empfunden. Die Reichen sahen die Rastas schon wie eine Armee von Küchenschaben ihre Behausungen auf den Hügeln oberhalb der Stadt erklimmen. Die Bedrohung, die bislang nur in den Köpfen der Leute bestand, nahm Gestalt an. Nachdem die Rastas achtzehn Jahre lang friedvoll vor sich hin gelebt hatten in ihrer Gemeinde im Pinakel, sahen sich tausende von ihnen nun von einem Tag auf den anderen in die triste Welt der Ghettos verfrachtet. Verstreut in den Slums, fühlten sie sich zutiefst in ihren Seelen verletzt und litten unter den hygienischen Verhältnissen; sie waren am Ende.

Dennoch gingen die Feindseligkeiten nicht von ihnen aus. Am 7. Mai 1959 kam es im Anschluss an einen Streit zwischen einem Polizisten und einem städtischen Beamten auf dem Marktplatz an der Coronation Street in Kingston zu einem Tumult; der im Bürgermeisteramt Beschäftigte trug damals einen Rasta-Bart. Die Polizei stattete daraufhin den Ghettos einen Besuch ab, legte Brände und machte die Behausungen der Kultanhänger dem Erdboden gleich. Siebenundfünfzig Rastas wurden kahl geschoren, verprügelt und ins Gefängnis abtransportiert. Für die Rastas war das Maß voll.

In dieser explosiven Stimmung nahm ein Anführer der Gemeinde, Mortimer Planno, Kontakt auf mit W. A. Lewis, dem Rektor der Universität von Kingston, und schlug ihm vor, einen Forschungstrupp zu schicken, um die Lage vor Ort zu studieren. Der Abschlussbericht dieser Untersuchung formuliert eine Reihe von Empfehlungen an die

Regierung. Den Polizisten vor allem wird geraten, „unschuldige Rastas in Frieden zu lassen, damit aufzuhören, ihnen die Haare zu scheren, sie unter fadenscheinigen Begründungen festzunehmen und sie zu Gewalttaten zu provozieren".

Dieser Bericht verfolgte weniger das Ziel, Erkenntnisse über den Kult zu gewinnen, als vielmehr, die Bombe zu entschärfen. Die Hinweise in dem Papier über die Gründer der Rasta-Bewegung sind knapp gefasst. Leonard P. Howell, der Prinz des Pinakels, wird zum ersten Menschen erklärt, der in Kingston die Heiligkeit von Ras Tafari gepredigt haben soll, des Weiteren wird er als „der Rädelsführer" bezeichnet. Doch die zwanzig Zeilen, die seiner Person gewidmet sind, zeigen, dass keinerlei direkter Kontakt stattfand. Es wird behauptet, Leonard Howell habe auf der Seite der Engländer 1896 in Westafrika im Kolonialkrieg gegen die Aschanti gekämpft. Danach müsste er ja vor 1876 geboren sein. 1960 wäre er dann vierundachtzig Jahre alt gewesen oder gar noch älter; da ist es nicht sonderlich erstaunlich, dass die Zeitungen nicht mehr über ihn berichten, die Rastas ihn ignorieren. Ich hatte mich von diesem Komplott des Schweigens täuschen lassen und daher gar keine Anstrengungen unternommen, ihn zu treffen. Ich habe ihn nie persönlich gesehen, den ersten Rasta. Lange Zeit habe ich versucht, mir seinen Blick vorzustellen. Doch als ich Jahre später seinen Sohn Blade besuchte, lächelte jener. Wenn ich seinen Vater gekannt hätte, wäre ich vermutlich auch nicht so wild darauf, etwas über ihn zu erfahren. Manche Dinge geschehen eben nicht rein zufällig.

Seiner Geburtsurkunde zufolge, der Nummer 1695 HK des Registers von Clarendon, kam Leonard Percival Howell am 16. Juni 1898 zur Welt, achtzehn Monate vor Anbruch des zwanzigsten Jahrhunderts. Er wurde in eine Zeit hineingeworfen, in der entscheidende Strömungen der Weltgeschichte zusammenliefen, Übergänge fließend wurden: zwischen der Alten und der Neuen Welt, zwischen Schwarz und

Weiß, Marx und der Bibel. Howell ließ den Funken überspringen, vermittelte zwischen den Polen und die Explosion löste eine Schockwelle aus, die bis in den hintersten Winkel dieser Erde schwappte.

Für Millionen Jugendlicher auf der Welt stellt Jamaika heute die Heimat der Rastas und Bob Marleys dar. Doch die Realität auf der Insel sieht anders aus: Die Rastas, die dort leben, werden nach wie vor in ihren Rechten beschnitten. Eine Bankangestellte, die beschließt, mit Rasta-Locken herumzulaufen, riskiert immer noch ihre Kündigung. Es muss prozessiert werden, damit Rasta-Kinder die Schule besuchen können. Was den Gründer des Kults anbelangt, so hat sich hier noch nie jemand für ihn interessiert. Ich habe nach seinem Namen in Bibliotheken und in den Universitätsarchiven gesucht: Nahezu alle Analysen, die sich mit der Rasta-Bewegung befassen, gehen nicht weiter zurück als 1960 und geben sich mit Schätzwerten zufrieden. Hat etwa das Establishment beschlossen, Howell zu vergessen, nachdem es ihn eingesperrt, geohrfeigt, verfolgt hat, nachdem seine Häuser niedergebrannt, sein Geld gestohlen, seine Anhänger in alle Winde verstreut waren? Seine Bibliothek, die vom Militär beschlagnahmt wurde, ist verschwunden; die Akten der Prozesse, die er geführt hatte, wurden verbrannt. Lediglich drei Fotografien sind von ihm geblieben, doch es gibt keine einzige Aufzeichnung seiner Stimme und keinerlei Videobänder.

Während meiner Recherchen hielt ich mich immer wieder an einen Artikel von Robert Hill aus dem *Jamaica Journal:* „Leonard Howell und die ersten Visionen des Rasta-Chiliasmus". Ich trage immer noch eine Kopie davon, die mittlerweile viele Eselsohren hat, in meiner Tasche mit mir herum. Hill, Professor an der Universität von Kalifornien, teilt das Misstrauen der Jamaikaner gegenüber dem „ersten Rasta" nicht. Seine Zeilen führen den Leser auf eine Reise in die brodelnde Karibik der Dreißigerjahre, sie sind die Landkarte, die direkt in die Schatzkammer führt. Red Lands, Crooked River: Hier, behauptet Hill, ist Howell geboren.

Kapitel 2

Der einzige Zeuge

Vier Gräber am Rande des Feldes. Vier Betonkästen, jeder einzelne so groß wie ein Kindersarg, stehen Seite an Seite aufgereiht im üppigen Gras. Die zwei in der Mitte sind rechteckig und tragen die Namen von Charles Howell († 1935) und seiner Ehefrau, Clementeena Howell, geborene Bennett († 1919). Das längliche Grab rechts ist das ihrer Tochter Morrios Howell, „gestorben 1931, im Alter von vierundzwanzig Jahren". Es handelt sich um die Eltern und die Schwester von Leonard Percival. Auf dem Grab links lässt sich die Aufschrift „ … meine Frau Diana …" noch schwach entziffern, doch das Datum ist nicht mehr leserlich. Diana Walter war die zweite Ehefrau von Charles Howell; sie zog die Kinder von Clementeena auf und muss wohl um 1932 gestorben sein. Im Jahr darauf nahm sich der alte Charles, immer noch unverbraucht in seiner Manneskraft, zum dritten Mal eine Frau, Loretta Henrietta Persey. Wo mag wohl das Grab von Loretta sein? Da drüben, unter dem Brotbaum, ragt ein eigenartiges Monument auf, es hat die Form eines Flugzeugs, der Beton ist übersät mit fluoreszierenden Graffiti. Hier liegt die dritte Ehefrau begraben, sagt man mir.

Es ist noch sehr früh am Morgen, als ich in einen Überlandbus am Busbahnhof hinter dem Coronation Market steige. Ganz in der Nähe muss sich Salt Lane befinden, das ehemalige Hauptquartier der Rastas aus Kingston; heute ist es ein heruntergekommenes Viertel, das bei Anbruch der Dunkelheit wie ausgestorben wirkt. Nach dreistündiger Fahrt setzt mich der Busfahrer in Crooked River, in den Bergen von Clarendon, ab. Es regnet; ich suche Schutz unter dem Vordach eines Ladens und frage Passanten, ob hier jemand die Familie Howell kennt.

Eine alte Dame mit Spazierstock und Einkaufstasche bringt mich zur Chefin eines Supermarkts – eine geborene Howell; sie kennt die Vettern aus Red Lands und kann uns den Weg zeigen. „Ich begleite euch bis Pumpkins", bestimmt die Dame und quetscht ihre Tasche und ihren Stock in das bereits voll besetzte Taxi hinein.

Der Ort, der sich Pumpkins nennt, liegt mitten in der Pampa, am Flussufer. Eine Brücke führt auf die andere Seite hinüber, hier sieht man Obstgärten und Plantagen, so weit das Auge reicht. Die Straße steigt beständig an, dem roten Geröll zum Trotz, das sich bis an den Rand der Hochebene zieht. Die Vegetation verdeckt die Schluchten, in die sich in schweren Schwaden der Nebel senkt. Orangenhaine mussten hier Bambus- und Baumwollplantagen weichen; die Bebauungen sind symmetrisch zum Höhenkamm.

Vorbei an Red Lands führt unser Weg nun in Richtung Red Hills, dem am Rand des Hochplateaus gelegenen Weiler der Howells; der Ausblick von hier ist unbeschreiblich. Einst stand genau an diesem Ort das Haus der Familie; heute ist nur noch ein von Rissen durchzogenes Zementfundament übrig, umgeben von gelblichen Bananenbäumen und Zitrusgewächsen.

Die Geschichte der Familie Howell führt uns ins Jamaika der Kolonialzeit. Hier nahm die Sklaverei ihren Ausgang. Nachdem die Engländer die Insel 1665 den Spaniern entrissen hatten, wurde sie dem British Commonwealth angegliedert und im Lauf der Zeit in eine riesige Zuckerrohrplantage verwandelt. Dank der Arbeit tausender afrikanischer Sklaven konnten die Plantagenbesitzer Reichtümer anhäufen, oftmals setzten sie auf ihren Gütern Verwalter ein, die brutale Methoden anwandten und einen ziemlich lockeren Lebenswandel pflegten. Sie zeugten jede Menge Kinder und so entstand die Klasse der Mischlinge, der ein gewisses Maß an Bildung zuteil wurde. Die weiße Bevölkerung auf Jamaika hat die Mindestquote von zehn Prozent, die der Staat gesichert sehen wollte, nie erreicht und so geht bei den Engländern, die auf der Insel leben, permanent die Angst um vor einem Aufstand der Schwarzen.

Der Großvater von Leonard dürfte wohl um 1834 geboren sein, zu dem Zeitpunkt, als die Sklaven im British Empire ihr Joch abschüttelten. Dem Gesetz nach waren sie nun frei, doch sie besaßen weder Land noch Bildung, noch Rechte. Für ihre Arbeit erhielten sie kaum mehr als ein paar Groschen. Einige von ihnen hatten Glück und fanden in der Kirche jemanden, der sie unterstützte; oftmals waren es Baptisten, die sich für die Abschaffung der Sklaverei eingesetzt hatten und nun den Freigelassenen halfen, Land zu erwerben. Der Großvater von Leonard Howell weist genau das Profil eines jener freigelassenen Sklaven auf: Er besucht regelmäßig den Gottesdienst, besitzt eine Farm und ist immerhin wohlhabend genug, um vier Ehefrauen zu unterhalten, die ihm dutzende von Kindern schenken sollten. Eine seiner Urenkelinnen, Daphney Howell, erinnert sich an einige seiner Kinder noch recht gut: an Tarter, der wegging, um in Portland eine Viehzucht aufzubauen, an die zwei Schwestern, „mit ihren Stimmen so rein wie Glöckchen", die immer in der Kirche sangen, an jene eine Schwester, die so gut Maisfladen backen konnte und die beste Erbsensuppe kochte.

Der Großvater gehört der anglikanischen Kirche an, ein eher seltener Umstand, da dies die Religionsgemeinschaft der weißen Vorarbeiter ist. Einem seiner Söhne gibt er den Namen Charles nach dem englischen Prinzen. Er fühlt sich der britischen Krone verpflichtet und man fragt sich, ob er seine Kinder wohl gedrängt hat, in der Armee der Kolonialherren zu kämpfen. Es gibt in der Familie Howell sehr wohl eine militärische Tradition. Mehrere Söhne, Neffen und Enkel sollten Soldaten werden; oftmals war dies der Preis, den die Sklaven für ihre Freiheit bezahlen mussten. Hat Charles Howell, der Vater von Leonard, 1896 im Krieg mit den Aschanti aufseiten der Engländer gekämpft? Ausschließen kann man es nicht. Von hier könnten jene Possen über Afrika stammen, die später die Fantasie seines Sohnes beflügeln sollten. Eines Tages wird sich Leonard, um seinen Anhängern zu gefallen, diese Geschichten selbst ans Revers heften.

So ließe sich auch die Legende erklären über seine vermeintliche Teilnahme am Krieg gegen die Aschanti.

Charles Howell hat eine Leidenschaft: das Schneiderhandwerk. Um ihn besser von den unzähligen Howells, die es damals in jener Gegend gab, unterscheiden zu können, ruft man ihn Taylor Howell – Howell, der Schneider. Diesen Klamottenfimmel wird Leonard von seinem Vater erben. Doch auch wenn Charles Hosen näht, um die schlechte Jahreszeit zu überbrücken, so arbeitet er die restliche Zeit doch hart auf den Feldern. Sein Wohlstand ist offenbar eng verknüpft mit dem Bananenboom zu Anfang des Jahrhunderts. Die Banane war im 16. Jahrhundert nach Jamaika gebracht worden, den wirtschaftlichen Anbau nahm man kurz vor 1900 in Angriff, an der Schwelle zum Industriezeitalter. Doch die Früchte reiften zu schnell und so konnten sie kaum weiter als bis Florida transportiert werden; erst nach Erfindung der Kühlfrachter war es möglich, so bedeutende Märkte wie Nordamerika und Europa zu erschließen.

Im Jahr 1901 richtet der multinationale Konzern United Fruit Company mit Sitz in New Jersey reguläre Schiffslinien ein zum Transport von Bananen; diese Frachtdampfer befördern auf ihren Fahrten in die Vereinigten Staaten und nach Europa gleichzeitig tausende von Auswanderern. Doch die kleinen Pflanzer in Jamaika lehnen es ab, sich an die United Fruit zu verkaufen, wie es so viele Bananenbauern in Südamerika getan haben. So wie ihre Väter sich zusammengeschlossen hatten, um Land zu kaufen, tut sich nun die Generation von Charles Howell zusammen, um Erträge zu optimieren und Früchte zu exportieren. 1929 gelingt es dem Verband der Bananenbauern von Jamaika, die Kleinbauern zu organisieren und der United-Fruit-Gesellschaft einen großen Teil des Markts streitig zu machen. Von da an landen die Gewinne in den Taschen der Plantagenbauern; kein Politiker kommt jetzt mehr an ihnen vorbei.

Ohne Zweifel verdankt Charles Howell seinen Wohlstand diesem Hang zur Unabhängigkeit. Gegen Ende seines Lebens ist er Friedensrichter (eine honorige Persönlichkeit, die Immunität besitzt) und

Grundbesitzer. Er kauft einen Damensattel, damit seine Frau seitwärts reiten kann, im edlen Reitkostüm wie die Frauen der noblen Plantagenbesitzer; abgesehen von diesem Fimmel für Eleganz bleibt er indessen seiner bäuerlichen Lebensweise treu. „Wir transportierten die Ernte auf Eselsrücken den Berg hinunter, denn die Karren konnten nicht bis nach Red Lands hinaufgelangen", erinnert sich einer seiner Enkel, der beschreibt, wie sich die schwer beladenen Karawanen mühsam in Richtung Old Harbour vorankämpften, von wo aus die Fracht dann per Eisenbahn zu den Schiffen gebracht wurde. Der jamaikanische Schriftsteller Claude McKay führt uns mit nostalgischen Gefühlen vor Augen, wie „die Karren die Hügel herunterruckelten, angeführt von Schwarzen, die aus Leibeskräften sangen, während sie die Esel, die unter der braunen Zuckerlast und den grünen Bananenbündeln schier zusammenbrachen, die holprigen Wege entlangpeitschten, bis zum Hafen ..."

Mit dem Geld aus den Ernteerträgen kauft der alte Howell weiteres Land. Als er stirbt, kann er allen seinen Kindern etwas vermachen. Die meisten seiner Sprösslinge verkaufen jedoch die Felder und gehen in die Stadt.

Auch den Weg zur Kirche legt Charles „Theophilus" (Freund Gottes) Howell, der Vater von Leonard, häufig zurück. Die anglikanische Kapelle liegt am anderen Ende von Red Lands und Charles findet sich mehrere Male die Woche dort ein. Es vergeht nicht lange, bis er an diesem Ort selbst Predigten hält und für die Leute den Pfarrer stellt. Pastoren sind in jener Zeit Mangelware und so duldet die Kirche die Existenz von Laienpredigern, die nicht von oberster Stelle ernannt wurden. Einzige Bedingung ist Monogamie, die Obsession der Missionare. „Mein Großvater Charles", erzählt Daphney Howell, „sagte immer wieder, dass es sich nicht gehörte, außerhalb der Ehe Kinder zu zeugen. Er selbst rechnete es sich hoch an, dass er diesem Grundsatz treu geblieben war. Dennoch wird im Geburtenregister von Spanish Town ein gewisser Charles Theophilus Howell als Vater von mindestens fünf Kindern ausgewiesen, die zwischen

1894 und 1920 gezeugt wurden – neben den neun Abkömmlingen aus seiner Ehe. Wir wollen ihm mal nichts unterstellen: Vielleicht hatte er ja einen Namensvetter. Avinel Taylor allerdings, das letzte heute noch lebende Kind der neune, glaubt sich zumindest an einen unehelichen Bruder erinnern zu können, einen gewissen Leslie.

Von ihrem älteren Bruder Leonard Percival (genannt Percy) weiß Avinel nicht viel zu berichten. Als sie 1917 geboren wurde, war jener schon in Amerika, und als er 1932 zurückkam, überwarf er sich mit seiner Familie. Avinel legt gegenüber den Rastas absolutes Misstrauen an den Tag – späte Rache dieser alten Holzkohlehändlerin, die ihren Bruder gesehen hat, wie er im eigenen Wagen mit Chauffeur vorfuhr. Es ist zu spät, um die alten Geschichten noch einmal hervorzukramen, und Avinel interessiert sich nicht besonders für die Vergangenheit. Der Einzige, der etwas wissen könnte, ist eventuell ihr Sohn Lesford. Er mochte seinen Onkel sehr und hatte sich gewünscht, ihn im Pinakel zu treffen. Lesford verkauft homöopathische Arzneimittel vor dem Rex-Kino in May Pen. Dort ist er jeden Morgen anzutreffen; fragen Sie einfach nach Less oder Kentucky, wie sie ihn nennen.

Lesford ist weder besonders groß noch sonst irgendwie auffällig von seinem Äußeren her. Sein grau melierter Bart verrät, dass er die Fünfzig bereits überschritten hat, doch seine Stimme klingt wie die eines verschnupften Kindes. Mit seinem Namenskürzel ist er nicht zufrieden: Less (was auf Englisch „weniger" bedeutet). Warum nennt ihn keiner „Plus"? Lediglich der Ausdruck in seinen Augen wirkt etwas seltsam. „Meine Mutter ist die Schwester des ersten Rastas!", erzählt er freudig, doch wenn man auf ihn selbst zu sprechen kommt, trübt sich sein Blick.

Wir gehen miteinander auf Bergsträßchen spazieren. Nach jedem Schritt bleibt er stehen, zerreibt ein Blatt zwischen den Händen und zählt mir dessen unendliche Vorzüge auf. Die Natur ist sein Kapital. Er trocknet Pflanzen und verkauft sie an eine kleine Klientel von Frauen in den Wechseljahren. Er hat ein paar Kräuter am Wegesrand entdeckt, von denen er bestimmte Essenzen benötigt, er will später noch einmal hierher zurückkommen und sie mitnehmen. Die Leute sagen, Leonard P. Howell, „Onkel Percy", wie er ihn nennt, sei ein „Kräuterdoktor" gewesen. Hat er etwa seine Rezepturen von ihm? Nein, sie befinden sich schon seit langer Zeit in Familienbesitz; Less hat auch schon von Amerikanern veranstaltete Praktika in sanfter Medizin gemacht. Er vermengt Begriffe aus der modernen Medizin und aus der Magie miteinander. Ja, Onkel Percy war ein großer Magier. Vor allem bei den Frauen.

Selbst Daphney, Less' Nichte, hat sich in ihrer Erinnerung ein faszinierendes Bild von Percy bewahrt. Sie empfängt mich in ihrem Laden in May Pen, ein Tempel modernen Wohnkomforts – überkandidelte Lampen, Plastiksofas …

„Das war ein Herr, der sich zu kleiden wusste", erklärt mir die Geschäftsfrau und gerät dabei ins Schwärmen. „Ich sehe ihn noch vor mir in seinem schwarzen Anzug, mit seinem Krawattenknoten und den weißen Gamaschen. Er war immer sehr schick angezogen. Und er trug seine Haare kurz, kämmte sie mit Pomade zurück …"

„Gefiel er den Frauen?"

Daphney lächelt verdruckst.

„Er war kein braver Junge. Er hatte viele Frauen."

Daphney ist eines der wenigen Familienmitglieder, die Percy auch nach der Gründung des Pinakels noch regelmäßig getroffen haben – ihr Vater Vivian hielt den Kontakt aufrecht. Sie erlebte Onkel Leonard bei seiner Rückkehr aus Amerika und die Erinnerung an den schönen New-Yorker mit den breiten Schultern hat ihre Kindheit geprägt. Was weiß sie aus der Zeit davor? Sie hat einige von Percys Brüdern gekannt, aber wann sie genau geboren sind, das fällt ihr jetzt beim besten Willen nicht mehr ein. Sie war damals noch zu jung. Doch eines weiß sie: den Grund, warum Onkel Leonard Percival in die Vereinigten Staaten gegangen ist.

„Ein Verbrechen wurde begangen und Onkel Percy war der einzige Zeuge. Es gab da ein Gässchen, das am Grundstück der Howells entlangführte, gesäumt von großen Bäumen. Am anderen Ende des Weges wohnte ein Mann, der mit seiner Freundin in wilder Ehe lebte. Die beiden stritten oft. Eines Tages, Percy saß gerade oben in einem der Bäume – Jungs klettern immer gern auf Bäume, um eine Brotfrucht zu pflücken oder einen Vogel zu fangen –, da sah er, wie der Mann durch das Gässchen hinter der Frau herlief und plötzlich mit einem Messer auf sie einstach. Man hat versucht, Percy zu zwingen, als Zeuge auszusagen, doch er weigerte sich. Vielleicht hatte er ja Verständnis für die Eifersuchtsgefühle des gehörnten Liebhabers. Doch bei diesem Prozess stand viel auf dem Spiel und die Leute setzten Percy ziemlich unter Druck. Nach einer Weile fühlte sich die Familie so sehr bedrängt, dass der alte Charles es vorzog, seinen Sohn zum Weggehen zu überreden." Wann hat sich dieses Drama abgespielt? Wie lange hat der alte Howell wohl abgewartet, bis er seinen Sohn in die Vereinigten Staaten schickte? Der erste Rasta behauptete, er hätte die Insel 1912 verlassen. Er dürfte also vierzehn gewesen sein.

Auch in den Archiven erhalte ich Aufschluss über die Familiengeschichte der Howells: Sie lebten einst im Zentrum von Spanish Town, an dem viereckigen Platz, umgeben von Häusern aus rosafarbenem Ziegelstein – Gebäude, die heute noch stehen, sie haben alles überdauert und wirken wie eine Bastion gegen das staubige Ghetto. Spanish Town war die erste Hauptstadt Jamaikas. Das Meer kam einst ganz nah an die Häuser heran, doch die sumpfige Küste wurde trockengelegt. Hier gingen die Sklaven an Land; die Insel war eine der ersten Etappen für die Schiffe aus Afrika. Man sagt, die Sklavenhändler entledigten sich hier der widerspenstigsten Personen, nur die „guten" nahmen sie mit in die Vereinigten Staaten, wo sie einen besseren Preis für sie erhielten. Auf Jamaika war man damals nicht so anspruchsvoll; die Insel war klein und überschaubar, es herrschten raue Sitten, die weiße Bevölkerung beschränkte sich zu jener Zeit auf eine Hand voll gierender Kolonialherren.

Diese historische Besonderheit erklärt vielleicht das Aufwieglerische an den Jamaikanern. Es ist in der Tat bemerkenswert, wie viele Propheten und Revolutionäre die Insel stellt. Boukman, dessen Name in Zusammenhang steht mit dem Voodoo-Kult und der Befreiung Haitis, war ein in Jamaika geborener Sklave. Marcus Garvey, der Vater der stärksten Schwarzenbewegung, die es je gab, stammt aus Jamaika; Leonard Howell ist Jamaikaner – und auch Bob Marley …

Die moralische Kraft der Maroons – Sklaven, die sich in die abgelegene Täler Jamaikas, jenseits des Hochlands, flüchteten und gegen die Armee der Kolonialisten einen gnadenlosen Guerillakrieg führten – lässt sich aus dieser Vergangenheit leicht erklären. Nachdem sie achtzig Jahre lang Widerstand geleistet hatten, gelang es den Maroons, für ihre Gebiete im Innern von Jamaika einen halb autonomen Status durchzusetzen. Obgleich dieser mit den Jahren etwas ausgehöhlt wurde, blieb er ihnen bis heute erhalten.

Von den Kolonialarchiven mit Blick auf den Platz aus rosafarbenem Ziegelstein schickt man mich weiter zum Standesamt, das mittlerweile außerhalb der Stadt liegt, in einem von hohen Stacheldrahtzäunen umgebenen Gebäude; es sieht aus wie ein Gefängnis. Drinnen herrscht eine gereizte Stimmung – lange Warteschlangen, überlastete Angestellte, die trocken Anweisungen erteilen. Der Leiter des Archivs sieht aus wie ein Schauspieler, sein Blick wirkt abwesend. Nach zahlreichen Erklärungen und nachdem ich eine Gebühr entrichtet habe, gewährt er mir für vier Stunden Einblick in das standesamtliche Register.

Die Wände sind übersät mit Regalen, in denen die alten ledergebundenen Bände wie zufällig angeordnet scheinen. Die Jagd nach dem Schatz wird zum Wettkampf gegen die Uhr. Auf dem eng beschrifteten vergilbten Papier ziehen tausende mit Feder geschriebene Namen vor meinen Augen vorbei – dicke und feine Buchstaben, aufrecht oder liegend, ausgebleicht und vom Schimmel angegriffen. Zehn Register fehlen für den Zeitraum zwischen 1891 und 1920 – genau die Jahre, in denen vermutlich die Brüder Howell geboren wurden; doch über die zwanzig Bücher, in die ich Einsicht nehme, stoße ich auf vierzehn Kinder, die entweder Charles Theophilus oder Clementeena Bennett zugeteilt sind (in der Geburtsurkunde ist immer nur ein Elternteil genannt). Das ist für jene Zeit keine außergewöhnliche Zahl, umso weniger, da Charles Howell wahrscheinlich ein begehrter Zeuger war. Ein reicher Mann ist ein guter Fang zum Heiraten für die Mädchen. Sein Sohn Leonard sollte später einmal das gleiche Problem haben: „So ist das nun mal mit den Frauen. Wenn du gut zu ihnen bist, weichen sie dir nicht mehr von der Seite."

Was die ehelichen Kinder von Charles anbelangt – neun an der Zahl, glaubt man seiner Tochter Avinel, der Zweitjüngsten –, so ist es schwierig, sie alle ausfindig zu machen: Die Geschichte übermittelt bei zweien von ihnen lediglich die Rufnamen. Lennard (laut Register) Percival Howell, geboren am 16. Juni 1898, ist unangefochten das erste Kind von Clementeena. Vivian, der Vater von Daphney, ist ohne Zweifel identisch mit Donard V. Howell, wie es das Standesamt 1905 ausweist. Im darauf folgenden Jahr kommt Cordial V. zur Welt; er ist wahrscheinlich derjenige, den sie Cordy oder Cardiff nennen, ein Beamter der Wasserschutzpolizei auf Jamaika, der nach New York zieht. Hope, geboren 1913, soll lange Zeit in England gelebt haben; erst kürzlich schloss er für immer die Augen. Godman (Gady) starb in London. Hansford (Hansy) ist der Einzige, der nach der Gründung der Rasta-Kommune noch engen Kontakt zu Leonard pflegte. In dem kleinen Tal ein wenig oberhalb des Pinakels hatte er ein Haus, von dem aus er mit Holzkohle handelte. Bleibt noch Morrios, auch sie lebt nicht mehr. Und wer ist das neunte Kind? Vielleicht jener Osbert, dessen Geburt das standesamtliche Register auf das Jahr 1902 datiert.

Leonard ist fortgegangen. Er hat das Paradies Jamaika verlassen, wo ein Kind – barfuß und in völliger Freiheit – von wilden Früchten und den Tauben leben kann, die es vom Baum herunterschießt. Daphney hat mir die Story von Leonards Weggang wie eine Anekdote erzählt, die sie schon hundertmal wiedergekäut hat in allen Details. Doch da ein genauer Zeitrahmen fehlt, gibt die Geschichte mehr Rätsel auf, als sie Fragen beantwortet. Wie alt war Leonard, als er Vögeln nachstellte? Saß er rein zufällig in jenem Baum oder hatte er schon damals einen Sinn für Orte, von denen aus man die Geheimnisse des Lebens erforschen konnte? Später soll er einmal zu einem Journalisten gesagt haben, er sei sechs Jahre alt gewesen, als er begonnen habe, die Arbeit seines himmlischen Vaters zu übernehmen. Was muss passieren, dass ein Kind von sechs Jahren zum Mystiker wird? War es vielleicht jene Tragödie von Liebe und Tod, die Leonard aus dem Paradies von Red Lands riss? Und was lehrte ihn die Erfahrung mit einem System, das auf ein Kind Druck ausübt, nur weil es standhaft bleibt? Auf jeden Fall behielt er sein Geheimnis für sich. Und eine Sache hatte er jetzt kapiert: Wenn einer ein Geheimnis kennt, kann er sich der ganzen Welt widersetzen.

Kapitel 3

Unterwegs nach New York

Von den Reisen Howells wissen wir nicht viel mehr als das, was er selbst 1941 einem Journalisten des *Daily Gleaner* anvertraute. Demzufolge ging er 1912 von Jamaika weg und wohnte in New York zunächst bei einem älteren Bruder. Das Medizinstudium, zu dem ihn der Vater angehalten hatte, brach er ab und schlug sich mit Jobs durch, bevor er in Begleitung eines gewissen Oberst Aites nach Europa und Asien reiste. Vieles bleibt jedoch für uns im Verborgenen; Howell hat sich selbst eine Vergangenheit zusammengedichtet, wie das viele seiner Zeitgenossen taten. Doch wir wissen, dass die erste Station seines Weges – genau wie die tausender junger Leute aus der Karibik – Colón in Panama war.

Große Wanderbewegungen prägen Jamaika um die Jahrhundertwende. Die erste findet in Richtung Panama statt, wo Ferdinand de Lesseps bereits seit 1879 versuchte, einen Kanal zu graben. Man kennt die miserablen Umstände dieses Unterfangens, die verheerenden Auswirkungen des Gelbfiebers und der Malaria, schließlich das Scheitern des französischen Trupps. Und obwohl die Arbeiter aus der Karibik viel resistenter gegenüber den Krankheiten waren, starben auch sie zu hunderten. Diejenigen, die nach dem Bankrott der Gesellschaft noch geblieben waren, gründeten in Colón die erste karibische Kolonie.

Als 1904 die Amerikaner die Arbeiten wieder aufnehmen, wird Colón erneut zum Anziehungspunkt für die Menschen aus der Karibik. Die Männer buddeln, die Frauen waschen, kochen oder gehen Mädchenhändlern ins Netz. Die meisten der männlichen Arbeiter werden die Reise wieder in die entgegengesetzte Richtung antreten, doch im Gepäck führen sie das Gefühl von Freiheit und sie pflegen den Lebensstil von Menschen, die es geschafft haben. *Colón Man a-come* singen die Jamaikaner:

Seht nur den Jungen an aus Colón,
seine Uhrkette wippt locker auf seinem
Bauch, fragst du ihn jedoch nach der
Uhrzeit, so schaut er auf zur Sonne!

Als Howell sein Land verlässt, geht es in Panama hoch her. Erst zwei Jahre später wird der Kanalbau vollendet sein und die Kolonie der Jamaikaner hat genügend Anregung zu bieten für einen jungen Streuner wie ihn. Mehr als einmal wird er hierher zurückkehren. Als er 1924 endgültig beschließt, in Amerika sesshaft zu werden, gibt er bei der Einwanderungsbehörde als Herkunftsort Colón an und fügt hinzu, dort eine Frau zurückgelassen zu haben – eine Jamaikanerin namens Myra.

Als Schmelztiegel von Ideen und Völkern spielt Panama in jener Zeit eine bedeutende Rolle. Howell ist nicht der Einzige der ersten Rasta-Jünger, den es häufig hierher verschlägt. Joseph Myers, dessen Name in zahlreichen Pamphleten der „Back to Africa"-Bewegung auftaucht, lebte in Panama. Joseph Nathaniel Hibbert, geboren 1894, wanderte 1911 nach Bocas del Toro aus; einige Jahre sollte er dann in Costa Rica zubringen. Danach ging er zurück nach Colón, wo er zum obersten Guru einer Freimaurersekte, des „Ancient Mystic Order of Ethiopia", aufstieg – so steht es im Forschungsbericht der Universität von Kingston. 1931 kehrte Hibbert nach Jamaika zurück, ein Jahr früher als Howell, und agierte dort einige Zeit als dessen Gehilfe.

Auch Archibald Dunkley, der angeblich Nachforschungen in der Bibel zum Thema Rastafari anstellte, machte in Panama Station. Er war damals Matrose auf den Dampfern der Atlantic Fruit Company. Dunkley kehrte im Dezember 1930, ungefähr zur gleichen Zeit wie

Hibbert und Howell, nach Kingston zurück. Athlyi Rogers, Grace Jenkins und Balintine Pettersburgh, von denen wir noch hören werden, müssen sich um 1924 in Panama über den Weg gelaufen sein. Doch der berühmteste Panama-Besucher aus Jamaika bleibt immer noch Marcus Garvey.

Garvey erblickt das Licht der Welt zehn Jahre früher als Howell – in St. Ann's Bay, kaum hundert Kilometer von Red Lands entfernt. Auch er hat einen Vater mit Visionen. Doch während Charles Howell immer mehr Äcker besitzt, verliert der alte Garvey die seinen. Er vergräbt sich in seiner Bibliothek (ein Gelehrter, der sich sein Wissen autodidaktisch aneignet) und ruiniert sich, indem er einen Gesetzesstreit nach dem nächsten anzettelt. So muss der junge Marcus Mosiah ganz klein anfangen. Im Jahr 1900 arbeitet er als Lehrling in der Druckerei seines Patenonkels. Mit achtzehn ist er Meister in Kingston. 1908 wird er entlassen, weil er einen Streik angeführt hatte. Mit einem Beruf und einer guten Schulbildung im Gepäck macht sich Garvey 1910 auf nach Costa Rica – auch hier werden Bananen angebaut – und gründet dort für die Arbeiter auf den Plantagen eine Zeitung: *La Nacionale.* Dann geht er nach Panama und bringt *La Prensa* heraus. 1911 bezieht er wieder Posten in England und schreibt für *The African Times And Orient Review,* deren Chefredakteur der Ägyptologe und ägyptische Nationalist Duse Mohammed Ali ist. 1914 kehrt er nach Jamaika zurück.

Kaum dort angekommen, gründet er die berühmte „Universal Negro Improvement Association" (UNIA), aus der heraus sich die bedeutendste Schwarzenbewegung aller Zeiten entwickeln sollte. Unter ihrem grün-schwarz-roten Banner vereinte sie zirka vier Millionen Mitglieder; die Gründung einer Schiffsgesellschaft und verschiedener Handelsunternehmen gehen auf ihr Konto. Die UNIA ebnete der Black-Power-Bewegung und den afrikanischen Unabhängigkeitsbestrebungen den Weg …

Ist Howell Garvey in die Quere gekommen? Später in New York und auf Jamaika treffen die beiden wieder aufeinander und man weiß aus dieser Zeit, dass sie Freunde wurden. Howell allerdings ist 1912 noch ein halbes Kind.

Wie konnte Howell nur von Jamaika nach Panama und dann nach New York gelangen? Er hat nicht das Wissen eines Garvey und sein Vater ist immer noch nichts weiter als ein kleiner Bananenbauer aus den Hügeln von Clarendon. Howell besaß die breiten Schultern eines Dockarbeiters und vermutlich hat er, wie viele andere, Arbeit gefunden in den Häfen und auf den Schiffen. Man kann sich ihn gut vorstellen, wie er die Aufzeichnungen eines J. A. Somerville verschlingt, der damals zur gleichen Zeit auf einem Frachtschiff anheuert, das in Richtung Vereinigte Staaten unterwegs ist, zusammen mit dem Sohn einer anderen angesehenen Persönlichkeit. Somerville schreibt in *Man Of Colour:*

„Die Besatzung rekrutierte sich aus Chilenen: spanisch sprechende alte Seewölfe, zäh wie Hosenleder, die Ohrringe trugen und Messer mit Widerhaken an ihren Gürteln befestigt hatten [...]. Am sechsten Tag befahl man uns, das Deck zu schrubben. Wir mussten ein schweres Rohr verlegen, das uns um ein Haar über Bord gespült hätte, als die Pumpen zu laufen begannen. Wir hatten für die Arbeit die Schuhe nicht ausgezogen. Das versetzte den obersten Matrosen in Rage, er begann sogleich, uns auf Spanisch zu beschimpfen. Da wir nichts verstanden, glaubte er, wir wollten seine Befehle missachten. Er sah gefährlich aus und wir dachten, jetzt zückt er gleich sein Messer; doch dann zog er ein Paar Handschellen hervor und kettete uns in der prallen Sonne ans Schiffsheck. Dort blieben wir so lange, bis es uns, halb verhungert und völlig ausgedörrt, schließlich gelang, dem Kapitän eine Meldung zukommen zu lassen, die wir auf meinen Pass gekritzelt hatten. Ich besitze ihn noch heute."

Der Aufenthalt auf den Schiffen ist nie ein Zuckerschlecken. Den schwarzen Reisenden, selbst den zahlenden, wird eine Ecke an Deck zugewiesen, wo sie auch zum Schlafen bleiben müssen – selbst bei schlechtem Wetter. Dutzende junger Leute schmuggeln sich heimlich auf die Bananendampfer. Manch einer von ihnen wird grob abgewiesen oder ins Gefängnis gesteckt. 1927 wird ein junger Mann von einundzwanzig Jahren, Jonathan Gibson, der in Kingston illegal an Bord der *Princess May* gegangen war, in Eisen gelegt – wie Somerville und sein Kumpel; man lässt ihn während der ganzen Reise angekettet und als das Schiff in New York in den Hafen einläuft, sind seine Füße so voller Wundbrand, dass sie amputiert werden müssen.

Howell unternimmt seine erste Reise – sofern sie tatsächlich im Jahr 1912 stattgefunden hat – noch als Halbwüchsiger. Charles, der kleine Bananenfarmer mit den großen Ambitionen, hat ihm vielleicht eine Überfahrt auf einem jener Schiffe besorgt, mit denen er seine Ernte transportierte. Leonard kommt in New York an und entdeckt, wie Millionen anderer Einwanderer, eine Wirklichkeit, die schöner ist als jeder Traum.

Das New York zu Anfang des zwanzigsten Jahrhunderts ist ein Ort, an dem der Jazz explodiert und die Wegbereiter der verschiedenen Schwarzenbewegungen zusammenkommen, die schon bald Amerika ins Wanken bringen sollten. Den Westindern – gebildeter und ehrgeiziger als die Mehrzahl der in Amerika lebenden Schwarzen – kommt eine besondere Stellung zu. Vermutlich hat der junge Howell – wie J. A. Somerville auch – seine Flanellhosen, den Strohhut und den kunstvoll drapierten Gürtel, wie ihn die Dandys in Kingston trugen, gegen eine gediegenere Kluft eingetauscht. Wer ist das Familienmitglied, das Howell aufnimmt? Ein Bruder oder ein Halbbruder von Charles? Gar ein unehelicher Sohn, der vor Leonard zur Welt kam? Es gibt mehrere hundert Howells in New York. Einer der reichsten Schwarzen in Harlem beispielsweise nennt sich Adolphe Howell, ihm gehören das führende Beerdigungsinstitut am Ort und zahlreiche Immobilien. Percy selbst ist ja damals beinahe noch ein Kind und hat keine außerordentlichen Taten aufzuweisen, weswegen er in den amerikanischen Archiven aufgeführt sein könnte. Dem Bericht im

Gleaner zufolge hat er ein Medizinstudium begonnen und es alsbald wieder aufgegeben, weil er „mit Chemie nichts anfangen konnte", woraufhin ihm sein Vater kein Geld mehr schickte. Doch diese stereotype Geschichte konnte auch auf einen anderen Jamaikaner aus Harlem passen, den engagierten Journalisten W. A. Domingo, der 1910 in die Vereinigten Staaten kam. Howell hat Robert Hill jedenfalls erzählt, dass es ihn 1916 bereits wieder nach Colón zog. England war soeben in den Krieg eingetreten.

Man spricht noch nicht vom Ersten Weltkrieg, sondern ganz einfach vom „Krieg". Man glaubt, es sei der letzte. Wie konnte Jamaika in eine kriegerische Auseinandersetzung verstrickt sein, die sich so weit entfernt abspielte? Jemand, der von der Insel nichts weiter kennt als den Reggae, kann sich den Elan der Jamaikaner, mit dem sie sich hinter England stellten, kaum erklären. Sterben für England? Mussten die unter der Kolonialherrschaft leidenden Jamaikaner nicht vielmehr ein Interesse haben am Zusammenbruch der Besatzungsmacht? Um jenen Patriotismus aus misslichen Lebensumständen heraus zu begreifen, muss man etwas weiter ausholen und sehen, auf welche Weise die Jamaikaner im Lauf der Kolonialgeschichte zu ihrer Identität gefunden haben.

Als Christoph Kolumbus 1494 in Jamaika an Land geht, wird die Insel von einem Indianerstamm bewohnt – den Arawak; sie sind von Natur aus ein friedliebendes Volk und können sich gegen die Eindringlinge nicht zur Wehr setzen. Nach knapp dreißig Jahren spanischer Besatzung ist kaum noch einer von ihnen am Leben; die meisten wurden von den Spaniern niedergemetzelt. Lediglich einige Ortsbezeichnungen erinnern noch an das Jamaika von einst: der Eigenname der Insel beispielsweise (Jamaika soll „Land der vielen Quellen" bedeuten) oder Wareika – jenes berühmte Viertel in Kingston, von dem in der Geschichte der Rasta-Bewegung noch häufig die Rede sein wird.

Als sich die Engländer 1655 die Insel unter den Nagel reißen, finden sie eine jüdische Gemeinde vor, die hundert Jahre zuvor aus Spanien vertrieben wurde und deren Mitgliederzahl sich bereits beachtlich ausnimmt. Port Royal, der alte Hafen von Kingston, entwickelt sich zu einem Umschlagplatz für Piraten und Seeräuber; bis zu jenem Tag im Jahr 1692, als ein Erdbeben den Ort völlig verwüstet, trifft sich hier das Gaunervolk der gesamten Karibik. Zu den Streunern und Abenteuerhungrigen gesellen sich afrikanische Sklaven, die in Massen hierher gebracht und auf den Zuckerrohrplantagen eingesetzt werden. Nach der Abschaffung der Sklaverei 1834 kommen noch die indischen Vertragsarbeiter, später Handel Treibende aus China und dem Libanon hinzu.

All dies macht die jamaikanische Identität so heterogen. Jeder hier fühlt sich irgendwie entwurzelt, aus der Heimat verbannt und ins Exil geschickt. Mitten in diesem Völkermischmasch, wo jeder wieder anderen Träumen nachhängt, bildet das englische Königshaus eine Art gemeinsamen Nenner, es wird zum Bindeglied und ermöglicht damit eine nationale Identität, die sonst wohl eher unwahrscheinlich wäre. Die Sklaven glauben, dass sie ihre Befreiung Königin Victoria verdanken und lieben ihre „Missus Queen" wie eine Mutter. Diese romantische Verzerrung trieb im Lauf der Jahre eigenartige Früchte. Als ein Beispiel hiefür kann die Sache mit dem „Brief der Königin" im Jahr 1865 gelten. Die Bauern hatten Victoria eine Bittschrift geschickt; sie klagten darin über die Verschlechterung ihrer Lebensbedingungen infolge der Blockade durch die Vereinigten Staaten während des Bürgerkriegs. Die Königin riet den Betroffenen in ihrer Antwort, noch härter zu arbeiten und sich auf ihre eigene Tüchtigkeit zu verlassen. Die meisten einfachen Bauern waren derart geschockt, dass sie diese gleichgültige Haltung gar nicht glauben wollten und an Manipulation durch den Gouverneur dachten (die Wahrheit lag irgendwo in der Mitte). Manch einer, verwundet in seinem Stolz, schloss sich jetzt der Widerstandsbewegung von William Gordon und Paul Bogle an. Nach deren Aufstand 1865 war nun wieder Schluss mit den Sonderrechten der Pflanzer und die Rückkehr Jamaikas – das bis dahin einen teilweise autonomen Status innehatte – in den Schoß des Königreichs als dessen Kronkolonie wurde eingeleitet. Die zärtlichen Gefühle für die Königin sollten jedoch kaum kleinzukriegen sein. Selbst Howell stieß, als er den Autonomiestatus für seine Gesellschaft aufgeben musste, noch ein Gebet für die Queen hervor – vermutlich, um vergessen zu machen, dass er sie bei anderer Gelegenheit auch schon als „Hure" und „niederträchtige Person" beschimpft hatte.

1915, als England an der Seite der Alliierten in den Krieg zieht, melden sich zahlreiche Jamaikaner spontan zu den Waffen. Die Damen vom Roten Kreuz organisieren Tombolas und stricken Kinderpullover, um Geld einzutreiben. Der allgemeine Einberufungsbefehl von 1917 bleibt Makulatur: Das Heer der Freiwilligen zählt bereits elftausend Mann.

Der Patriotismus ist nicht der einzige Grund, warum die Jamaikaner in den Krieg marschieren: Auch die schlechte wirtschaftliche Lage trägt ihren Teil dazu bei. 1914 ist der Bau des Panamakanals abgeschlossen und eine Zeit lang wandert kaum noch einer dorthin aus. Am 12. und 13. August 1915 fegt ein Orkan über Jamaika und verwüstet das Land; zahlreiche Bauern, die durch den Sturm verheerende Schäden erlitten haben, verlassen ihre Ländereien. Die Fischerdörfchen westlich von Kingston wachsen rasant durch die vielen Landarbeiter, die sich dort eine neue Existenz aufbauen wollen. Als Percy 1916 beschließt, in den Krieg zu ziehen, hängt das vielleicht mit der allgemeinen ökonomischen Misere zusammen, vielleicht auch mit der Pro-England-Haltung seines Vaters. In der Familie hatte man schon immer ein Faible für Uniformen.

In Panama begegnet er uns wieder. Er ist jetzt achtzehn Jahre alt. Wie er Robert Hill erzählt, meldet er sich beim British West Indian Regiment (BWIR) und ist dann im Feldlager von Swallowfield in Kingston stationiert. Auch in der Kaserne von Port Royal und im Krankenhaus von Bumperhall, der späteren Luftwaffenbasis, soll er seinen Dienst verrichtet haben. Doch von hier aus musste er nie an die Front. Ob er wohl am Aufstand der Soldaten von Swallowfield am 20. Januar 1917 beteiligt war oder an jenem von Port Royal am 16. Mai? Es würde ihm gut zu Gesicht stehen, doch er tischt uns eine andere Geschichte auf: Er sei mit seinem ganzen Bataillon im Mai oder Juni 1918 auf ein Schiff der United Fruit gebracht worden, das nach Panama fuhr; von dort aus kam er dann an die Front. Doch als er in Colón wieder in Erscheinung tritt, ist er längst nicht mehr in der Armee. Seine Einstellung zum Kriegsdienst hat sich aus guten Gründen geändert. Vermutlich ist ihm einer jener siebenhundert freiwilligen Kämpfer über den Weg gelaufen, die sich bei Sturm im ewigen Eis der Arktis verirrt hatten und denen die Finger und die Ohren abgefroren waren; oder vielleicht ist er auch einem jener verwundeten Soldaten begegnet, die ihm von dem Gemetzel in den Schützengräben erzählt haben. Er verspürt jedenfalls keinerlei Lust, der britischen Armee als Kanonenfutter zu dienen.

Also schlägt er eine andere Laufbahn ein und heuert auf einem Transportschiff der amerikanischen Armee als Koch an. Am 28. Oktober 1918 – zwei Wochen vor dem Waffenstillstand – geht er in New York von der *Metropan* an Land. In den folgenden sechs Jahren bereist er auf fünf verschiedenen Kriegsschiffen die halbe Welt, doch sein Hauptanlegeplatz bleibt New York. Die Metropole, die damals einen großen Aufschwung erlebte, fasziniert nahezu jeden, der dort hinkommt. Wenn Howell an diesen Ort zurückkehrt, der wie kein anderer den „amerikanischen Traum" symbolisiert, übermannen ihn wahrscheinlich jedes Mal die gleichen Gefühle wie Langston Hughes. Jener schwarze Schriftsteller, der in den Dreißigerjahren der literarischen Harlem-Renaissance-Bewegung angehörte, schrieb in *The Big Sea:*

„Endlich! Welch schönen Anblick doch New York bot, wie es bei Sonnenaufgang über der Bucht aufragte! Was für ein Gefühl, zu sehen, wie sich jene Türme von Manhattan mit ihren Millionen glanzvoller Augen immer höher aus dem grünen Wasser erhoben, bis sie beinahe den Himmel zu berühren schienen! Und hier die Brücke von Brooklyn, gigantisch im Morgengrauen! […] Keine andere Stadt der Welt hat je in meinem Innern so ein erhabenes Gefühl ausgelöst, wie es New York vermochte, jedes Mal, wenn ich dort ankam."

Kapitel 4

Harlem

„Als ich an der Ecke Lennox/135. Straße aus der Metro auftauche, sind die Bürgersteige schwarz vor Menschen. Etwas erhöht, von einem kleinen Podest herunter, wendet sich ein Redner an die Menge. Seine Zuhörer sind einfache Leute von der Straße, sie lauschen den Worten des schwarzen Predigers mit aufmerksamen Gesichtern und scheinen völlig ungerührt vom Lärm der heranbrausenden und wieder abfahrenden Busse und Autos. Wovon spricht er? Von der Evolutionstheorie und ihrer biologisch-materialistischen Ausrichtung, von Darwin und Marx …“

Diese Beschreibung stand 1926 in den *New York News.* Wie jener Journalist bin auch ich fasziniert von dem Wissensdurst, der die Bewohner Harlems in den Zwanzigerjahren ergriff. Howell immer dicht auf den Fersen, tauche ich ein in dieses traurig-schöne Universum, wo sich die schwarzen Tagelöhner und Hausfrauen alles erdenkliche Wissen dieser Welt aneigneten und, so sagt eine der Frauen, „sich ihren Doktorhut an der Straßenecke“ erwarben.

Auf den Spuren von Leonard Percival Howell erschließe ich mir Harlem. Tag für Tag suche ich die Regale der alten Buchhandlung Libération an der Malcolm X Avenue (einst Lennox Avenue) ab, sitze gebeugt über die alten Schmöker des Schomburg-Instituts, das genau an der gleichen Ecke untergebracht ist, an der die Redner immer standen – dort, wo sich Lennox Avenue und 135. Straße kreuzen. Doch die Ausbeute ist spärlich. Die einseitig orientierten Historiker haben diesen mystischen Jamaikaner einfach links liegen lassen, für sie war er wohl nichts weiter als ein Scharlatan. Es fällt nicht schwer, ihn sich vorzustellen, wie er an den Straßenecken seine Reden schwang – auf einer „Seifenkiste“ stehend oder inmitten einer Runde von Seeleuten in einer der Hafenkneipen sitzend, wo man über die russische Revolution und die Krönung eines abessinischen Prinzen diskutierte. Ich folge seinem Schatten und bin plötzlich mittendrin – im Harlem jener Zeit. Howell entgleitet mir, doch Harlem nimmt mich gefangen. In den Spalten der alten Zeitungen und auf den Mikrofilmen sehe ich zwanzig Jahre seiner Geschichte an mir vorüberziehen.

Auf meiner Entdeckungsreise durch das Harlem der Zwanzigerjahre begleitet mich unter anderem der Schriftsteller Claude McKay. Auch er stammte aus Jamaika. Wie Howell kommt er 1912 in die Vereinigten Staaten; die beiden Männer sind nahezu gleich alt. Während McKay seine ersten Gedichte über Amerika schreibt, verdient er sich seinen Lebensunterhalt als Schlafwagenschaffner. Er gehört zu jenen Schriftstellern, die schon bald für Aufruhr sorgen werden in der US-Literatur. In seinen Reportageromanen beschreibt er die Welt der Schwarzen in den damaligen Staaten. Dem „New Negro“, jenem ehrgeizigen Schwarzen, der sich sensibel und weltoffen gibt und schon bald die linken Intellektuellen Amerikas begeistern wird, verleiht er ein Gesicht. McKay gilt als Wegbereiter der Harlem Renaissance; der Welt der kleinen Leute, die ihm den Stoff für seine Geschichten bieten, bleibt er stets verbunden. Schon lange vor den Rastas sagt er: „Zu unseren Wurzeln zurückzukehren und darauf aufbauend etwas zu erschaffen ist nicht als eine Rückkehr zur Barbarei zu betrachten, sondern als ein kultureller Akt.“ Fasziniert von der Oktoberrevolution und dem Vermögen eines Volkes, die Geschichte umzudrehen, begibt sich McKay nach Moskau und wohnt dort 1921 dem Vierten Kongress der Kommunistischen Partei bei; doch von den Linken in Harlem distanziert er sich zunehmend. Er glaubt, dass die meisten unter ihnen von keinem anderen Ehrgeiz getrieben sind, als in den Salons der weißen Politiker ein und aus gehen zu können. Immer mal wieder heuert er auf einem Schiff an; schließlich bleibt er in Marseille hängen. Zusammen mit einigen anderen im Hafenviertel herumstreichenden Draufgängern aus Afrika und Amerika führt er ein ausgelassenes Leben – an den Tresen der Cafés diskutiert er mit Léopold Sédar Senghor. Doch seine Vorstellung von dem „Gefühl, Schwarzer zu sein“ deckt sich nicht mit jener der Intellektuellen; er fordert schon damals ein Zurück zu den Wurzeln und zur afrikanischen Kultur, was später zum Schlachtruf der Rastas werden sollte. In *Banjo* schrieb McKay:

„Die Afrikaner sind ein Volk, ausgestattet mit natürlichen Schutzmechanismen – dem Reichtum der grundlegenden Werte ihrer Rasse [...] Lediglich im Zusammensein mit den Jungen und Mädchen brauner und schwarzer Hautfarbe seines Landes fand er etwas wieder von jenem überschäumenden Stolz, der von Geburt an sein gutes Recht war [...] Diese Jungen und Mädchen besaßen ein viel größeres Potenzial, sich mit ihrer Rasse auszusöhnen, als die schwarzen Intellektuellen, die sich borniert und fantasielos hinter einer arroganten Fassade versteckten.“

Als McKay nach New York zurückkehrt – ein Jahr, bevor Howell sich dort niederlassen wird –, triumphiert das schwarze Harlem. McKay berichtet:

„Die Glanzstücke des Viertels befanden sich nun in den Händen der schwarzen und braunhäutigen Bevölkerung. Die 125. Straße leistete noch Widerstand aufgrund der vielen Geschäfte, die es dort gab. Doch die schwarzen Eroberer, deren einzige Waffe ihr dunkles Lachen schien, hatten sie einfach von weiter oben her eingekreist. Die Demarkationslinie – einst die Achte Straße – war weit nach hinten verlegt und in den ehemals farblosen Avenues wie Edgecombe, Jerome, Manhattan und St. Nicolas tummelte sich jetzt ein buntes Völkchen. Die schwarzen Immobilienmakler hatten hervorragende Arbeit geleistet.“

Durch überlegtes Handeln, Kämpfe und so manche List riss sich die schwarze Gemeinde einen der schönsten Teile Manhattans unter den Nagel. Dieses Viertel, in dem die niederländischen, irischen und jüdischen Einwanderer einander ablösten, hat sehr wohl versucht, die „Invasion“ der Schwarzen aufzuhalten; doch nachdem der Erste Weltkrieg New York halb leer gefegt hatte, kamen die Schwarzen aus Südafrika und der Karibik und sprangen in die Lücke. Besser entlohnt als je zuvor in ihrem Leben, investierten jene Neuankömmlinge in Immobilien. Hausfrauen kauften Häuser. Eine gewisse „Mary du Pied-de-Cochon“, die an der Ecke zur Lennox Avenue mit *soul food* handelte, leistete sich gar ein fünfstöckiges Mietshaus.

Den Einwanderern aus der Karibik fällt in dieser neuen Weltmetropole eine ganz besondere Rolle zu: Sie sind das „Treibmittel im schwarzen Teig“. Ihr berühmtester Vertreter, Marcus Garvey, organisiert in jenen Tagen die großen Versammlungen, bei denen die UNIA in der Liberty Hall zusammenkommt und alles aufmarschiert, was unter den Schwarzen Rang und Namen hat. Garvey bemüht sich schon bald um die Vertragsunterzeichnung für eines seiner ehrgeizigsten Projekte: die Black Star Line, eine Schifffahrtsgesellschaft, die ganz in den Händen schwarzer Aktionäre liegen soll. Man behauptet – Garvey hat sich hierzu nie klar geäußert –, die Dampfer seien dazu bestimmt gewesen, die Afrikaner in das Land ihrer Väter zurückzubringen. Hier fehlt es an Eindeutigkeit, doch das Unternehmen Black Star Line profitiert davon, es gewinnt weiter an Popularität. Auch McKay greift das Thema auf:

„In Chicago schnappte sich Felice die *Negro World,* jenes Presseorgan, das die Rückkehr der Schwarzen nach Afrika propagierte. Sie begann darin zu lesen, mit dem Ergebnis, dass sie, zurück in New York, von der Liberty Hall tausendmal mehr fasziniert war als vom Sheba Place. Sie nervte sogar Jake, er solle eine Aktie der Black Star Line erwerben. Komm schon, wir unterstützen sie, sagte sie. Das kann bei anderen den Knoten lösen. Die Zeiten ändern sich – und auch die Schwarzen. Sieh dir diesen Neger da vorn an, nicht nur, dass er schön ist, er ist auch ein richtiger Gentleman, hör doch mal hin, wie er redet!“

Als Garvey 1916 in Harlem ankommt, verändert sich sein Denken grundlegend; bis dahin hatte er an das Modell von Tuskegee geglaubt (die von Booker T. Washington ins Leben gerufene Lehranstalt); hier ging man davon aus, dass sich die Situation der Schwarzen nur durch Bildung verbessern ließe, dass nur so die Integration ins Berufsleben glücken könne. Die neuen Ziele der UNIA beschränken sich nicht auf eine Aufwertung des Image der Schwarzen. Politisches Handeln ist gefragt, auf lokaler wie auf internationaler Ebene. Gefordert wird die Befreiung Afrikas und die wirtschaftliche Eigenverantwortlichkeit der Schwarzen. 1921 hat Garvey vier Millionen Menschen hinter sich versammelt; hunderttausende Sympathisanten schließen sich den Prozessionen seiner Anhänger durch Manhattan an. McKay gibt den Intellektuellen zwar teilweise Recht, wenn sie Garvey als einen „Scharlatan mit veralteten Ideen“ bezeichnen, dennoch räumt er ein, dass dieser Scharlatan innerhalb eines Jahrzehnts „das Bewusstsein der breiten Masse der Schwarzen stärker beeinflusst hat, als irgendein anderer Schwarzenführer dies je vermochte“.

Leonard Howell war mit Sicherheit von Garvey beeinflusst. Doch wie viele der Typen, die damals zur See fuhren, zeigte er sich auch für die marxistische Lehre offen. Er diskutierte mit den berühmten *tabaqueros,* jenen Zigarrendrehern, die in den kubanischen Fabriken Leute bezahlten, damit sie ihnen bei der Arbeit vorlasen: Zeitungen, Lehrbücher über afrikanische Geschichte, Romane, politische Manifeste. Sie verfolgten schlichtweg alles, was die Welt der Schwarzen damals bewegte, und waren echte Cracks in Zeitgeschichte. Wie die Seeleute – und später die Rastas – fungieren die *tabaqueros* als Medium für alles, was mit Rebellion zu tun hat. James Weldon Johnson erzählt in seinem Roman *Autobiography of an Ex-Colored Man* die Geschichte eines jungen ehrgeizigen Schwarzen, der zum Vorleser in einer Zigarrenfabrik im Süden der Vereinigten Staaten avancierte. Howell hat auf seinen Reisen mit Sicherheit einige *taba-*

queros kennen gelernt. Auch der Marxist George Padmore dürfte ihm bei seinen Aufenthalten in New York oder London über den Weg gelaufen sein.

Doch Howell hegt schon damals ein gesundes Misstrauen gegenüber Politikern. Alles riss sich um die Wählerstimmen der Gewerkschaftsmitglieder. Seit seiner Zeit in New York ist ihm klar, dass sich hinter den Gewerkschaften Bauernfängerei verbirgt und die Ideologie eine zweitrangige Rolle spielt; daher weiß er auch sofort, womit er es zu tun hat, als sich auf Jamaika ein Gewerkschaftssystem etabliert.

Im Anschluss an seine zahlreichen Reisen hatte er sich zunächst in Midtown Manhattan bei einem Pfarrer der Protestant Episcopal Church einquartiert. Jener Pastor hieß Charles Clark; er beherbergte die beiden einzigen Schwarzen in der Straße – zwei Straßenkehrer. Da es in Amerika keine anglikanische Kirche gibt, wendet sich Howell eben der protestantischen Episcopal Church zu, jener christlichen Vereinigung, die der Kirche seiner Kindheit am nächsten kommt – zumindest, was die Rituale anbelangt. In den Gottesdiensten der New-Yorker Schwarzen mit ihrer extrovertierten Folklore und den rauschhaften Gesängen fühlte er sich vermutlich nicht wohl. Auf Jamaika hatte es diese Art von Glaubensbezeugung auch gegeben, aber Howell war kein besonderer Fan davon. Sentimentalitäten lagen ihm nicht – selbst seinen Kindern drückte er stets nur die Hand. Später wird er es dann besser verstehen, seine Gefühle in Worte zu kleiden, er wird lernen, bei seinen Anhängern Emotionen zu wecken. Doch während seiner Zeit in New York ist Howell noch ein ziemlich kühler Mensch. Sein ganzes Streben gilt einem Job.

Die Arbeitssuche gestaltete sich nicht immer einfach. Wenn in der Stellenanzeige nicht ausdrücklich vermerkt war „für Schwarze“, brauchte man sich gar nicht erst zu melden, erklärt Langston Hughes. Und es war vielleicht eine unter tausend Stellen, die speziell „für Farbige“ ausgeschrieben war.

Die einzigen Jobs in dieser Richtung sind Gepäckträger, Straßenkehrer oder Hausmädchen. Man kann ihn sich nur schwer vorstellen, den stolzen Howell, wie er anderen Leuten die Tür aufhält oder ihnen die Koffer trägt. Seine Tochter Kathleen protestiert, wenn sie hört, dass ihr Vater solche Tätigkeiten verrichtet oder gar auf einem Schiff als Koch gearbeitet haben soll: „Er wusste nicht einmal, wie man heißes Wasser bereitet!" Dennoch gibt er den Beruf des Gepäckträgers an, als er die amerikanische Staatsbürgerschaft beantragt. Später zieht er in Richtung Hoboken weiter, dann nach Astoria (Long Island), wo ihm eine kleine Gruppe von Bauarbeitern unterstellt wird. 1929 ist er wieder in Harlem. Er eröffnet einen „Salon de thé" in der 136. Straße. Es ist das Viertel, in dem große Reden geschwungen werden und die Linken zahlreich vertreten sind – kurzum ein Ort, an dem Garveys UNIA eine starke Lobby hat. Doch Howells Aktivitäten gefallen der großen Mutterorganisation nicht besonders: Sie hat sich, wie eines der New-Yorker Mitglieder berichtet, „von Howell öffentlich distanziert". Was treibt er denn da für strafbare Dinge? Ist der „Salon de thé" etwa so eine Ganja-Pinte – einer der fünfhundert Marihuana-Umschlagplätze, wie die Polizei in ihrem Bericht damals festhielt? Es gibt keine konkreten Anhaltspunkte und seine Erziehung spricht irgendwie auch dagegen. Im Übrigen ist es gar nicht das, was die ehrenwerten Herren von der UNIA als Grund für ihr Missfallen anführen. Er gäbe sich teuflischen Ritualen hin, meint man und wirft ihm vor, ein *obeahman* zu sein!

Obeah oder *obia* ist gleichbedeutend mit schwarzer Magie; es ist die jamaikanische Entsprechung des Voodoo-Zaubers. Sollte Howell etwa ein „Hexenmeister" sein? Schwer zu glauben. Seine „Zaubertränke" sind vermutlich nichts weiter als Stärkungsmittel, das gleiche Zeug, wie es die Rasta-Leute heute unter dem Namen *roots* verkaufen. Howell kennt den Obeah-Kult. 1935 verschafft er sich Luft in einer gewaltigen Schimpftirade:

„Leute, die den Obeah-Kult ausüben, müssen von der Ärztekammer abgemahnt werden, auch in den obersten Versammlungen der Schwarzen darf man sie nicht dulden. Werft sie raus, die Wahrsager, die Märchengestalten und die bösen Wölfe. Raus, ihr Obeah-Hunde, hier ist kein Platz für Geister, Hexen und in der Sonne dösende Eidechsen, nicht für Krokodile, Schlangen, Katzen, Taschenkrebse, Fliegen, Ameisen, Ratten und Mäuse und auch nicht für Magneten, Stecknadeln, Raben, Geier und Kerzengeflacker; wir kennen Rituale nur um die Trinkbecher, die Rumflaschen und die Friedhöfe.

Denn die für Äthiopien zuständige Aufsichtsbehörde hat ihren Sitz bei uns und wir haben schließlich keine Lepra – denn die Geister besuchen nur die Häuser der Leprakranken."

Doch die Gerüchte, denen zufolge sich Howell in New York als Wunderheiler betätigte, verdichten sich immer mehr. Was ist das bloß für ein Etablissement, dieser „Salon de thé", den er angeblich in der 136. Straße auf Nummer 113 betrieben hat? Gerade mal ein Jahr sollte er an diesem Ort zubringen: 1930, so heißt es in einem Bericht der jamaikanischen Polizei, wird er „wegen schweren Diebstahls verhaftet" und anschließend, 1932, des Landes verwiesen.

In den Bundesarchiven von New York ist über diesen Vorfall nichts vermerkt. Sollte Howell etwa in einem anderen Bundesstaat verhaftet worden sein? Der Grund für seine Festnahme – sofern sie tatsächlich stattgefunden hat – bleibt weiterhin unklar. Der Polizeibericht, in dem er Jahre später beschuldigt wird, gibt keine weiteren Hinweise. Howells Familie, seine direkte Umgebung, seine Anhänger – sie alle halten die Sache mit dem Diebstahl für äußerst zweifelhaft. Der ernste Howell, Sohn eines anglikanischen Laienpredigers, mochte vielleicht ein Rebell gewesen sein, doch ein Dieb war er nicht. Schon seine Würde verbot ihm das. Im Übrigen konnte keine der Anschuldigungen, die im Lauf seines Lebens gegen ihn erhoben wurden, aufrechterhalten werden – außer jener, dass er Ganja konsumiert habe. Wenn Howell 1930 mit dem Gesetz in Konflikt geriet, dann wahrscheinlich eher wegen seiner Aktivitäten als Wunderheiler: In jenem Jahr wurde als Folge der Sache mit dem „jamaikanischen Ingwer" eine groß angelegte Kampagne gegen die illegale Ausübung medizinischer Praktiken gestartet.

Die Geschichte beginnt am 8. März 1930, als achtzig Personen in Oklahoma mit Lähmungen ins Krankenhaus eingeliefert werden. Die meisten von ihnen geben an, ein anregendes Getränk aus Jamaika – Ginger Jake – konsumiert zu haben. Es verdankt seine Wirkung dem Umstand, dass es Alkohol enthält – eine Rarität in der Prohibitionszeit. In Tennessee beläuft sich die Zahl der Opfer schon bald auf dreihundert, fünfzig sind es in Cincinnati. Am 1. Mai sieht die Bilanz wie folgt aus: zwölf Tote; und einundfünfzig Personen befinden sich in polizeilichem Gewahrsam. Die Uniformierten stoßen im Zuge der Ermittlungen auf einen Hersteller aus Brooklyn. Der Ernst der Lage rüttelt die Öffentlichkeit wach und es wird mächtig Stimmung gemacht gegen Quacksalber und Wunderheiler.

Ein Angestellter des staatlichen Gesundheitsamts in New York, Arthur J. Cramp, startet eine Kampagne. Er ist persönlich betroffen, denn er hat seine zehnjährige Tochter durch einen Kurpfuscher verloren; seinen Kreuzzug wird er ein Leben lang fortführen. Fleißig wie eine Ameise trägt er mehrere zehntausend Namen von verdächtigen Produkten und Personen zusammen. In seinen Aufzeichnungen aus den Jahren 1931 und 1936, *Nostrums and Quackery and Pseudo-Medicine,* finden sich Berichte über hunderte von Prozessen, die er ins Rollen gebracht hat, um ein für alle Mal aufzuräumen mit zweifelhaften Rezepten der Hausmedizin: Sirups für Säuglinge auf Morphiumbasis, Gürtel, die elektromagnetische Wellen aussenden, „magisches" Quellwasser, beinahe so teuer wie Gold (das berühmte California Water, das von afrikanischen Wunderheilern heute immer noch eingesetzt wird). Eine bunte Palette, wie aus einem Film über den Far West!

Auch auf den Seiten von Cramp kein Wort über Howell, doch vermerkt sind hier zahlreiche Produkte auf der Basis von Cannabis, die in der Behandlung von Husten oder Störungen des vegetativen Nervensystems zum Einsatz kommen: Bromidia, Parke Davis, Sirop de Hill, Squibb, Lilly, Piso, Burroughs Welcome …

Führt uns das etwa auf die richtige Spur? Braut Howell vielleicht damals schon Kräutertees aus Ganja, ähnlich wie jene, die er später den Leuten im Pinakel kredenzt – so wird jedenfalls erzählt. Doch das wahre Problem liegt auf einer anderen Ebene: Um die finanzielle Not vergessen zu können, die seit zwei Jahren herrscht, greift man in den USA zu stimmungsaufheiternden Mitteln. Alkohol ist verboten – es ist die Zeit der Prohibition – und die Seele ist krank. Halb Harlem ist arbeitslos; die medizinisch schlecht versorgten Schwarzen leiden an ernährungsbedingten Mangelerscheinungen. Kräftemäßig am Ende, klammern sich die Leute an die aufmunternden Getränke, die es für ein paar Groschen zu kaufen gibt – und an die gut klingenden Versprechungen auf den Etiketten. Viele dieser Gebräue enthalten einen Kokaextrakt, der den Hunger dämpft und die Stimmung hebt: Celery Cola, Roco Cola, Koka Nola, Kos Kola, Coke Extract, Kola Ade, Juni Kola, Kola and Celery Bitters, Milburn's Kola, nicht zu vergessen das berühmte Coca Bola, eine Art kokainhaltiger Kaugummi, vom Hersteller als „ideale Ersatzdroge bei Tabak-, Alkohol- oder Opiumentzug" angepriesen! Die meisten dieser Produkte sind heute vom Markt verschwunden, wieder andere finden reißenden Absatz – und einige von ihnen sind in der Welt bekannter als die amerikanische Flagge. Hat Howell vielleicht das Ganja Cola erfunden?

Die Sonne scheint. In der Avenue Malcolm X spielen alte Männer im Schatten vor den Geschäften Domino. Alles ist ruhig, beinahe feierlich still. Der Westteil der 136. Straße führt am Schomburg-Institut vorbei. Zu Howells Zeiten hatte der Puertoricaner Arturo Schomburg gerade begonnen, seine Bibliothek aufzubauen, in der Afrika und dessen bedeutende Errungenschaften geehrt werden sollten; heute ist die Sammlung in einem Gebäude untergebracht, das damals eine öffentliche Bibliothek war. Viele Künstler wohnten in der Straße, zahlreiche Verbände (darunter die American West Indian Association) waren hier angesiedelt und es gab mehrere Kirchen. Ethelred Brown, der berühmte jamaikanische Pfarrer und Journalist, hielt in der Harlem Congregational Church seine ersten Predigten. Es war die gleiche Straße, in der Howell seine Messen las.

Die Nummer 113 ist ein im englischen Stil erbautes Backsteinhaus und liegt inmitten einer ganzen Reihe ähnlicher Häuser – mit dem typischen Zwischengeschoss und den paar Stufen, die zur Freitreppe des ersten Stockwerks führen. Es ist bordeauxrot angestrichen; der Dachstuhl scheint an manchen Stellen eingebrochen. Türen und Fenster sind vernagelt, im zweiten Obergeschoss wächst aus einem Mauerspalt ein Strauch heraus. Hier hatte Howell seinen „Salon de thé". Ich spreche einen weißhaarigen Mann an, der hier herumstreicht.

„Gab es hier nicht einmal einen Salon de thé?"

„Nein, nur Wohnungen; ich lebe seit dreißig Jahren an diesem Ort und von einem Salon de thé ist mir nichts bekannt. Wollen Sie das Haus kaufen?"

„Ich habe gehört, dass es hier einen Jamaikaner gab, der Leute behandeln konnte, eine Art Wunderdoktor."

Der Alte runzelt die Stirn.

„Was interessiert Sie an diesem Typen?"

Er hat den typischen Tonfall der Leute in Harlem drauf: eine Mischung aus urbaner Schnoddrigkeit und dem Patois des Südens.

„Er ist der Urheber einer Kultbewegung, der Rastas. Kennen Sie die?"

„Der Vater der Rastas? Ein bedeutender Typ also. Konnten Sie im Schomburg-Institut nichts über ihn in Erfahrung bringen?"

Er weist mit dem Kinn in die Richtung des modernen Gebäudes hinter uns.

Keine Spur von Howell im Schomburg-Institut. Übrigens auch von keinem anderen Wunderheiler in New York. Die schwarzen Intellektuellen der Harlem-Renaissance-Bewegung wollten anscheinend nicht in Verbindung gebracht werden mit jenen „Gespenstern aus der Vergangenheit". Das Schomburg-Institut hatte es sich zur Aufgabe gemacht, die Größe der schwarzen Rasse herauszustreichen. Für „rückwärts gerichtete" Kräfte war da kein Platz. Es gibt dutzende von Hinweisen auf Wunderheiler in Afrika, aber keinen einzigen auf jene in New York. Sie wurden von ihren Zeitgenossen im Schomburg als „Feinde der Emanzipation der Schwarzen" angesehen, als „armselige Nachahmer der Europäer, Vertreter eines geistigen Anachronismus".

Offensichtlich hat sich keiner besonders für unseren lieben Doktor Howell interessiert – oder aber er verstand es, seine Praktiken als Wunderheiler geheim zu halten. „Er hatte ein gutes Händchen", sagt sein Bruder, „er behandelte sogar reiche und einflussreiche Leute." Zusätzlich zu seinen hervorragenden Kenntnissen in Pflanzenkunde – die in Afrika jede Großmutter besitzt – war er ein guter Psychologe. Er mochte vielleicht kein patentierter Arzt gewesen sein, doch er wusste, wie man den Menschen den Glauben an sich selbst wiedergeben konnte. Heute erkennt die Medizin ihre Defizite hinsichtlich traditioneller Heilmethoden und beachtet den Einfluss der Psyche auf den Körper wieder stärker. Doch zu Howells Zeiten weist die moderne Wissenschaft – stolz auf ihre neuen Errungenschaften – alles Mystische weit von sich. Mit einem Handstreich fegt sie die traditionelle Heilkunde vom Tisch – vor allem, wenn diese ihren Ursprung in den Überlieferungen von Schwarzen hat.

Howells Weggang aus New York bleibt ein Mysterium. Wurde er des Landes verwiesen, wie die Polizei behauptet? Ging er aus eigenen Stücken, wie er immer verkündet hat? Jener November 1932 ist ein finsterer Monat. Amerika befindet sich auf dem Höhepunkt der Depression, die Einwanderungswelle ist nahezu gestoppt, alle Baustellen ruhen und der Winter steht vor der Tür. In Ellis Island, wo die abgewiesenen Immigranten auf ihre Rücküberführung warten, sind mehr als tausend Menschen notdürftig in Baracken untergebracht, darunter dreihundert Flüchtlinge, die freiwillig in ihr Land zurückwollen. Sie sind enttäuscht von den nicht eingehaltenen Versprechungen. War Howell vielleicht einer von ihnen?

Kapitel 5

Athlyi Rogers: Wegbereiter der Rastas

Die Rückkehr von Leonard P. Howell nach Jamaika im Jahr 1932 kann als Ausgangspunkt für die Rasta-Bewegung betrachtet werden. Dennoch wäre es nicht richtig, Howell zum alleinigen Urheber zu stempeln. Er ist nicht der einzige Garvey-Jünger, der die von der UNIA immer ausgeklammerte bedeutende Frage aufwirft: die der Religion.

Marcus Garvey war ein euphorischer Verfechter des Modernismus, jener liberalen Reformbewegung in der katholischen Kirche, die sich an wissenschaftlichen Erkenntnissen orientierte; die geheime Sehnsucht nach einer eigenen Kirche, wie sie in Millionen von Menschen schlummerte, die seine Versammlungen besuchten, überging Garvey zunächst einfach. Doch 1921 begriff er immerhin, dass er das Thema Religion nicht so einfach beiseite schieben konnte, und beauftragte George Alexander McGuire, den Kaplan der UNIA, eine christliche unabhängige Kirche zu gründen: die African Orthodox Church. Doch allein mit der neuen Bezeichnung stellte er die emotionalen und kulturellen Bedürfnisse seiner Anhänger nicht zufrieden. Wer will sich schließlich noch mit Christus identifizieren, der unter den schlimmsten Qualen am Kreuz gestorben ist – und auch noch zwischen zwei Dieben? Man ersehnt sich eher einen neuen Messias – vorzugsweise schwarz –, einen König in dieser Welt und nicht im Jenseits. Damit Garveys Projekt Erfolg hat, müssen sich die Schwarzen wie Könige und Prinzen fühlen können und nicht mehr wie ausgepeitschte Sklaven. Garvey selbst hat es so ausgedrückt:

„Der Ehrgeiz ist eine Flamme, die Leben entfacht, und plötzlich sieht man sich in einem ganz neuen Licht.“ Wie diese Flamme schüren nach vierhundert Jahren Rassismus und Gehirnwäsche?

Es ist ein neuer Messias, den sich die Millionen Armen unter den Schwarzen – die Basis der UNIA – herbeisehnen. Garvey sieht sich für diesen Bereich nicht zuständig: Seine tiefste Überzeugung verbietet es ihm, eine solche Rolle zu übernehmen, und im Übrigen würden ihn die schwarzen Intellektuellen dafür steinigen. Da taucht in einem der Vororte von New York ein Mann auf, der sich dieser Aufgabe stellen will: Man kennt ihn unter dem Namen Athlyi Rogers. Diese obskure Persönlichkeit, die Bindeglied sein könnte zwischen Garvey und den Rasta-Anhängern, verdient es, dass wir die Zeit noch einmal zurückdrehen.

1924 werden in den Straßen von Newark, New Jersey, Anschlagtafeln aufgestellt:

EIN GROSSER INTERNATIONAL BEKANNTER SCHWARZENFÜHRER SPRICHT. KOMMEN SIE UND LAUSCHEN SIE DEN WORTEN VON PFARRER ATHLYI ROGERS.

„Gott dienen, indem man aus der schwarzen Rasse eine wirtschaftliche Kraft macht, damit diese Menschen nicht mehr Not leiden müssen“, so lautet die Devise der Gaathly-Kirche. Eigenartige Botschaft! Nach dem Foto zu urteilen, das die Anschlagtafeln ziert, handelt es sich bei dem Prediger um einen jungen Farbigen. Wie er so mit erhobenen Armen dasteht, in seinem weiten Messgewand, eingefasst von einer bunten Borte (was für Farben sind es wohl? Das Foto ist in Schwarzweiß), könnte dieser junge Mann auch Howell sein. Ist etwa Athlyi eines der zahlreichen Pseudonyme, die der erste Rasta benutzt? Prüfend betrachte ich die störrischen Augenbrauen, die vollen Backen, den in der Mitte ausrasierten Bart. Dann lege ich das Foto einer früheren Gefährtin Howells vor: „Das ist er!“, schreit sie auf. Doch die Augen der alten Dame sind auch nicht mehr das, was sie einmal waren … Der Anwalt und Dichter Ras Miguel Lorne, der die Geschichte der Rasta-Bewegung mit großem Interesse verfolgte, behauptet felsenfest: „Athlyi Rogers und Howell sind nicht identisch, es handelt sich um zwei unterschiedliche Personen.“

Dennoch: Beide Männer haben einmal in New Jersey gelebt, schreiben unter Pseudonym und geben Adressen in Afrika an. Howell nennt Accra, als er in Spanish Town im Gefängnis sitzt. Athlyi verweist auf das House of Gaathly, Nyembane Street 252, in Kimberley, Südafrika; das Dokument trägt den Stempel von Woodridge, New Jersey. Gab es Kontakte zwischen den beiden Wegbereitern während ihrer Zeit in den Vereinigten Staaten? Howell residierte in Hoboken, New Jersey, ganz in der Nähe von Newark. Mit Sicherheit hat er die *Holy Piby* oder „afrikanische Bibel“, auf die sich die Religion Athlyis stützte, einmal in die Hände bekommen.

Die *Holy Piby* ist stark von Garvey beeinflusst, den Athlyi zum „Apostel Gottes“ erklärt, der die Erlösung Äthiopiens herbeiführen soll. Die Gaathly-Kirche hat eine zweifache Vision: Sie verfolgt mystische wie ökonomische Ziele. Athlyi und Garvey gelten als die beiden Engel, die diese Vision verkörpern. Der eine kann nicht ohne den anderen auskommen. Damit das Vorhaben der UNIA gelingen kann – der soziale Aufstieg der schwarzen Rasse –, muss zunächst einmal jeder Einzelne moralisch wieder aufgerichtet werden. Diese Idee soll zum Dreh- und Angelpunkt in der Philosophie der Rasta-Bewegung werden.

„Welches ist der rechte Flügel von Athlyis Haus?
– Die konstruktive afro-athlikanische Kirche.
Welches ist der linke Flügel von Athlyis Haus?
– Die athlikanischen grünen Auen.“

Die „grünen Auen“ – damit ist das soziale Projekt gemeint, das Programm der UNIA, übertragen in die Sprache der Bibel. Um wieder auf die Beine zu kommen, muss die schwarze Rasse wirtschaftlich stark werden. „Deshalb bin ich“, sagt Athlyi, „nicht nur zu euch gekommen, um euch zu taufen, sondern auch, um eure ganz konkreten Nöte zu lindern [...]. Der Hirte muss seine Schafe auf eine grüne Aue führen.“

An einer anderen Stelle fleht er im Gebet den Gott Äthiopiens an, er möge „seinem Volk ausreichend Verstand und Intelligenz schenken, damit es nach seinem Willen handeln könne: jenen Essen zu geben, die Hunger leiden, und Kleidung denen, die frieren, den Kranken medizinische Versorgung zukommen zu lassen, den Alten Pflege und den Kindern eine Schulbildung. [...] Die Kinder Äthiopiens, einst das auserwählte Volk Gottes, haben sich entfernt vom Willen Seiner Heiligen Majestät, als sie vergaßen, dass sie, um zu überleben, genügend Essen brauchen, und einfach glaubten, sie würden nur durch spirituelle Andachten auf Engelsflügeln ins Paradies gelangen.“

Um Gott wieder gnädig zu stimmen, sagt er, müsse man sich „verabschieden von der Trägheit und dem Müßiggang von einst [...] und ein neues Leben voller Produktivität beginnen ... Schande über das Haupt eines jeden, der mit leeren Händen dasteht, schämen sollen sich die Faulen und Untätigen“.

Aus diesen biblischen Worten schimmert die gesamte soziale Diskussion jener Zeit. Doch im Gegensatz zur UNIA klammert Athlyi die mystischen Sehnsüchte der kleinen Leute nicht aus. Er bringt jede Seite in ihnen zum Schwingen, geht sogar auf ihre kleinbürgerlichen Träume ein. Wie die Bibel mischt auch er schillernde Prophezeiungen und wirtschaftliche Analysen, erteilt Ratschläge in Ernährungslehre und berichtet dabei so anschaulich, dass man glaubt, sich in einen Werbespot für Hausfrauen verirrt zu haben:

„Schande über das Haupt der Rasse, die ihresgleichen im Stich lässt, um sich den Doktrinen einer anderen Rasse unterzuordnen.

Ich sage euch aufrichtig, o ihr Kinder Äthiopiens, bezieht euren Stolz nicht aus den Verdiensten anderer, glaubt nicht, ihr könnt an ihren Erfolgen teilhaben, denn ihr werdet jedes Mal wieder über Bord gehen dabei und Schaden erleiden an Leib und Seele.

Vergesst nicht, dass ihr zusammenhalten und gemeinsam etwas schaffen müsst für Äthiopien und die zukünftigen Generationen.

Nur dann werden euch die anderen Nationen dieser Erde respektieren, ihre Produkte gegen euer Gold tauschen und euch für eure Waren ihr Gold geben; keiner wird mehr ausgenommen oder versklavt werden.

Eure Fahnen werden inmitten ihrer Banner wehen, eure Schiffe werden friedlich zwischen den ihrigen dahinsegeln, eure Krieger werden sich unter ihre Krieger mischen; und euer Name wird Bedeutung haben in der ganzen Welt.

Der Herrscher im Himmel und Vater Äthiopiens wird stolz sein auf euch, die Engel werden an euch ihre Freude haben und euer himmlischer Lohn wird unermesslich sein.

Eure Töchter werden keine Tätigkeiten mehr verrichten müssen, bei denen sie sich die Hände schmutzig machen, sondern sie werden in Kleidern aus Seide daherwandeln, während eure Söhne im Anschluss an ihre Examina anspruchsvolle Jobs ausüben werden."

Dieses Garvey-Programm in Diätform – als Sonntagspredigt gehalten – ist eines der aufschlussreichsten Dokumente aus der Rasta-Vorzeit; hier werden die Verbindungen klar zwischen Garveyismus und der Rasta-Bewegung, Verbindungen, die schon sehr häufig angezweifelt wurden.

Was wissen wir von der Person Athlyi? An einer Stelle in der *Holy Piby* erfahren wir, dass er ab 1917 regelmäßig in Newark Predigten hielt; namentlich führt er seine ersten Anhänger auf. Dann begegnen wir ihm wieder in Springfield, Massachusetts, von dort aus zieht er durch ganz Südamerika und weiter durch die Karibik. Er kehrt nach Newark zurück und 1919 sehen wir ihn auf einer Parade, in Begleitung der Heilsarmee, deren Leute Banner tragen, zusammen mit einer Traube Farbiger, die von Polizeibeamten umstellt sind. Am 13. Juli 1918 versammeln sich einige seiner Anhänger in der Israel Memorial A. M. E. Church; sie steht in der gleichen Stadt, in der ein Würdenträger namens Bonfield eine Ansprache über Marcus Garvey hält. Pfarrer Athlyi stellt sich damals die Frage nach der heiligen Mission des Begründers der UNIA: „Ich bin mir beinahe sicher, dass es sich hier um einen der Apostel des zwanzigsten Jahrhunderts handelt, aber wo finde ich den anderen? Denn es sind zwei, die ich suche, doch das Leben wird mir den Weg weisen und so werde ich auch den anderen Apostel eines Tages finden." 1921 erklärte Marcus Garvey, er habe nicht vor, seine „Zeit mit Religion zu vergeuden", und ein enttäuschter Athlyi wollte ihn gerade von der Liste der Apostel streichen, da startete Garvey 1922 einen Aufruf, in dem er an die Religion appellierte (vermutlich der Auslöser für die Gründung der African Orthodox Church). In Detroit, Michigan, fand offensichtlich ein Treffen statt zwischen Garvey und Athlyi und beide erkannten, dass ihre Ansichten gar nicht so weit auseinander lagen. Das nächste Mal begegneten sie sich in New York und Garvey beschloss, Athlyi nach Afrika zu entsenden. An dieser Stelle erschöpft sich die Geschichte in biblischen Bildern. „Ziehe aus und überquere den Atlantik und kehre zurück über den Pazifik", soll Gott angeblich zu Athlyi gesagt haben. In der Meerenge von Magellan erschien ihm der Allmächtige erneut, um ihm „die Kirche zu offenbaren, mit der man auf den rechten Pfad gelangt – und um ihm die grünen Auen zu zeigen, wo keiner mehr hungern wird".

Ist Athlyi Rogers tatsächlich nach Afrika gegangen? Es gibt im südafrikanischen Kimberley eine als Glaubensgemeinschaft eingetragene Afro-Athlican Constructive Gaathly Church. B. G. M. Sundkler sieht in dieser Kirche (in seinem Werk über die schwarzen Propheten Südafrikas) ein Beispiel für den „Einfluss Garveys und der Afroamerikaner" und glaubt, „leicht rassistische, gegen die Weißen gerichtete Töne" durchzuhören. Sundkler bezieht sich dabei auf einen Auszug aus der *Holy Piby.*

Athlyi hält sich nicht lange in Kimberley auf; 1924 ist er bereits wieder in Newark. Vermutlich weilt er auch noch dort, als im November 1925 in Kingston, in der Elgin Street 7 im Smith Village, in Gegenwart der Vorstandsmitglieder der UNIA der Grundstein gelegt wird für die Afro-Athlican Constructive Gaathly oder Hamitic Church. Initiiert haben soll das Projekt eine gewisse Grace Jenkins Garrison, genannt die Kometen-Frau. Wo hat sie Athlyi kennen gelernt? Wahrscheinlich in Panama, von wo sie 1924 auch herkommt. Genau im gleichen Jahr war Athlyi „über den Pazifik“ nach Newark zurückgereist. Die Kirche von Kingston sollte nie Land herausrücken und so wird es Howell sein, der die kleine Restgemeinde der athlikanischen Kirche bei seiner Rückkehr nach Jamaika zusammenhält.

Die Parallele zu Südafrika ist insofern interessant, als sie die Besonderheit der Situation auf Jamaika noch unterstreicht. In den Kirchen der Schwarzen in Südafrika wie in den Vereinigten Staaten gab es zwei Strömungen: zum einen den Chiliasmus – die Lehre von der Erwartung des Tausendjährigen Reichs Christi – und zum anderen den Äthiopismus, eine in Südafrika entstandene Bewegung, die den Einfluss der Weißen in den christlichen Kirchen Afrikas einschränken will; die Gaathly-Kirche hatte von beidem etwas übernommen. Gemäß der Lehre der Chiliasten oder Zionisten (genannt nach dem Berg Sion beziehungsweise Zion in Äthiopien) gibt es ein Paradies auf Erden, ein Prophet wird erwartet, der – während die verkommene Welt untergeht – die Auserwählten zu Jesus Christus führt; die Gläubigen leben selbstgenügsam, bauen Städte, Universitäten, Fabriken und behandeln sich mit Pflanzenmedizin. Die Äthiopisten wollen das Bild der Schwarzen wieder aufwerten und färben ihr Christsein mit afrikanischen Riten ein. Die an Äthiopien orientierten sektiererischen Kirchengemeinden Südafrikas sind oftmals eng gebunden an traditionelle Führerfiguren, die je nach Gusto die christlichen Prämissen verändern, wodurch selbst die Polygamie zuweilen einen legalen Status erhält.

Athlyi fühlt sich beiden Richtungen verpflichtet, er sieht darin die „Flügel“ seiner Religion. Sundkler nagelt ihn dennoch auf die Chiliasten fest und fügt an, Athlyi habe wenig gemeinsam mit den Zulu in Südafrika. Denn seine Kirche zieht in erster Linie orientierungslose Individuen an: ethnische Minderheiten, entwurzelte Arbeiter, Kinder aus multikulturellen Elternhäusern, die das gleiche Problem damit haben, eine kulturelle Heimat zu finden, wie die Kinder Jamaikas. Die stolzen Zulu wiederum bewahren sich immer noch die Erinnerung an Shaka – Eroberer eines riesigen Imperiums und Vaterfigur der Zulu. Sie haben es nicht nötig, sich Lektionen erteilen zu lassen von einem Sklavensohn aus der Karibik. Einige Jahre später, als die Apartheid bereits schreckliche Auswirkungen zeigte, sollten sich die jungen Südafrikaner für die Message der Rastas öffnen. Doch 1923 musste sich der Heilsverkünder Athlyi unweigerlich daran stoßen, dass es auch innerhalb der schwarzen Bevölkerung eine Diskriminierung bestimmter ethnischer Gruppen gab – dies würde auch seinen Weggang von Kimberley erklären. Die Glaubensgemeinde, die er dort versammelte, sollte ihn indes um mindestens zwanzig Jahre überleben, bevor sie in den diversen südafrikanischen Sektengrüppchen aufging, sich verlor wie ein Wasserlauf in der Wüste.

Was ist aus Athlyi Rogers geworden? Nach Ras Miguel Lorne starb er auf Jamaika. Verzweifelt darüber, mit seiner Lehre nicht gehört zu werden, öffnete er sich die Pulsadern und brachte sein Blut als Opfer dar; einige Tage später verlor er das Bewusstsein und hauchte sein Leben aus. Somit reiht sich sein Name ein unter die von Märtyrern – bezeichnete man die Märtyrer nicht einst als „Glaubensritter"? Athlyi hat versucht, der Prophezeiung, wie sie in der *Holy Piby* steht, etwas nachzuhelfen: „Das Blut eines mosaischen Propheten wird die Unterdrücker Äthiopiens bezwingen." Hat er mit seinem Blut den Rastas den Weg geebnet?

Kapitel 6

Die Verbündeten der ersten Stunde

Red Lands, 1932. Howell ist zurück. Das Haus steht noch – oben auf dem Hügel. Nach dem Häusermeer in New York genießen die Augen nun die Weite des blauen Horizonts, den Anblick der steil abfallenden Hügel. Zwanzig Jahre lang ist er nun umhergereist, doch das Paradies auf Erden hat er noch nicht gefunden. Eines Tages wird er seinen Kindern erklären, dass es zwischen Jamaika und den Vereinigten Staaten keinen Unterschied gibt: Es gibt nur eine Welt. Unterdrückung fühlt sich überall gleich an. Es hilft nichts, sich in einen Traum zu flüchten; man muss dort mit anpacken, wo man lebt.

Leonard kommt nach Clarendon zurück, doch sein Platz in der Familie ist nicht mehr derselbe. Und im Übrigen: Hat er hier überhaupt noch einen Platz? Seine viel jüngeren Brüder und Schwestern kennt er kaum und die älteren Geschwister sind längst ausgewandert. Seine Mutter starb 1919, seine Schwester Morrios 1931. Die zweite Frau seines Vaters (sie zog die Kinder groß) hat er nie zu Gesicht bekommen. Sein anglikanischer Vater hatte mittlerweile das Amt eines Friedensrichters übernommen; er war ein einflussreicher Mann geworden in diesem ländlichen Gebiet und gerade im Begriff, zum dritten Mal zu heiraten. Charles würde es vielleicht schon gern sehen, wenn sein ältester Sohn bei ihm bliebe, doch Percy scheint nicht zurückgekommen zu sein, um Bananen zu pflanzen. Er hat einen Plan. Von diesem Plan ist nichts überliefert – alle Tagebücher wurden bei den Polizeirazzien vernichtet –, doch wir werden sehen, wie er nach und nach konkrete Form annimmt.

Seinen engsten Vertrauten hat Howell oft erzählt, wie die Polizei bei seiner Ankunft auf Jamaika sein ganzes Gepäck beschlagnahmte. Vielleicht fand man bei dieser Gelegenheit ja auch „aufwieglerische" Schriften – verfasst von seinen Freunden in New York. Die Einwanderungsbehörde wollte ihn zunächst gar nicht ins Land hineinlassen, denn aufgrund seiner Reisen, die ihn durch aller Herren Länder führten, hatte seine Sprache einen fremdartigen Akzent angenommen; er musste erst eine Geburtsurkunde vorlegen. Seine Anhänger sollten später einmal in ihrer kindlichen Logik sagen: „Gott hat gewollt, dass er in Jamaika das Licht der Welt erblickt, damit er später hierher zurückkehren und zu unserem Retter werden konnte. Sonst hätten sie ihn bestimmt nie einreisen lassen."

Hier sitzt er nun in Red Lands – zurückgebracht von göttlicher Hand. Der Reisende in seinem schicken Anzug, der in New York der letzte Schrei ist, kann nur der verlorene Sohn sein. Der Vierunddreißigjährige erweckt den Eindruck, dass er sich körperlich und geistig auf dem Höhepunkt seiner Kräfte befindet. „Ich habe niemals jemanden getroffen, der so war wie mein Vater", wird einmal sein Sohn Blade über ihn sagen. Sein Blick ist durchdringend, ohne jegliche Furcht, und das spürt man. Seine achtundsiebzig Kilo Körpergewicht und die breiten Schultern lassen ihn mächtiger erscheinen, als er eigentlich ist. Die Nichten und Cousinen belauern ihn, geheimnisvoll miteinander tuschelnd. Eine gute Partie, ein gebildeter Mann – und überdies besser aussehend als die meisten der jungen Männer im Ort. Eine entfernte Cousine mütterlicherseits hat eine sechzehnjährige Tochter. Brauchte er nicht vielleicht eine Haushälterin? Später, antwortet Howell.

Schließlich schenkt ihm sein Vater eine Kuh. Er verkauft sie und teilt das Geld in zwei Hälften: Mit der einen kauft er Nahrungsmittel, die er an die Armen und Alten im Dorf gibt. Mit dem Rest beginnt er seinen Kreuzzug.

In Kingston leben viele Leute, die Howell gern sehen will. Seit seiner Ankunft trifft er sich immer wieder mit Garvey. Der Gründer der UNIA, den man zwei Jahre zuvor aus den Vereinigten Staaten ausgewiesen hatte, ist in der feindselig gestimmten kleinen Kronkolonie auf jede Hilfe angewiesen. Und dann ist auf Jamaika ja auch vieles ganz anders. Hier haben die Verführungskünste eines Howell, seine mystischen Reden und seine Anzüge, in denen er nur mit viel Fantasie als Geistlicher zu erkennen ist, nicht die gleiche Wirkung wie in New York. Hier läuft er in diesem Aufzug nicht so schnell Gefahr, als Scharlatan und Hexenmeister abgetan zu werden. Garvey geht bei Howell ein und aus, bleibt öfter mal zum Essen – für den Haushalt sorgt mittlerweile die kleine Cousine aus Red Lands. „Ich habe eigenhändig für Herrn Garvey die Speisen aufgetragen", erinnert sich die alte Dame heute. „Er war der beste Freund von Herrn Howell. Er lächelte stets, ein netter Mensch und ein echter Gentleman obendrein!"

Die Eintracht der beiden Männer sollte nicht von langer Dauer sein. Seit dem großen UNIA-Treffen in Kingston im August 1934 warnen die Rädelsführer in ihren Reden öffentlich vor „jenem neuen Kultgebaren, das in totalem Widerspruch steht zu den Prinzipien der wahren Religion". Der Entsandte von Indiana beklagt, dass noch hundert Jahre nach der Befreiung aus der Sklaverei auf dieser Insel religiöser Fanatismus möglich sei. Und man frage sich, wie in einer zivilisierten Welt Derartiges noch seinen Platz haben könne.

Ja, sie sind schon sehr zivilisiert, jene Intellektuellen der UNIA auf Jamaika, und ihre größte Sorge gilt ihrer Integration. Da sich Garvey überhaupt nicht mit dem gemeinen Volk einlässt und nichts wissen will von dessen „ungezügelten" Riten, wird sich eben Howell der Sache annehmen. Im Grunde mag er diese lautstarken Religionen, wo sich jeder seine eigenen Heiligen erfindet und wie von Sinnen tanzt, ebenso wenig wie Garvey. Doch er kennt seine Landsleute. Die Alten, die Armen, die Schwachen und die Kranken. Die Frauen, die Analphabeten. Für jene Menschen ist nach dreihundert Jahren Sklaverei die Bibel ihr einziger Trost. Zu ihnen will er sprechen.

Ab 1932 predigt er an den Straßenecken in Kingston. Eines Tages bittet ihn ein Passant, das Wort ergreifen zu dürfen. Es ist Joseph Nathaniel Hibbert, der Freimaurer aus Panama. Später sollten sich Howell und er in die Wolle kriegen, Hibbert verlässt Kingston und gründet die Ethiopian Coptic Church, zusammen mit Archibald Dunkley. Doch bis dahin dient er Howell als dessen rechte Hand; er hält die Stellung in Kingston, wenn Howell gerade auf Reisen ist.

Zu den potenziellen Verbündeten zählt damals die Anhängerschaft Athlyis – oder was von ihr noch übrig ist. Im Dunstkreis dieser Leute lernt Howell einen weiteren sonderbaren Typen kennen: Balintine. Die Rasta-Jünger nennen ihn „Valentine".

Auch der ehrwürdige Fitz Balintine Pettersburgh hat schon in New York gelebt, von wo er im September 1924 zurückkehrt, im gleichen Jahr wie die Kometen-Frau an der Seite Athlyis, Grace Jenkins Garrison. 1926 – ein Jahr, bevor Tafari, der Prinz von Äthiopien, *ras* (König) werden sollte, und vier Jahre vor seiner Krönung zum Kaiser als Haile Selassie – veröffentlicht Balintine ein kleines Büchlein; es trägt den Titel *Royal Parchment of Black Supremacy* und enthält jede Menge Andeutungen auf den „König der Könige Äthiopiens".

Ein eigenartiges Werk. Für den *Daily Gleaner,* die führende Tageszeitung vor Ort, sind „die Sätze das Abbild seines Verstands – oder vielmehr seines Unverstands, da dieser geistige Dünnpfiff bereits derart stinkt, dass man sich fragt, wer so einen Mist überhaupt ernst nimmt." Wenn sich die Presse derart ereifert, muss schon mehr dahinter stecken.

Der Text ist zugegebenermaßen nicht leicht zu lesen. Er ist aufgebaut wie ein langes Gedicht und der Autor wechselt andauernd zwischen klaren politischen Statements („Die Herrschaft der Angelsachsen in Äthiopien ist zu Ende") und reiner Poesie („Die von Stacheldraht umzäunte Ewigkeit gehört nun mir"; „Ich bin das Copyright der Welt"; „Ich werde die Prinzessin lehren, wie man um den Erdball fliegt"). Ungeschickt abgeschrieben oder von den Schriftsetzern in der Druckerei absichtlich verhunzt, sind seine flammenden Aufschriebe an manchen Stellen kaum zu entziffern. Doch sein esoterisches Getue führt in die Irre. Er ertränkt „innere Rebellion“ in biblischer Lyrik, spricht in Symbolen, wie es die Freimaurer gern tun. Seine Sprache ist weder hölzern noch salbaderisch: Was er sagt, ist direkt („*I poled white supremacy*“, „Ich habe die Suprematie der Weißen gebrochen“). Zuweilen greift Balintine auf ein modernes Vokabular zurück („Wir werden das Elektrizitätswerk Gott schon am Laufen halten“; „Alles beruht auf Kommunikation, sie ist das Fundament der Welt“). Das *Parchment*-Buch ist auch der Entwurf einer großartigen Liebesgeschichte – der von „König Alpha und Königin Omega“ –, eine kuriose Erzählung, in der sich Erotik und Mystik mischen.

Wenn man die politischen Elemente herausnimmt aus Balintines Fragment, so stellt man fest, dass dem Verfasser des *Parchment* – im Unterschied zu Athlyi, der sich auf eine symbolische Herrschaft Äthiopiens beschränkt – die konkrete Suprematie seiner Rasse vorschwebt:

„Wir legen den Grundstein für die Wiederauferstehung des äthiopischen Reichs.
Die Herrschaft der Angelsachsen ist zu Ende.
Mit der Schlichtheit angelsächsischer Militanz verbindet uns nichts.
Schwarze und Weiße sollten sich nicht miteinander vermählen – ihre beiden Rassen sind verfeindet.
Einer Schlange traue ich eher über den Weg als einem Weißen. Adam und Abraham sind angelsächsisch, aussätzig (= weiß).
Aussätzige haben mir keine Befehle zu erteilen.
Die Taufe der Suprematie der Schwarzen ist unser Sieg über die Suprematie der Weißen und der Sklavenhalter.“

Die Idee ist demnach, den schwarzen Menschen rein zu waschen von seiner Knechtschaft. Die Sklaverei ist nicht nur einfach eine Laune der Geschichte, sie ist ein Schandfleck, der die Menschen von ihrem Schöpfer abnabelt. Wenn sich die Schwarzen erst einmal „rein gewaschen“ haben von der Sklaverei, finden sie zu ihrer göttlichen Natur zurück.

„Ich und mein Schöpfer, wir sind eins …
Ich selbst bin der König der Könige …“

Mit diesem Ziel vor Augen richtet Balintine einen *balm yard* ein – einen Genesungshof, eine Art Krankenhaus, in dem Körper und Seele behandelt werden. Eintritt: ein Dollar. Doch vor allem „muss jede Seele, die Zutritt haben will, an die Allmacht des leibhaftigen Gottes glauben“.

Der König der Könige, ein leibhaftiger Gott, der die schwarze Rasse zur Erlösung führen wird: Ist das nicht auch das Konzept der Rasta-Jünger? Balintine könnte gut der erste Rasta gewesen sein – obgleich er den Namen des Ras Tafari aus Äthiopien noch nicht kennt. Welche Beziehungen unterhält er zur kleinen Clique der Athlyi-Anhänger? Balintine kennt Athlyi Rogers sehr wohl, den „kleinen Heilsverkünder“, der sich von einem „gefallenen Engel“ in die Falle locken ließ. Auch Marcus Garvey, der „Lotse“, hat sich foppen lassen von „Lady Ich-kann's-kaum-Fassen, der streitbaren angelsächsischen Königin mit gesenktem Haupt“ (gemeint ist die UNIA, der auf Jamaika die VIP-People angehören; ihr wird vorgeworfen, das Kolonialsystem einfach umgedreht zu haben zugunsten der kreolischen Oberschicht).

In seiner Schmähschrift führt Balintine noch weitere Mitglieder der kleinen Gruppe der Athlikaner auf: Grace Jenkins Garrison und Professor W. D. Davis; sie sind ihm mit der kleinen *Piby*-Bibel in der Hand angeblich in der Hauptstadt der Welt (Addis Abeba?) begegnet. Hochwürden Goodridge und seine Frau sind ebenfalls aufgebrochen, um das Heil zu verkünden, desgleichen ein gewisser W. R. Carter und seine Schwester Adde. Das ist schon die Athlyi-Clique – diese Menschen stellen seine Bezugspunkte zu Garvey und Äthiopien dar. Grace Jenkins lebte in Panama, von wo aus sie im Herbst 1924 nach Jamaika zurückkehrte – dort könnte ihr Athlyi über den Weg gelaufen sein, als er von Südafrika zurückreiste. 1925, während

Balintine beginnt, an seinem Buch zu schreiben, kämpft Grace Jenkins mit einer kleinen Schar von Anhängern dafür, in Kingston eine Kirche bauen zu können. Man organisiert weitere Meetings in anderen Städten, und in Falmouth, Morant Bay, Bath, Mount Charles und Spanish Town werden offene Zirkel eingerichtet. Unter der Schirmherrschaft der UNIA und in Gegenwart ihres Präsidenten wird am 20. November in der Elgin Street 7 in Smith Village (direkt neben Trench Town) der erste Spatenstich für eine Kirche gesetzt. Doch dabei bleibt es, das Gotteshaus wird nie gebaut und ungefähr ab 1927 wollen die Garvey-Getreuen von all diesen mystischen Dingen sowieso nichts mehr wissen. Die Sekte bricht auseinander. Ihr neuer Anführer in Kingston, der Ober-Komet Charles Goodridge, haust mit Frau und mehreren Kindern in einem einzigen Zimmer; sein Einkommen beschränkt sich auf den bescheidenen Obolus, den ihm seine vierzig Anhänger gewähren. Für Howell wird es ein Leichtes sein, seine kleine Glaubensgemeinde von ihm abzuziehen.

Howell findet noch eine andere Stütze in der Person von Robert Hinds, einem ehemaligen Bedward-Jünger. Bedward ist ein Baptistenprediger, den man wegen seiner aufwieglerischen Reden in eine Anstalt steckt und dessen Lebensgeschichte jene von Howell vorausahnen lässt.

Der Bedwardismus hat seinen Ausgangspunkt in Spanish Town und geht auf einen gegen Ende des neunzehnten Jahrhunderts barfuß dahinwandelnden hellsichtigen Mann zurück. A. A. Brooks beschreibt ihn in seiner *History of Bedwardism* von 1917 wie folgt: „H. E. S. Woods, bekannter unter dem Namen Shakespeare, war ein Amerikaner, der Jamaika früher schon einmal besucht hatte. Ein komischer Kauz. Er lebte nahe Spanish Town in einer ziemlich wilden Gegend in einer Grotte, aus der er nur herauskam, um den Leuten etwas über die Liebe zu erzählen, Gottes Wort zu verkünden und ein Loblied auf die Hellseherei zu singen. Denn er selbst war in der Tat ein Hellseher."

Um 1876 verlässt Shakespeare seine Grotte oberhalb von Spanish Town (vielleicht jene des Pinakels?), um nach August Town zu gehen

– ein kleines Dorf, angesiedelt in den Auen des Hope-Flusses. Dort nimmt er den jungen Bedward für sich ein. Auch jener hat schon in Colón gearbeitet. Eine Vision rief ihn nach Jamaika. Als Shakespeare 1901 stirbt, tritt Bedward an die Spitze der Bewegung, aus der später die mächtige Native Baptist Free Church of Jamaica hervorgehen sollte.

Wie bei Balintine spielt die Taufe eine zentrale Rolle im religiösen Leben der Bedward-Anhänger – getauft wird nicht in der Kirche der „Aussätzigen", sondern in den Flüssen und Seen. Das Ritual der inneren Reinigung geht einher mit einer gewissen Zeit des Fastens. Doch bei Bedward sind die Prozessionen, die *balm yards* und die Tische mit Opfergaben für die Toten strikt untersagt. „Die Anhängerschar Bedwards ächtet den „Great Revival"-Kult, bei dem man sich wälzt und in wilde Zuckungen gerät oder auf dem Boden herumhämmert und ruft: ‚Das ist die Erleuchtung!' Es ist auf jeden Fall nicht jene Erleuchtung, die dem Heiligen Vater vorschwebt; denn es stiftet die Kinder Gottes zum Ungehorsam an. Gott wünscht sich eine spirituelle Erneuerung, eine Abkehr von der Sünde und eine Hinwendung zur Gnade ..."

Bedward scheint ein intelligenter und humaner Anführer gewesen zu sein. Tausende von Menschen, zumeist Arme und Analphabeten, haben sich bei ihm von der „Sünde" der Knechtschaft rein gewaschen. Seine Wunderheilungen im Mona-Fluss spielten sich auf einer psychologischen Ebene ab, doch sie sind real geschehen. Bedward sagt: Das wahre Übel ist die Erniedrigung, und so gibt er seinen Anhängern das Gefühl der Würde zurück. Auch er kann als einer der Väter der Rasta-Bewegung gelten; in seinen Reden legt er die gleiche Respektlosigkeit an den Tag wie Howell. Und wie alle, die daran arbeiten, ihrer Rasse wieder zur alten Stärke zu verhelfen, ist er den Verfolgungen des Establishments ausgesetzt. Seit 1895 wurde er immer wieder verhaftet wegen aufwieglerischer Kampagnen; sein ganzes Leben lang litt er unter den Schikanen, die ihm die Konservativen – wie auch die radikalen Linken – bereiteten. 1920 wurde er unter Arrest gestellt und in eine psychiatrische Klinik eingewiesen. Er hatte vorher von der geplanten Festnahme Wind bekommen und seine Anhänger gewarnt, dass man ihn holen würde; dann zog er sich zurück und harrte der Dinge, die da kommen sollten. Angeblich versicherte er, dass er schon bald die Fliege machen und nach Afrika gehen wollte; das Establishment ließ ihn für verrückt erklären. Er starb 1930 in der psychiatrischen Anstalt. Sein Gefolgsmann Hinds, der nun völlig auf sich gestellt war, sollte in Howell einen neuen Führer finden.

Es gibt noch eine andere Gruppe, mit der Howell in Kontakt kommt während seiner ersten Zeit als Prediger in Kingston: Es ist jene der Äthiopisten. Ihre Bewegung lässt sich über zweihundert Jahre zurückverfolgen und sie ist in den Seelen der Schwarzen tief verankert.

Kapitel 7

Die Anhänger des Äthiopismus

Eines Abends im Jahr 1935, kurz vor der Invasion der Italiener, stechen einem US-Ethnologen bei seinem Besuch in Addis Abeba zwei schwarze Amerikaner ins Auge, die im vornehmen *Tambourine Club* auf der Bühne stehen und Banjo spielen. Sein Erstaunen ist umso größer, als er erfährt, dass einer der beiden ein schwarzer Rabbiner ist und im Kreis der Garvey-Anhänger in Harlem ziemlich bekannt.

Der Banjospieler nennt sich Arnold J. Ford. Er wurde in La Barbade geboren, wanderte 1918 nach New York aus und ist von Beruf Musiker; er gilt als offizieller Komponist der UNIA. Die Texte seiner Hymnen veranschaulichen sehr schön den allegorischen Stil der Epoche; die Themen der Rastas deuten sich hier schon an. Noch heute singen ehemalige Pinakel-Bewohner jenes Loblied:

O Afrika, erwache!
Der Tag bricht an,
Du bist kein Stiefkind mehr.
O fruchtbare Mutter Afrika,
Von weit her eilen deine Söhne und Töchter zu dir.
Ihr Schrei klingt über alle Meere hinweg:
Befreit Afrika!

Ford kannte die Bibel in- und auswendig und so blieben ihm die Parallelen nicht verborgen zwischen der Geschichte der Juden, die von den Ägyptern versklavt worden waren, und dem Schicksal der Afrikaner, die in Amerika in Knechtschaft gerieten. Er stellt etliche Hypothesen auf und kommt zu dem Schluss: Das Volk der Schwarzen ist das jüdische Volk – dies müssen die *Black Jews* sein. Die Aschkenazim aus Mitteleuropa, die ihm in New York über den Weg laufen, sind nur eine jüngere Linie im Stammbaum des ursprünglichen Volkes, mit deutlich gebleichter Haut. Ford lernt also Hebräisch und tritt der Religionsgemeinschaft von Beth B'nai Abraham bei. Er wird Rabbiner.

Bevor die Schwarzen Harlem in Besitz nahmen, lebten hauptsächlich Juden in dem Stadtteil. Sie pflegten einen regen Austausch mit den Amerikanern. Und es werden nun die Juden sein, die als Klubbesitzer oder Zeitungsverleger den Jazz und die Literatur der Harlem Renaissance in Mode bringen. Die Zwanzigerjahre sind auch die Zeit, in der die Juden in Europa die „Fallashas" entdecken, die Juden in Äthiopien, deren Geschichte sich zurückverfolgen lässt bis zu König Salomon. 1924 gründete ein gewisser Jacques Faitlovitch für sie in Addis Abeba eine Schule und er reiste mehrere Male nach New York, um Gelder zu sammeln. Er besuchte die schwarzen Juden in Harlem in Begleitung eines Fallasha namens Tamrat Emmanuel. Dabei traf er wohl auch Arnold Ford. Wirtschaftlich beginnt gerade die große Depression und die Stimmung ist aufgeladen. Die Begegnung mit Faitlovitch weckt in Ford den Wunsch, die Fallashas näher kennen zu lernen.

Er reist also 1930 nach Äthiopien und besucht die kleine Kolonie der Afroamerikaner – die meisten von ihnen stammen aus der Karibik –, die in Addis Abeba leben. Vor ihm war offensichtlich schon eine Delegation aus Facharbeitern und technischen Leitern dort gewesen, entsandt von der UNIA im Rahmen ihres „Back to Africa"-Projekts. Haile Selassie startet einen Aufruf an alle Schwarzen in Amerika, die schon einmal im Krieg waren, und bittet sie, seine Soldaten auszubilden. Auf diese Weise findet er den schwarzen Oberst Hubert Julian und den Piloten John Robinson. Einen Farbigen von den Antillen, Doktor Vitalien, wird er zu seinem persönlichen Leibarzt ernennen und David Talbot aus Britisch-Guyana sollte sein Pressesprecher werden. Noch viele andere, wie etwa der Missionar Daniel R. Alexander, folgten dem Aufruf und schlossen sich dem Äthiopismus-Kult an, dessen Anfänge bei den schwarzen Baptistenpredigern des neunzehnten Jahrhunderts zu suchen sind.

Um den Äthiopismus zu verstehen, muss man wissen, dass in der Bibel unter dem Namen Äthiopien ganz Afrika zusammengefasst wird – griechisch *Aethiops,* „das Land der verbrannten Gesichter" –, während das Königreich Äthiopien selbst mit Abessinien bezeichnet ist. Als die Sklaven die Heilige Schrift in die Hände bekamen, ließen sie keine Gelegenheit aus, um dem Kontinent ihrer Väter den richtigen Platz zuzuweisen. Im Mittelpunkt stand insbesondere das Erlösungsversprechen, nachzulesen in Psalm 38: „Äthiopien wird seine Hände zu Gott erheben." Dieses Versprechen taucht immer wieder auf, in den Reden Garveys und seiner Nachfolger sowie in den Predigten und religiösen Heftchen der damaligen Zeit. Äthiopien: das verlorene Paradies, der Berg Sion – auf englisch Zion, was die Jamaikaner sehr sinnlich aussprechen mit *Zajan.*

Der Äthiopismus fasste in Jamaika um 1784 Fuß, mit der Gründung der Ethiopian Baptist Church von George Liele; es sollte die erste christliche Kirche sein, die unter den Schwarzen Popularität genoss. Liele, ein amerikanischer Sklave, war seinem Herrn, einem Getreuen des englischen Königshauses, ins Exil gefolgt. Als jemand, den die Baptistenkirche in Amerika zum Priester geweiht hatte, gründete er die Ethiopian Baptist Church of Jamaica nach dem gleichen Modell. Die Rahmenbedingungen zwangen ihn schon sehr bald, Zuständigkeiten an die neu Getauften abzugeben – und mit ihnen kamen afrikanische Kultelemente ins Spiel: die Trommeln, die Lobgesänge und die Tänze.

Aus der Geschichte Jamaikas sind die Baptisten nicht wegzudenken, zu jeder Zeit setzten sie sich für die Belange der Sklaven ein. Nach der Aufhebung der Knechtschaft half ihre Kirche den in die Freiheit entlassenen Menschen auf dem Land, Dörfer aufzubauen, und als sich 1865 in Morant Bay ein Aufstand zusammenbraute, geschah dies im Umfeld des Baptistenpfarrers Paul Bogle. Die Kirche von Bedward, die Native Baptist Free Church of Jamaica, gehört der gleichen Familie an. Ist die Idee der Taufe nicht jene, sich von einer Sünde „rein zu waschen", die man gar nicht begangen hat, die aber immer wieder durch unsere Köpfe geistert? Der Erlösungsgedanke und die Gleichstellung der schwarzen Rasse rangieren bei den Baptisten zu allen Zeiten ganz oben. 1924 – es ist das Jahr, in dem viele Begegnungen stattfinden, die für die Entstehungsgeschichte der Rasta-Bewegung von Bedeutung sind – hält ein weißer Baptistenpfarrer, Hochwürden Lloyd Cowell, in der Kirche an der East Queen Street eine Predigt, die aufhorchen lässt; er rät darin den Afrikanern, nicht zu zaudern und die Bibel neu zu interpretieren, wenn dies ihrer Sache dienlich sein könne:

„In den Gesängen Salomons heißt es: ‚Ich bin schwarz, doch ich bin charmant.‘ In der neuen Version müsste der Text folgendermaßen lauten: ‚Ich bin schwarz und charmant.‘ Für einen Christen genügt es nicht zu sagen: ‚Ich werde mich damit abfinden, Schwarzer zu sein, wenn dies Gott so gewollt hat.‘ Es muss heißen: ‚Ich bin glücklich, eine schwarze Hautfarbe zu haben [...] Es gibt einen im Himmel, der mich liebt, und er liebt mich gerade deshalb, weil ich schwarz bin.‘“

1927, drei Jahre später, nimmt der Äthiopismus konkrete Formen an. Die Sklavensöhne erreicht tatsächlich eine sensationelle Nachricht aus Äthiopien: Ein König – Ras Tafari – wurde dort soeben gekrönt, er war in allen Zeitungen abgebildet. Im August 1928 bieten die Kioske in den Ghettos eine Ausgabe des *National Geographic* feil, eine Sonderedition über das ersehnte Königreich in Afrika, und die Leute reißen sich gegenseitig die Blätter aus den Händen, sie schlagen sich um die Bilder, auf denen jene vergessene Herrlichkeit zu sehen ist. Genug geträumt. Das Gelobte Land existiert wirklich. Worauf warten wir noch? Brechen wir endlich dorthin auf!

Wie Ford, so gehört auch Annie Harvey jener Richtung an. Sie muss etwa der gleiche Jahrgang sein wie Howell. In Port Limon lernt sie David Harvey kennen und die beiden heiraten. In den frühen Zwanzigerjahren verlässt das Paar Costa Rica in Richtung Panama, von dort aus geht die Reise weiter nach Kuba und in die Vereinigten Staaten. Die Harveys nehmen damals Kontakt mit den *Black Jews* auf und schließen sich deren Ansichten an. Von da an fühlen sie sich als „Israeliten“; so kann man sie wenigstens nicht mehr „Negro“ rufen, ein Stigma, das Annie Harvey, anders als den Intellektuellen in

Harlem, wie ein Stein auf dem Herzen liegt, was sie 1946 in einem Appell verdeutlicht:

„Die Rasse, die sich die unsere nennt, ist es leid, ‚Neger' gerufen zu werden. Unsere Vorfahren haben diesen Namen erhalten, als die Sklavenjäger ihnen nachstellten. Jene dunklen Tage sind vorüber [...]. Erinnert euch, was Gott den Kindern Abrahams und dem Volk von David, dem König Israels, versprochen hatte [...]. In der Bibel steht geschrieben, dass er sie, wenn die Zeit reif ist, von jenen Inseln, wo sie in Gefangenschaft gerieten, wegführen und nach Kanaan zurückbringen werde, ins Land ihrer Väter. Afrika [Äthiopien] ist voller Reichtümer. Dort müssten weder Not noch Armut herrschen und der Spuk, der wie ein Schatten auf unserer Rasse liegt, könnte ein Ende finden."

Dies sind die Argumente, die sich die „Back to Africa"-Bewegung zu Eigen machen sollte – jene letzte abenteuerliche Ausprägung des Äthiopismus, die zugleich wichtiger Bestandteil der Rasta-Bewegung ist.

Als Annie Harvey 1924 wieder in Kingston weilt, hat sie eine „Vision", die sie nach Äthiopien führt. Zusammen mit ihrem Ehemann reist sie in die kleine Kolonie in Addis Abeba, wo die Schwarzen der „Neuen Welt" versammelt sind; fünfeinhalb Jahre sollte das Paar dort bleiben. Ford wird hier später während der italienischen Besatzungszeit sterben. Die beiden Harveys kehren 1931 nach Jamaika zurück – im Gepäck führen sie die neuesten Nachrichten aus Äthiopien mit.

Die Krönung von Ras Tafari zum Kaiser Haile Selassie I. gilt 1930 als *das* Ereignis schlechthin; Haile Selassie – („Macht der heiligen Dreieinigkeit"), König der Könige, Herr aller Herren, Licht der Welt, siegreicher Löwe vom Stamme Juda. Die zeremoniellen Feierlichkeiten ziehen sich über zehn Tage hin und die ganze Welt blickt auf Äthiopien. Zweiundsiebzig Länder entsenden ihre Botschafter. England überreicht Haile Selassie ein Zepter, das Äthiopien einst geraubt wurde. Im Juni 1931 veröffentlicht *National Geographic* eine Sondernummer zu Äthiopien – die zweite innerhalb von zwei Jahren; da soll noch jemand behaupten, diese Ecke von Afrika sei nicht in Mode gewesen – mit vielen Fotos von Haile Selassie in seinem prunkvollen Krönungsgewand. Der *Daily Gleaner* bringt sein Foto auf der ersten Seite. In den Augen der Afrikaner wirkt dieser wundersame Wandel wie ein Märchen. Hier steht, wie Howell dies alles erlebte; zwei Jahre später schrieb er es auf:

„1930 erhielt der Herzog von Gloucester einen Auftrag; eine der interessantesten Missionen seines Lebens. Der Anlass war die Krönung Seiner Majestät Ras Tafari – König der Könige, Herr aller Herren, siegreicher Löwe vom Stamme Juda, Auserwählter Gottes und Licht der Welt.

Der Herzog hatte die Aufgabe, seinen Vater zu vertreten, den König der Angelsachsen. Er überreichte Seiner Majestät Ras Tafari, dem König der Könige und Herrn aller Herren, ein Zepter aus massivem Gold, siebenundzwanzig Daumen lang, das man Äthiopien vor mehreren tausend Jahren geraubt hatte.

Der Herzog fiel vor Seiner Majestät, dem König der Könige, auf die Knie und sagte laut und deutlich: „O Herrscher, Eure Majestät, mein Vater schickt mich, ich soll ihn vertreten, mein Herr. Er kann selbst nicht kommen, doch er sagt, er würde stets zu Euren Diensten stehen, bis ans Ende seiner Tage, Majestät." So war es auch prophezeit worden in Psalm 72,9–11 und in der Schöpfungsgeschichte 49,10.

Auf der einen Seite des Zepters stand geschrieben: „Äthiopien soll Gott mit seinen Händen anrühren"; auf der anderen war zu lesen: „König der Könige Äthiopiens". Die Kuppe des Knaufs zierte ein Siegel und oberhalb davon konnte man ein Kreuz erkennen, in das ein scharlachroter Rubin eingefasst war [...].

Es handelte sich um eine außergewöhnliche Zeremonie, die Kirche begann sich zu füllen. [...] Die Männer trugen mit wertvollen Edelsteinen besetzte Schwerter. Auf ihren Köpfen saßen goldene Turbane, unter denen ihre Löwenmähnen hervorlugten. Die Frauen hingegen waren verschleiert.

Die Majestäten fuhren in einer Kutsche vor, die von sechs weißen Arabern gezogen wurde.

Die Königin Omega in ihrem silbernen Kleid und ihre Gefolgsleute auf Maultieren, die Schultern in Löwenfelle gehüllt, bildeten vor der Kathedrale einen langen Prozessionszug [...]. Man überreichte König Alpha den Globus und das Zepter, Schwerter sowie andere sinnbildliche Gegenstände. Würdenträger der Großmächte offerierten König Alpha die Schätze der sieben Weltmeere.

Der Kaiser hatte Wert darauf gelegt, die Vorbereitungen für den Empfang der Gäste – es waren immerhin mehrere tausend – selbst zu überwachen, und so konnte man tagelang beobachten, wie er in seinem roten Auto vorfuhr, um an Ort und Stelle die Arbeit der weißen Angestellten zu begutachten, die er angewiesen hatte, eine neue Straße zu bauen, Rasen anzulegen sowie die Straßenbeleuchtung zu erweitern."

So verklärend sie auch sein mag, diese Beschreibung entspricht in nahezu allen Punkten der Realität, einschließlich der Skizzierung Haile Selassies und seiner schier unerschöpflich wirkenden Energie; er überwachte persönlich, dass die „weißen Angestellten" (während seiner ganzen Amtszeit holte er immer wieder Ingenieure und Berater aus dem Westen ins Land) seine Befehle ausführten. Man beachte bitte auch das Bild von „König Alpha und Königin Omega", wie es uns schon bei Balintine begegnete. Ist es Annie Harvey, „die Missionarin", die Howell alles über die Krönung berichtete? Von dem kleinen Haufen ist sie wahrscheinlich die Einzige neben ihrem Ehemann, die persönlich anwesend war. Henry Dunkley, einer der ersten Rasta-Jünger, meint: „Howell hat alles von den Israeliten (Annie Harveys Gruppe) übernommen. Er schnappte sich in seinem Büro in der Paradise Street ein Foto des Friedensprinzen und ließ es vervielfältigen". Ob jenes Foto des Königs der Könige nun von Annie Harvey aufgenommen wurde oder aus dem *Gleaner* stammte – Howell ließ es jedenfalls im Lauf seines Lebens ziemlich oft abziehen, um es an seine Anhänger zu verteilen. Das Bild wurde sein Markenzeichen. Als er starb, fand man in dem kleinen Schachtelkoffer, den er hinterließ, immer noch einen ganzen Packen davon – lediglich etwas verschwommen, aufgrund der vielen Reproduktionsschritte.

Der Mann mit den breiten Schultern steht am Steilhang der Insel, die kleine Fotografie in der Hand, er könnte Luftsprünge machen; keinen Augenblick denkt er daran, sich einen Job zu suchen. Er schaut nach vorn – er weiß, wohin er will. Keine Wehmut überfällt ihn beim Blick zurück auf die Vergangenheit, sein freies Nomadenleben, die Abenteuer, die in den Häfen und Städten lockten. Wie Jake im Buch von McKay ist auch er „kein wilder Hengst mehr, sondern ein Zugpferd mit dem Zaumzeug im Mund und dem Riemen unter dem Schwanz – und es gefällt ihm so“. Howell wird im weiteren Verlauf angeschirrt sein, er folgt einer Eingebung, die stärker ist als er selbst. Er ist der Mann Jahwes.

Kapitel 8

Erste Predigten in St. Thomas

„Man sieht ihn nicht durch die Menge kommen, noch nimmt man wahr, wie er ein Podest erklimmt; seine Auftritte sind stets überraschend. Gerade eben war er noch gar nicht da, kurz darauf macht seine Gegenwart schon Raum und Zeit völlig vergessen. Mit seinem Blick nagelt er dich fest oder lässt dich über den Wolken schweben. Wenn er zu sprechen beginnt, reißt er dich fort, nimmt dich mit in seine Welt der Visionen und sein Gesicht tritt dabei ganz und gar in den Hintergrund. Du versuchst dich an sein Aussehen zu erinnern, aber pffft, ist alles weg! Einfach nicht mehr da. Wie wenn dir dein Gedächtnis geraubt wäre. Er hat die Gabe, sein Antlitz zu verhüllen, es prägt sich dir einfach nicht ein – er ist eben ein großer Zauberer. Du erinnerst dich lediglich an die Intensität seiner Erscheinung und spürst die starke spirituelle Kraft, die von ihm ausgeht." (Canute Kelly)

Durch die UNIA von den Stufen der Coke-Kapelle verscheucht, von der Polizei Kingstons verfolgt, begibt sich Howell nach St. Thomas – die Bastion der Pflanzer im Südosten der Insel – und macht sich dort ans Werk. Die Gemeinde von St. Thomas ist in ihrer Entwicklung stehen geblieben, gesellschaftlich hat sich hier nicht viel verändert, es herrschen noch Zustände wie in alten Zeiten; das Denken der Menschen ist immer noch stark im Kolonialismus verankert und die Arbeiter – Afrikaner oder Inder – leben hier kaum besser als die Sklaven von einst. St. Thomas ist ein Ort, an dem große Frustration herrscht und die Theorien Howells fallen hier auf fruchtbaren Boden.

Allein stehende Frauen, Zuckerrohrschneider, ehemalige Kämpfer der BWIR oder entwurzelte Inder lauschen schon bald aufmerksam seinen Worten und so ist ihm bei jedem seiner Meetings eine Zuhörerschaft von einigen hundert Menschen sicher.

Die Zusammenkunft vom Dienstag, dem 18. April 1933 in Trinity Ville ist nicht die erste, die Howell abhält; doch an jenem Tag befindet sich in seinem Publikum ein gewisser John Ross, von Beruf Pflanzer. Es ist neun Uhr abends, der Zeitpunkt, zu dem die Jamaikaner sich fein machen und ausgehen, um noch etwas Luft zu schnappen. Auf dem Marktplatz steht Howell, umringt von einer Menschentraube, zwei- bis dreihundert Zuhörer mögen es wohl sein; das Podest, welches er bestiegen hat, ist höchst einfach – ein über ein Fass gelegtes Brett.

„Das Regime, das uns heute unterdrückt“, sagt der Redner, „ist schlimmer als jede Sklavenherrschaft. Doch der Löwe von Juda hat alle Ketten für uns gesprengt und wir, die schwarze Rasse, sind nun frei. George V. ist nicht mehr unser König. Ras Tafari ist König der Könige und Herr aller Herren, so wie es prophezeit war.“ Er wiederholt mehrere Male, dass die Schwarzen nicht George V. als ihren König betrachten dürfen: „Ras Tafari, der König der Könige, ist jetzt euer König. George V. hat seinen dritten Sohn nach Afrika geschickt, um sich vor unserem neuen König Ras Tafari zu verneigen.“

„In welchem Jahr soll das gewesen sein?“, will John Ross wissen.

„1928“, antwortet Howell.

„Du bist ein verdammter Lügner“, schleudert ihm Ross entgegen.

Howell steigt von seinem Podest und geht direkt auf ihn zu. „Mein Herr, man müsste Sie wegen Unruhestiftung in Arrest stecken.“

„Das soll bloß mal einer wagen, mich hierfür festzunehmen und vor ein Gericht zu bringen“, entgegnet Ross. Eine aufgebrachte Menge schart sich um die beiden. Da kommt Polizeiinspektor Thomas Kelly hinzu, der Ross kennt, und beginnt den Menschenauflauf auseinander zu treiben. Howell erklimmt wieder sein kleines Podest und fährt fort:

„Jetzt sind die Schwarzen frei und es sind die Weißen, die sich vor ihnen verneigen müssen."

Er lässt zwei Fotos durch die Reihen wandern; auf dem einen ist ein Schwarzer zu sehen, auf dem anderen ein Weißer, und Howell erklärt, dass es sich hier um Ras Tafari und den dritten Sohn Georges V. handelt.

„Das ist das Absurdeste, was ich je gehört habe!", ereifert sich Thomas Kelly.

„Wenn Sie mir nicht glauben, dann schreiben Sie doch an den Gouverneur oder an den obersten Polizeichef", fährt ihn Howell an. Er ist sich sicher, dass kein Polizist dieser Welt auch nur den kleinen Finger gegen ihn erheben würde. Er spricht auch über die BWIR (der er einst angehörte) – dass sie 1926 aufgelöst wurde und deren Mitglieder seither in Not und Elend leben. Dann bietet er den Anwesenden für einen Shilling Postkarten an, die beschriftet und anschließend an den neuen König versandt werden sollen: „Wer einen Kummer hat, den er jemandem anvertrauen möchte, der kann sich an Ras Tafari wenden." Dann löst Howell die Versammlung auf, indem er die Menge auffordert, die Nationalhymne zu singen. „Doch erinnert euch", fügt er noch hinzu, „es ist nicht mehr George V., für den ihr diese Hymne singt, sondern Ras Tafari, unser neuer König." Auch als die Zusammenkunft schon längst zu Ende ist, hält sich in der Menge noch der Groll auf John Ross, der unter Polizeischutz den Heimweg antreten muss. Der verärgerte Pflanzer verlangt, dass die Behörden der Sache nachgehen – folgenlos. „So wie Howell auftritt und wie er redet, scheint er an Wahnvorstellungen zu leiden, es wäre ein Leichtes, ihn in eine Anstalt zu stecken", heißt es in einem Polizeiprotokoll. „Nur ein Verrückter kann sich so etwas ausdenken – Ras Tafari, wer soll das schon sein", urteilt der Staatsanwalt und rät dem Untersuchungsrichter, „Howell nicht den Gefallen zu tun und die Sache auch noch an die große Glocke zu hängen, denn nichts würde ihm mehr Publicity bringen als ein Prozess".

Trotz alledem kehrt Howell einige Tage später mit der gleichen Botschaft nach Kingston zurück, in Begleitung von Joseph Nathaniel

Hibbert, dem Freimaurer aus Panama, und zwei Gefolgsleuten. Am 14. Juni, um acht Uhr abends, steht er wieder auf den Stufen der Coke-Kapelle; von hier aus sprach gewöhnlich Marcus Garvey zu den Leuten. Howell verkauft wieder Fotos von Ras Tafari, was die Garvey-Clique in Rage bringt. Und er verbreitet seine „aufwieglerischen“ Theorien: „George V. ist nicht mehr euer König. Eure Fahne ist jetzt die Flagge Äthiopiens in Grün-Gelb-Rot – den Farben des Kleides, das die Jungfrau Maria trug. Die Kirchen sind verkommen und die Pfarrer stehlen.“ Er ruft in die Menge: „Geht doch und holt die Polizei, damit sie mich verhaftet! Ich schwöre euch, der Gouverneur von Jamaika kann es nicht wagen, die Hand gegen mich zu erheben – und schon gar nicht so ein unbedeutendes Würstchen wie dieser Polizist da vorn.“

Howell hat keine Angst vor den „Bullen“. Er hat schon viele Uniformen zu Gesicht bekommen im Lauf der achtzehn Jahre, in denen er herumgereist ist. Ein paar Tage später geht er sogar aufs Revier und beschwert sich, dass Beamte in Zivil seinen Meetings beiwohnen, um sich insgeheim Notizen zu machen. Der Polizeiwachtmeister antwortet, dass dies ihr Job sei, und versucht, ihn einzuschüchtern: „Zunächst mal redest du eine Menge Unsinn. Der König von Abessinien, Ras Tafari, kommt aus einer angesehenen Familie und er wird wohl kaum einen wie dich damit beauftragt haben, für ihn zu werben. Allein schon der Preis, den du für die Fotos verlangst – ein Shilling, obwohl sie gerade mal ein oder zwei Penny kosten dürften –, würde genügen, um dich hinter Schloss und Riegel zu bringen.“ Der Beamte hat den Eindruck, dass Howell reumütig zuhört, doch er bezweifelt, dass seine Worte wirklich etwas bewirken.

Er irrt sich. Howell ändert von da an seine Taktik. Am 13. September geht er in der Vorbereitungsphase zu einem Meeting in Port Morant auf die Wache und lädt alle Polizisten ein, zu kommen und ihm zuzuhören. Kommissar Smith begleitet ihn mit zwei Zivilbeamten. Zu Beginn des Meetings werden Hymnen gesungen, dann legt Howell los und ergeht sich in wüsten Beschimpfungen gegenüber den verlogenen Geistlichen. Er spricht über die Sklaverei und die Unterwerfung Afrikas durch die Weißen. „Afrika ist euer Land, nicht Jamaika!“, ruft er. Zum Schluss kündigt er an, dass es 1934 ein Abkommen geben wird und dass Schiffe kommen, um jene abzuholen, die von hier wegwollten. Einige Leute in der Menge fragen sich: Wie sollte ausgerechnet er dies alles richten, wo doch sogar Herr Garvey schon gescheitert war?

Am 14. September sitzt Howell im Bus, unterwegs in Richtung Kingston. Kein Grund zur Besorgnis, meint die Polizei zu diesem Zeitpunkt noch: „Die anständigen Bürger schenken den Reden Howells keinerlei Beachtung. Doch seinen Komparsen muss klar und deutlich gesagt werden, dass sie viel aufs Spiel setzen, wenn sie versuchen sollten, den Mob aufzuwiegeln und Hassgefühle zu schüren.“

Sonntag, 8. Oktober, Port Morant. Howell schießt sich auf seinen neuen Gegner ein: den Klerus. Er bezeichnet Geistliche als Diebe und Wortverdreher, die man verjagen müsse; danach könne man ihre Kirchen schließen. Die Weißen sind für ihn alle Schurken, die sich an der schwarzen Rasse vergehen. „Aber“, sagt er, „wir halten unsere Augen offen und künftig können wir auch ohne die Weißen leben, wir werden nicht mehr abhängig sein von ihnen. Kommt und unterstützt meine Bewegung, denn der schwarze König Ras Tafari arbeitet für euch. Nächstes Jahr im August werden Schiffe kommen und euch nach Äthiopien bringen.“

Im Umkreis von zwanzig Kilometern um Port Morant hält Howell noch weitere Meetings ab. In Airy Castle stößt er auf Feindseligkeit, in Pear Tree River löst er in der Menge Begeisterungsstürme aus. Vorsichtig beschränkt er sich auf religiöse Themen. Doch seine Angriffe auf die offizielle Kirche tragen ihm schon bald neue Feinde ein.

Am 31. Oktober trifft bei Inspektor Adams in Morant Bay ein Brief ein, abgesandt vom Patriarchen der Church of God, einer Kirche aus Nashville, Tennessee. „Die Rastafari-Bande“, heißt es hier, „verstößt gegen die Gesetze Englands [...]. Zwei Männer, Howell und Valentine [sic], predigen Dinge, die nicht mit den Gesetzen dieses Landes in Einklang zu bringen sind, ihre Angriffe richten sich gegen die Weißen und ihre Kirchenvertreter. Unter fadenscheinigem Vorwand sammeln sie Geld ein und gaukeln den Leuten vor, die Botschafter eines Königs in Afrika zu sein; sie versprechen diesen Menschen, dass sie für jenes Geld einmal gratis nach Afrika reisen könnten. Diese Männer haben meine Person in aller Öffentlichkeit in den Schmutz gezogen, indem sie mich einen Dieb und Vagabunden nannten. Anbei finden Sie eines ihrer Traktate."

Es fällt auf, dass hier der Name Balintine auftaucht. Was das Traktat anbelangt, so handelt es sich dabei um eine Zusammenfassung von Theorien, wie sie Athlyi vertrat. Drei der zehn „Verse" sind Wort für Wort der *Holy Piby* entnommen:

„Schande über die Rasse, die nicht nach ihren eigenen Wurzeln sucht. Ihre Frauen werden die Dienerinnen der Frauen der anderen sein und ihre Töchter werden Herumtreiber und Habenichtse heiraten müssen – und es werden in Leid und Not viele Tränen vergossen werden.

Ich appelliere an euch, sucht nach euren eigenen Wurzeln – Schande über die Rasse, die ihre Glaubenssätze verrät, indem sie die einer anderen Rasse annimmt. Sie wird Sklave jenes anderen Volkes sein.

O Volk Äthiopiens, beziehe deinen Stolz nicht aus den Errungenschaften einer anderen Rasse, indem du glaubst, ein Teil des Projekts zu sein, denn du wirst im Stich gelassen werden und dabei Schaden erleiden an Leib und Seele."

Wir finden an dieser Stelle keinen Bezug zur Mystik. Howells Denken kreist um die ökonomische Unabhängigkeit – „die grünen Auen", wie sie Athlyi beschreibt.

„Baut auf euer eigenes Fundament […]. Die Weißen haben euch eine falsche Doktrin mit auf den Weg gegeben. Sie haben euch gesagt, ihr sollt Gold und Silber verwerfen und das Paradies nach dem Tod suchen. Die Doktrin des Weißen sieht für den Schwarzen vor, dass er allen irdischen Dingen entsagt und sich auf ein Leben nach dem Tod freut – das Paradies im Himmel; diese Art des Denkens hat uns nur Hunger und Not eingebracht – wir konnten weder in Würde leben noch in Würde sterben."

Vom Mythos Afrika ist hier nicht die Rede, sondern vom realen Wunsch nach wirtschaftlicher Unabhängigkeit von den Weißen. Haile Selassie taucht hier nicht als Messias auf, sondern als der König der Äthiopier, mit Howell als dessen Botschafter. Das Traktat beginnt mit der Floskel, die den Seeleuten und Soldaten wohl bekannt ist: *„on HMS"* („im Dienste Seiner Majestät"). Das kommt im Kontext der Huldigung eines fremden Herrschers gleich – ein Verbrechen, das im britischen Empire mit der Todesstrafe geahndet wurde.

Am 13. November werden in Stokes Hall, einem Ort im Herzen des Plantagengebiets, vier Menschen wegen ihrer aufwieglerischen Reden verhaftet: Robert Hinds, der alte Bedward-Anhänger, sowie drei andere Komparsen Howells; anschließend kommen sie auf Kaution wieder frei. Die Verhaftungen finden in Howells Abwesenheit statt.

Am 10. Dezember treten Howell und Hinds in Seaforth auf, einem kleinen Bergdorf. Als sie dort ankommen, ist ein Heilsverkünder gerade dabei, auf die versammelte Menge einzureden. Nach ihm steigt Howell auf die Tonne. Er stimmt die Hymne seiner Gefolgsleute an und schon fällt der ganze Trupp – zirka dreihundert Personen – mit ein:

„Lennard sucht mich, Lennard findet mich,
Er lässt mein Herz jubeln.
Geehrt sei Howell, ich bin frei!
Denn ich weiß, was Lennard Howell für mich tut.
Und ich bin glücklich vom Morgen bis in die Nacht."

Obwohl dieses Meeting ohne größere Zwischenfälle verläuft, wird es einen Monat später zum Anlass genommen, um Howell unter Arrest zu stellen. Am Ende der Versammlung versuchen Polizeibeamte in Zivil, in den Besitz eines Fotos von Ras Tafari zu gelangen, doch da sie sich weigern, ihre Namen und Adressen zu nennen, nimmt ihnen Howell das Bild wieder weg. „Zwei Menschen", merkt er an, „können vielleicht den gleichen Namen haben, doch nie das gleiche Naturell. Was Sie beide anbelangt, so habe ich den Eindruck, dass Sie zwei elende Spitzel sind!"

Am 16. Dezember sind Hinds und Hibbert, die beiden Obergefreiten Howells, wieder in Trinity Ville, dem Ort, an dem John Ross lebt. Howell, der die Polizei normalerweise allein durch sein Charisma auf Distanz halten kann, ist diesmal nicht zugegen und der angriffslustige Plantagenbauer hat eine Hand voll Amtsträger mobilisiert: M. C. Surgeon, einen Priester aus Morant Bay, Ronald Robinson, einen Friedensrichter aus Port Morant, sowie Thomas Warfinger, Chef der mächtigen Jamaica Producers Association in Port Morant. Kaum hat Hinds den Mund aufgemacht, da wird er auch schon verhaftet wegen Störung der öffentlichen Ordnung. Die Menge stellt sich hinter ihn. Ein Zusammenstoß mit der Polizei – von Howell bisher stets geschickt abgewendet – ist nun unvermeidlich: Hibbert, unterstützt von ein paar Anhängern, greift die Uniformierten an und es gelingt ihm, Hinds zu befreien. Doch John Ross und seine Freunde überwachen die Aktion und durch ihre Mithilfe gelingt es der Polizei schließlich doch, Hinds und Hibbert festzunehmen; zusammen mit sechs anderen Getreuen landen die beiden im Knast.

Am darauf folgenden Tag plant Howell, am gleichen Ort ein Meeting abzuhalten. John Ross und seine Bande wollen ihm einen Empfang bieten, der sich gewaschen hat – ihre muskelbepackten Helfershelfer haben sich mit Knüppeln und Steinen bewaffnet –, doch der Prediger kommt nicht. Er ist am 19. Dezember in Morant Bay, seine Freunde sollen dort am 20. dem Richter vorgeführt werden. Eine Anweisung aus Kingston, in der es heißt, der Prozess wird bis auf weiteres vertagt, kommt zu spät – jedenfalls behauptet dies die Polizei, die Ross und seine Schergen hinter sich weiß.

Der Generalstaatsanwalt in Kingston befindet sich in einer verzwickten Lage. Das Establishment vor Ort – Plantagenbauern, Klerus, Geschäftsleute – drängt ihn zu harten Maßnahmen. Doch in Gesprächen mit dem Gouverneur war man übereingekommen, dass ein Prozess Howell in den Stand eines Märtyrers erheben würde. Im Juni hatte der Generalstaatsanwalt die Polizei gebeten, nichts zu unternehmen ohne die vorherige Zustimmung des Gouverneurs. Dennoch wurden zwischenzeitlich Verhaftungen vorgenommen und der Prozess fand statt – obwohl die Anweisungen des Gouverneurs anders gelautet hatten. Ross und seine Bande brachten die Richter im Nu auf ihre Seite. Was nun?

Der Januar 1934 beginnt viel versprechend. Howell wohnt jetzt in Morant Bay, und in der Nähe von Port Morant hat er einen Ort ausfindig gemacht, an dem er seinen Kult ausüben kann – das „Tabernacle“. Seit dem 21. Dezember hält er in Chapel Hill, einem Vorort von Port Morant, wieder Meetings ab, doch diesmal hütet er sich davor, die Kolonialherrschaft direkt anzugreifen, er kleidet seine Worte in mystische Bilder. Unterdessen verfassen Ross und seine Freunde ein denunzierendes Schreiben an den obersten Polizeichef. Hierin bezeichnen sie die Rasta-Jünger als „üble Atheisten, die die öffentliche Moral ruinieren, indem sie die Würdenträger der örtlichen Kirchen attackieren“, sowie als „Extremisten, die zur Rebellion und zum Blutvergießen aufrufen und alle Kraft aufwenden, um die Autorität von Kirche und Staat zu untergraben“. Am Schluss des Briefs heißt es, dass sich die Bewegung rasant ausbreite und eindämmende Maßnahmen daher dringlich erforderlich seien. Die Justiz gibt schließlich dem Druck nach und stellt Haftbefehle gegen Howell, Hinds und zwei Mitläufer aus, setzt die drei aufgrund von Kautionen jedoch schon bald bis zum Beginn des Prozesses wieder auf freien Fuß.

Am 13. März werden sie schließlich verurteilt. Der Prozess findet im Gerichtssaal in Morant Bay statt. Hier wurde 1865 schon Paul Bogle abgeurteilt und hingerichtet; sein Körper ruht immer noch in einem Massengrab hinter dem Gebäude.

Was Staatsanwalt und Gouverneur vermeiden wollten, tritt jetzt ein: Der *Daily Gleaner* erklärt Howell zum Topthema und berichtet ausführlich in einer Serie. So erfährt nun ganz Jamaika etwas über die Rastas. Die drei anonym verfassten Artikel zählen zu den wenigen Dokumenten, die uns Einblick gewähren in die Anfangszeit der Bewegung. Die Reportagen geben die Atmosphäre in dem kleinen Gerichtssaal treffend wieder: Der Raum war zum Brechen voll, überall sah man bange Gesichter, jeder hielt den Atem an; dann plötzlich entlud sich die Stimmung in Hymnen, die aus den Reihen der Howell-Vertreter ertönten – auf der Bank der Geschworenen hörte man es kichern.

„Howell, eine athletische Gestalt im schwarzen Dreiteiler, trägt den gleichen Bart wie der König von Abessinien, dessen Foto herumgeht und dessen Name über allem schwebt. Wie die meisten der Anhänger, die ihn nach Morant Bay begleitet haben, trägt er eine grün-gelb-schwarze Schleife im Knopfloch. Seine Verteidigung übernimmt er selbst; hierfür hat er sich einen riesigen Stapel Unterlagen besorgt, darunter einige dicke Wälzer."

Der Staatsanwalt, H. M. Radcliffe, eröffnet die Sitzung und betont, dass die freie Meinungsäußerung in den britischen Kolonien ein Grundrecht sei. Kritik an der Regierung sei daher erlaubt, solange keine Hetzparolen verbreitet werden, „die Staatsoberhaupt und Regierung direkt angreifen und den Landesfrieden gefährden. So abstrus und verrückt sich die Reden Howells auch anhören mögen", sagt er weiter, „bitte ich die Herren Geschworenen doch, das Ganze einmal unter diesem Aspekt zu prüfen: Handelte es sich um gefährliche Hetztiraden, ja oder nein?" Der Staatsanwalt, dem an der „freien Meinungsäußerung" so viel gelegen ist, hat weitaus weniger Manschetten, als es um die Frage der Zurechnungsfähigkeit des Angeklagten geht: Er stuft Howells Beteuerungen vor Gericht einfach als „hirnrissig" *(bosh and twaddle)* ein.

Von der Jury, in der ausschließlich Würdenträger sitzen, hat Howell nicht viel Gutes zu erwarten, zumal mehr als fünf von ihnen, wie er einwirft, aus Seaforth und Port Morant stammen; sie sind also vermutlich Komplizen von John Ross. Der Einspruch gegen die

Geschworenen wird abgelehnt. Howell seinerseits weigert sich, den Eid auf die Bibel abzulegen; er gibt an, Moslem zu sein.

Die Zeugen der Anklage – die beiden Polizisten Brooks und Gayle – verlesen die Protokolle, die sie während besagtem Meeting aufgenommen haben. Es war schon stockfinstere Nacht damals, wendet der Angeklagte ein; wie kommt es, dass die beiden im Dunkeln alles so exakt aufschreiben konnten? Doch die Aussagen der Polizisten decken sich so gut mit dem, was jeder über Howell weiß, dass sie nicht in Zweifel gezogen werden. Die Anklage konzentriert sich im Wesentlichen auf zwei Punkte: Howell habe Königin Victoria eine *Harlot Queen* („Hurenkönigin") genannt und von britischen Staatsbürgern habe er behauptet, sie seien „Äthiopier".

Diese Anschuldigungen wird Howell nicht vollkommen von sich weisen. Seine lange Verteidigungsrede in Form einer Predigt kann als die Geburtsstunde der Rasta-Bewegung gelten. Selbst der Gerichtsschreiber ist fasziniert von der Person des Angeklagten. Howell nutzt die Gelegenheit, einen Saal mit Publikum zu haben sowie Journalisten, die seine Ausführungen festhalten – und lässt sich Zeit. Unter dem Vorwand, den Wortlaut des Meetings genauestens wiedergeben zu wollen, entwickelt er über einen ganzen Tag hinweg seine Thesen.

Als Erstes versucht er, die Amtsträger im Saal zu beschwichtigen: Er sei nicht da, um mit Waffengewalt einen Sturz des Regimes herbeizuführen. „Ich hielt den Leuten ein Foto von Ras Tafari unter die Nase und erklärte ihnen, dass er der Nachfahre von dem Mann sei, der einmal sagte: ‚Derjenige, der durch Waffen lebt, wird durch Waffen sterben' und ‚Mein Königreich ist nicht von dieser Welt'. Ich erzählte ihnen von seiner Kreuzigung und der Wiederauferstehung und sagte ihnen, dass wir – die Söhne und Töchter Äthiopiens – bald in den Genuss kämen, seinem Reich anzugehören. Er hat sich auf den Weg gemacht, um uns einen Ort der Ruhe zu bereiten."

Anschließend bemüht sich Howell, die Beweggründe für seinen Kreuzzug zu erläutern. Er führe ihn nicht unter dem Vorzeichen der Hautfarbe, sondern der Religion: „Man hat uns glauben gemacht, wir seien Heiden, doch dank Gott, der uns die Ankunft des Messias verhieß, sind wir aufgewacht und haben begriffen, dass wir Juden sind. Warum haben wir so lange geschlafen? Weil Nebukadnezar dem letzten König von Israel, Zedekia, beide Augen ausgerissen und seinen beiden Söhnen die Kehle durchtrennt hatte. Von jenem Tag an, bis zur Ankunft des Messias in Person von Ras Tafari, waren wir erblindet – unfähig, das Licht zu schauen."

Danach folgt wieder die bekannte Litanei über den König der Könige und seine Krönung: „Seine Herrschaft wird nie enden – eine Herrschaft, der sich alle Könige der Erde beugen werden, denn es gibt keine Dynastie, die älter wäre. Alle Großmächte haben zu den Krönungsfeierlichkeiten ihre diplomatischen Vertreter entsandt mit Gold, Weihrauch und Myrrhe. Der König von England schickte seinen dritten Sohn, den Herzog von Gloucester, mit würdevollen Geschenken – insgesamt eine Tonne Gold. Der Herzog von Gloucester verneigte sich vor dem Kaiser von Äthiopien, dem bedeutendsten aller Könige.

Ihr müsst wissen, dass ihr euch als Äthiopier der Götzenanbetung schuldig macht, wenn ihr den König feiert, den euch Nebukadnezar an Stelle von Zedekia vorsetzte. Nebukadnezar hat in Babylon ein Götzenbild aufgestellt und alle Staatsoberhäupter aufgerufen, es zu verehren. Doch drei Juden weigerten sich und Nebukadnezar sagte zu ihnen: ‚Ich lasse euch in den Kerker werfen.' Doch im Kerker waren es plötzlich nur noch zwei Juden, und ein gar sonderbarer Mann saß neben ihnen. Der König ließ die beiden Juden zu sich rufen und sagte zu ihnen: ‚Der Gott, den ihr anbetet, ist der wahre und einzige Schöpfer.'"

Der „sonderbare Mann" und die beiden Juden – ist hier nicht noch einmal die Rede vom Messias und seinen beiden Engeln?

„Ich sagte zu den Leuten", fährt Howell fort, „dass eben dieser Gott zurückgekommen sei, um die Menschheit auf einen guten Weg zu führen. Sein Reich komme. Bei seiner Kreuzigung war er dreiunddreißig Jahre und sechs Monate alt gewesen. Sobald jene dreiunddreißig Jahre und sechs Monate noch einmal verstrichen sind, muss er auf die Erde zurückkehren und die volle Regierungsverantwortung übernehmen. Wir schreiben jetzt das Jahr 1933, und die sechs Monate sind im April nächsten Jahres verstrichen. Er hat versprochen, zurückzukehren, wie er von uns gegangen ist, als er in Begleitung zweier weiß gekleideter Männer in den Wolken verschwand. Seine Rückkehr wird sein wie sein Weggehen und er wird ein direkter Nachfahre Davids sein."

Bemerkenswert die hübsche Floskel „sein Reich komme", ein dezenter Hinweis auf den Chiliasmus (die Lehre von der Erwartung des Tausendjährigen Reichs Christi auf Erden nach seiner Wiedergeburt; *Anm. d. Ü.*). Insgeheim wird hier postuliert: „Das Paradies liegt sehr wohl auf dieser Erde und eines Tages werden wir es erblicken." Doch die Rechenspielchen, die folgen, sind obskur. Hat der Journalist etwas falsch notiert, oder manipuliert Howell die Zahlen so, wie er es gerade braucht?

Die Zuhörer gieren förmlich nach seinen Weissagungen à la Nostradamus: „Die Welt wird 2520 Jahre alt werden; da sie seit 606 vor Christi Geburt existiert, hätte sie eigentlich 1914 untergehen müssen. Stattdessen brach in jenem Jahr in Bosnien-Herzegowina ein Weltkrieg aus. Zum ersten Mal in der Geschichte der Völker nahmen damals alle Nationen an dem ‚Trauerzug' teil. Jene Katastrophe war ein Vorzeichen für die Wiederkehr von Jesus Christus, der zurückkommen und eine gerechtere Welt erschaffen wird.

Am 9. November 1918 wurde auf dem Jordan ein Mann erblickt und einige hielten ihn für den leibhaftigen Christus. Am 11. November tauchte am Himmel ein Adler auf; noch am selbigen Tag war der Krieg zu Ende und die Waffen schwiegen. Fünfzig Tage später trat der göttliche Herrscher Israels seine Regentschaft an. Es war am 1. Januar 1919. Christus ist auf die Erde zurückgekehrt, um das Götzenbild Nebukadnezars ein für alle Mal zu tilgen."

Anschließend schweift Howell ab zu den Prophezeiungen der Apokalypse: „Im Jahr 1120 riefen Whitcliffe und Bischof Jewel in England den Antichristen aus – und jener regiert noch heute. England, die ‚Mutter aller Nationen', stülpte der ganzen Welt die gleiche Religion über, doch es wird ein riesiger Meteorit auf die Erde fallen und alles in Staub und Asche verwandeln. Nach 1934 werden die Gotteshäuser geschlossen bleiben, denn der Geist Gottes wird sie verlassen haben. In Amerika, einem Land, das sehr viel größer und reicher ist als Jamaika, werden schon bald zwanzigtausend Kirchen nur mehr wie leere Muschelschalen in der Landschaft stehen."

Dann liest er die Worte des Apostels Paulus vor, die jener an die Thessaloniker richtete: „Gott hat euch gelehrt, euren Nächsten zu lieben [...]. Zur Ehre Gottes sollt ihr in Frieden leben, euer Hab und Gut verwalten und euch auf eurer Hände Arbeit verlassen, wie ich euch befohlen habe."

Königin Victoria als „Hure" bezeichnet zu haben, leugnet Howell. Diese Anschuldigung rühre daher, dass er aus dem Text der Apokalypse (17,4) zitiert habe, in dem es um Babylon gehe, wo einst eine verdorbene Königin das Zepter in der Hand hielt: „Jene Frau trug purpur- und scharlachrote Kleider und schmückte sich mit Gold, Edelsteinen und Perlen. In ihrer Hand hielt sie einen goldenen Becher, der schier überlief vor Schande und Unkeuschheit, da sie lebte wie eine Prostituierte. Auf ihrer Stirn stand ein Name geschrieben: Mysterium, Babylon die Große, Mutter der Prostituierten und aller Unsittlichkeit auf dieser Erde."

„Zu keinem Augenblick", betont er, „habe ich die Absicht gehabt, respektlos zu sein gegenüber wem auch immer. Ich habe lediglich gesagt: ‚Meine Freunde, ihr seid arm, doch in Wahrheit seid ihr reich, denn Gott hat euer Land, Afrika, mit Goldminen und Diamanten versehen. Die Engländer haben bereits siebenhundert Millionen Pfund von dort mitgenommen; es ist nun dringend an der Zeit, dass ihr ins Land eurer Väter zurückkehrt. Viele von euch fühlen sich vielleicht als britische Staatsbürger, doch die Protektoratsfunktion der britischen Regierung endet, sobald euer eigener König zurückkehrt; vorgesehen ist, dass euch der König von England dann an Afrika zurückgibt. 1934 wird sich für euch alles zum Besseren wenden; bis dahin müssen wir uns mit den Bedingungen arrangieren, unter denen wir jetzt leben, doch die Stunde der Befreiung ist nicht mehr weit. Alles, was ihr braucht, ist Liebe. Die Regentschaft von Liebe und Gleichheit wird am gleichen Tag auf die Erde zurückkehren wie euer König. Erinnert euch an die vielen Wunder, die ihr bereits erlebt habt, wie zum Beispiel jenes der Männer, die in der Luft schwebten wie Vögel: Die Prophezeiung erfüllt sich. Aus Europa werden ungeheuerliche Männer kommen – auch die Enkel einiger Sklavenhändler werden unter ihnen sein –, um euch vom ruhmvollen Äthiopien zu erzählen. Euer König ist nun Ras Tafari, König der Könige, Herr aller Herren, siegreicher Löwe aus dem Stamme Juda – der wahre Messias. Er hält für euch ein Paradies bereit, denn das Jamaika, in dem ihr jetzt lebt, ist ein Land, in dem große Not herrscht. Man knöpft euch Steuern ab, obwohl ihr in den ärmlichsten Hütten lebt. Liebe Äthiopier, was wir heute brauchen, ist das Wohl aller Völker und nicht das Wohl einzelner Individuen [...]. Singt die Nationalhymne, doch denkt dabei an Ras Tafari, denn er ist euer wahrer König. George V. selbst ist euch mit gutem Beispiel vorangegangen."

Unter dem ganzen Prophezeiungsquark – die schwarzen Juden, der Weltuntergang, die beiden Engel von Athlyi und so weiter – mutet das, was Howell von sich gibt, geradezu wie ein politisches Programm an. Bei ihm findet man den Sozialgedanken der *Holy Piby* wieder, die Vorstellung vom Gelobten Land, das den Schwarzen ein Leben in Freiheit verheißt; man findet die wundersamen Geschichten der BWIR-Soldaten (einige von ihnen waren zur Zeit des Waffenstillstands in Palästina stationiert, sie könnten Howell die Geschichte erzählt haben, dass Jesus Christus ihnen erschienen und über den Jordan gewandelt war). Man sieht Babylon vor sich, das Symbol einer korrumpierten Welt. Wer sind jene „ungeheuerlichen Männer", die Howell in Europa getroffen haben will und die sich so gut mit Afrika auskennen? Ägyptologen vielleicht, wie Duse Mohammed Ali, für den Garvey gearbeitet hat, oder vielleicht jene antikolonialistisch eingestellten Marxisten, zu denen Howell enge Kontakte pflegte ...

Das Verhör des Richters hakt primär bei einigen biografischen Dingen nach.

„Ist Ras Tafari der zur Erde zurückgekehrte Messias?"

„Ja."

„Haben Sie mit Ras Tafari Kontakt?"

„Nein."

„Stimmt es, dass Sie den Leuten geraten haben, nach Abessinien zu gehen?“

„Nein.“

„Wozu dient dieses Foto?“

„Dass die Leute Ras Tafari kennen lernen.“

„Und nicht als eine Art Ausweis?“

„Nein.“

„Wann kamen Sie zum ersten Mal auf die Idee, dass Ras Tafari der Messias sein könnte?“

„1930.“

„Wo befanden Sie sich damals?“

„In Afrika.“

„Sind Sie in Afrika herumgereist?“

„Ja, bis ins hinterste Dorf.“

„Sind Sie auf Jamaika geboren?“

„Ja.“

„Wann sind Sie dorthin zurückgekehrt?“

„Im Dezember 1932.“

„Haben Sie seither Predigten gehalten?“

„Ja, ab Januar 1933.“

„Wo hielten Sie die erste Rede?“

„In Kingston.“

„Und Sie sprachen während jener Zeit hauptsächlich über die göttliche Natur Ras Tafaris?“

„Nein, dies war nicht mein Hauptanliegen. Ich versuchte vielmehr, den Leuten die Augen zu öffnen für die Reichtümer Afrikas.“

„Was machen Sie mit dem Geld, das Sie mit dem Verkauf der Fotos einnehmen? Sie schicken es nach Abessinien?“

„Nein, ich unterstütze eine ganze Reihe armer Leute damit.“

„Und was machen Sie mit dem Geld, das Sie sonst noch so einsammeln bei Ihren Kollekten? Behalten Sie es für sich?“

„Nein, nicht für mich. Ich benutze es wie das Öl in der Lampe, das die Flamme am Brennen hält; wenn Menschen bedürftig sind, dann helfe ich ihnen damit.“

„Behalten Sie nicht einmal einen Teil des Geldes für sich?“

„Nein, es bleibt auch meist gar nichts übrig. Wenn ich mit Herrn Hinds auftrete, dann kümmert er sich um die Finanzen.“

Der Journalist des *Daily Gleaner* unterstreicht in seinem Artikel ausdrücklich, dass Howell gegenüber den Richtern nie ausfällig wurde. Und auch das Gelächter, das er auslöste, als er erklärte, dass Äthiopien einmal die Welt regieren wird, habe ihn nicht aus der Ruhe bringen können. Der Angeklagte, wird einer der Zeugen sagen, spricht mit mächtiger Stimme – *„a stone of a voice“* (ein Ausdruck, der dem Jargon der Schwarzen in den Vereinigten Staaten entstammt, was vermuten lässt, dass jener Mann im Zeugenstand schon weit herumgekommen ist in der Welt).

Ein Hahn, angelockt von der lauten Predigt, flattert auf die Freitreppe des Gerichtsgebäudes und begleitet jeden Redeschwall Howells mit einem kräftigen Kikeriki! Die Polizei versucht vergeblich, das Tier zu verscheuchen, es kommt immer wieder. Die Anhänger Howells lachen wie von Sinnen. Ist das nicht der *duppy* (Geist) von Paul Bogle, dem Märtyrer aus Morant Bay, der eigens aus seinem Massengrab hinter dem Gerichtsgebäude gestiegen ist?

Bevor das Urteil verlesen wird, versichert Howell der Geschworenenjury, die Wahrheit zu sagen und nichts als die Wahrheit. Er bittet nicht um Milde, denn er ist sich keiner Schuld bewusst. Er wurde als Held geboren und weiß, er wird eines Tages als Held, der sich für seine Rasse einsetzte, sterben. Sollen sie ihn doch schuldig sprechen, wenn dies ihrer Überzeugung entspricht. Die Sache selbst werden sie damit nicht aufhalten, denn: „Gibt es etwas Schöneres, als im Kampf um die Asche seiner Väter und den Tempel seiner Götter zu sterben?“

Fünfzehn Minuten später verkünden die Geschworenen ihr Urteil: schuldig. Hinds kommt mit einem Jahr Gefängnis davon, Howell erhält zwei Jahre. Er will Berufung einlegen, doch man erklärt ihm, dass ein Berufungsverfahren ausgeschlossen sei. Einen Moment lang verstummt Howell, dann richtet er sich auf und ergreift ein letztes Mal das Wort.

Er werde die Konsequenzen aus diesem Richterspruch tragen wie ein Held. Er wisse noch nichts Genaues, aber er werde zurückkommen und dann klüger sein. Ob er nun verurteilt oder freigesprochen sei, er wisse, sein König, Ras Tafari, werde ihn befreien. Er sei glücklich, in Morant Bay verurteilt worden zu sein, wohin er schon bald zurückkehren werde, um über jene zu richten, die jetzt über ihn ihr Urteil fällten. Doch wer weiß, wo er sie dann finden wird? Vielleicht nicht auf Jamaika. Denn die Tage der falschen Götzen sind gezählt; das Königreich Äthiopien wird schon bald seine in der ganzen Welt verstreuten Söhne und Töchter zurückrufen. In jener Welt wird es einen Prinzen geben; er wird die Krone der Könige tragen.

Kapitel 9

Verfolgt und gepeinigt

Endlich König. Und es war das Establishment, das ihm die Märtyrerkrone aufs Haupt setzte.

Ein König, dessen Reich sich zugegebenermaßen erbärmlich ausnimmt: Es besteht aus einer Gefängniszelle im Knast von St. Catherine. Doch kaum ist Leonard Howell dort angekommen, hört man ihn auch schon wieder Reden schwingen: „Ihr alle, die ihr Güter gestohlen habt, die man euch zuvor geraubt hat, die ihr die Gesetze eines Volks gebrochen habt, das selbst jedes Gesetz missachtet, fühlt euch diesem Königreich, in dem so viel Unrecht herrscht, nicht länger zugehörig. Besinnt euch, dass ihr Äthiopier seid! Der König des Juda-Stammes hat für euch alle Ketten gesprengt!"

Howell trifft im Gefängnis auf ein ideales Publikum. Nicht nur, dass er in den gestrauchelten Gestalten dort dankbare Zuhörer findet, nein, für sie ist er auch der geborene Anführer; durch seine physische Ausstrahlung und die Aura, die ihn umgibt, scheint er prädestiniert für diese Rolle. Seine Kumpels im Knast taufen ihn Gong (Pistole, Kaliber). In vielen Dingen ähnelt sein Leben wahrscheinlich dem eines anderen Rebellen, des Musikers Féla Anikulapo Kuti, der in Nigeria einsaß: Die Mithäftlinge in seiner Zelle stellen sich in seine Dienste, sie treten an ihn die besten Speisen ab, machen den Abwasch für ihn, vorsorgen ihn mit Joints. Howell verleiht dafür dem Leben dieser Kriminellen und Ausgestoßenen wieder einen Sinn. Stolz und athletisch steht er da und strahlt die Würde eines Abgesandten Ras Tafaris aus. Um seine Botschaft zu überbringen, ist es gar nicht notwendig, dass er „in direktem Kontakt" zu Selassie steht, wie sich vor geraumer Zeit der Richter ausgedrückt hatte: Seine Vision verlässt

Howell nie – weder tagsüber noch des Nachts. Und hinter vorgehaltener Hand erzählt man sich im Gefängnis die Geschichte von der Krönung des Königs der Könige …

In St. Thomas, wo Howell eine große Zahl von Anhängern zurückgelassen hat, wird nun regelrecht Jagd gemacht auf die Hexenmeister. Um die friedliebenden Rastas hinter Gitter zu bringen, gibt es nur eine Möglichkeit: Man muss sie provozieren. Die Saat im Keim ersticken, ihnen eine Lektion erteilen, die sich gewaschen hat. Alle Mittel sind recht, um Druck auszuüben, damit sie „ihre Doktrin fallen lassen wie eine heiße Kartoffel“ – so heißt es im *Daily Gleaner* am 20. August 1934.

Am 4. August 1934 schlägt ein Redner auf dem Marktplatz von Seaforth die Menge in seinen Bann. Robert Powers, ein Polizist, bahnt sich durch die Menschentraube einen Weg und verschwindet alsbald in der Tür von Chung, dem chinesischen Kolonialwarenhändler am Platz. Powers ist gut drauf und schmeißt eine Runde. Heute Abend will er sich noch einen Rasta vorknöpfen. „Wer macht mit? Also auf geht's, Jungs. Jeder, der eine Gitarre hat, komponiert jetzt mal schnell ein Liedchen, in dem die Hinterwäldler so richtig auf die Schippe genommen werden. Einfach um die Stimmung aufzuheizen. Und habt keine Angst, dass ihr Ärger mit dem Gesetz bekommt. Das Gesetz bin ich!“

Dann streut der Polizist fünf Namen von Ras-Tafari-Anhängern in die Runde, sie sollen im Text veräppelt werden. Die Jungs, vermutlich fahrende Musiker, verfassen daraufhin eines jener anzüglichen Lieder, wie sie charakteristisch sind für den Mento, die karibische Volksmusik jener Zeit. Dann gehen sie hinaus und singen es auf dem Platz und ihre schlüpfrigen Liedfetzen übertönen die Stimme des Predigers. Einige Zuhörer drehen sich um.

„Jetzt schau dir mal an, wie sich die jungen Leute heutzutage aufführen, obwohl hier eine religiöse Versammlung stattfindet!“, empört sich eine Frau. „Die haben vor gar nichts mehr Respekt.“

„Man kann nicht die Jungen dafür verantwortlich machen“, gibt ihre Nachbarin, eine gewisse Melrosa Francis, zur Antwort. „Wenn die Alten mit gutem Beispiel vorangingen, dann wären auch die Jungen nicht so ungezogen und würden machen, was sie wollen.“

„Ich, meine Frau und meine Kinder wissen, was Benehmen ist!“, wirft Powers jetzt ein.

„Du bist verheiratet?“, fragt Melrosa.

„Ich bin nicht verheiratet!“

„Also, dann sei still und halt dein Maul!“

Darauf hat Powers nur gewartet: „Wie redest du mit mir? Soll ich dir mal zeigen, wer hier etwas zu melden hat? Ich bring dich gleich in den Knast!“ Schon packt er sie am Ärmel, worauf sie wild um sich schlägt: „Ich habe nichts getan!“ Irgendjemand verständigt den Freund Melrosas, der sofort zur Stelle ist, sichtlich bemüht, die Situation nicht eskalieren zu lassen. „Man kann doch nicht jemanden festnehmen, der gar nichts getan hat!“ Er trennt die beiden und drängt Melrosa zum Weitergehen.

Melrosa zieht von dannen und bewegt sich in Richtung des Juwelierladens Gordon am anderen Ende des Platzes. Powers folgt ihr, begleitet von seiner Gang. Gerade als der Freund Melrosas erneut versucht, den Polizisten zu beschwichtigen, stürzt sich einer seiner Häscher auf die Frau, packt sie am Kragen, wirft sie am Eingang des Ladens auf den Rücken und springt auf sie drauf. „Ich hab sie! Komm her, du kannst sie verhaften!“ Powers ist sofort zur Stelle, doch er hat schon zu viel Alkohol intus und stolpert über die sich auf dem Boden wälzenden Körper; am Türpfosten haut er sich den Schädel an. Die Leute ringsum helfen den beiden Kampfhähnen wieder auf die Beine und die arme Melrosa kann sich befreien; sie flüchtet ins Innere des Ladens. Powers, außer sich vor Wut, hechtet hinter ihr her. Bei dem Versuch, sie zu fassen, reißt er alles um, was ihm in die Quere kommt. Juwelier Gordon sagt in ruhigem Ton: „Was du hier kaputtgemacht hast, wirst du mir bezahlen müssen!“ – „Geld ist mir Wurst, ich hab genug davon!“, brüllt Powers und wirft gleich noch ein Regal um. Erst als ein zweiter Polizist hinzukommt, beruhigt er sich wieder, doch er verlangt, dass Melrosa und ihre „Komplizen" festgenommen werden. Melrosa folgt dem zweiten Polizisten ohne Gegenwehr aufs Revier – sie ist sich sicher, nichts verbrochen zu haben.

Der Fall wird vor dem örtlichen Tribunal verhandelt; die Angeklagten dürfen nichts zu ihrer Verteidigung vorbringen. Melrosa, ihre Freunde und ein paar weitere Rastas aus der Region – wovon einige an jenem Tag nicht einmal vor Ort waren – werden zu einem Monat Gefängnis verurteilt. Für den Schaden im Juweliergeschäft kam natürlich keiner auf.

Über die Polizeiprotokolle werden wir Zeuge dieses längst in Vergessenheit geratenen „alltäglichen Rassismus". Die überlieferten Fragmente verdeutlichen, wie ambivalent die Haltung der Engländer war. Auf der einen Seite liegt ihnen viel am Prinzip der „Gleichheit" – alles wird fein säuberlich protokolliert, die Zeugenaussagen werden in Reinschrift übertragen und sorgfältig aufbewahrt. Doch wenn es ans Entscheiden geht, lassen sich die Engländer von ihrer Herrenmentalität leiten. Diese Ambivalenz ist überall in den Kolonialverwaltungen anzutreffen. Die Beamtentradition kann auf ehrenwerte Vertreter zurückblicken, aber auch auf Gauner. Die Kaste der Kanzleischreiber und kleinen Beamten wird von einer schwarzen Bourgeoisie gestellt; das sind kultivierte Bürger, die christlichen und humanen Idealen anhängen und sich empören über das kolonialistische Verwaltungssystem, in dem die Hautfarbe immer noch mehr zählt als die Verdienste. Jene von der Verwaltung enttäuschten Beamten finden sich häufig unter den Garvey-Anhängern wieder; sie engagieren sich für die Menschenrechte und die Einhaltung der Gesetze; doch sie bleiben gefangen in ihren Ressentiments gegenüber dem „wilden" Afrika. Die weißen Verwaltungsbeamten wiederum hatten auch nicht viel Spielraum; eingezwängt zwischen dem, was man von Amts wegen von ihnen erwartete, und dem Druck, den die herrschende Klasse auf sie ausübte, taten sie einfach stur ihre Pflicht. In den Archiven von Spanish Town finden sich mehrere Schriftstücke, in denen die Polizei aufgefordert wird, ihre Befugnisse nicht zu überschreiten.

Doch in den Köpfen lehnen die Beamten en bloc alles ab, was schwarz ist, kurzum alles, was ihnen ihre „Vormachtstellung“ streitig machen könnte.

Ras Tafari steht genau für das, worüber sich die farbige „Oberschicht“ Jamaikas so aufregt. Diese arrivierten Schwarzen sind wie ihre Pendants auf den anderen karibischen Inseln vom Gedanken beseelt, „die Rasse zu verbessern“, indem sie jemanden heiraten, der weißer ist als sie selbst. Sie hassen alles, was aus Afrika kommt, und lehnen ab, was sie an ihr „Schwarzsein“ und ihre Herkunft erinnert, wie etwa die afrokaribischen Kulte. Sind das nicht teuflische Bräuche mit diesen „heidnischen“ Tänzen und dem Getrommel der „Wilden“?

Mitte der Dreißigerjahre schießen afrikanische Kulte wie Pilze aus dem Boden. Die allgemeine wirtschaftliche Misere gibt der „Great Revival“-Bewegung, die eine Renaissance des Spirituellen anstrebt und Jamaika in den Jahren 1860 und 1861 schon einmal aufgerüttelt hatte, erneut Aufwind; in den Ghettos tauchen an jeder Ecke neue religiöse Gruppierungen auf. Die Söhne der ehemaligen Sklaven, getauft im großen Taufbecken Gottes – dem Wasser der Flüsse und des Meeres –, werden neu geboren, rein gewaschen von der Sünde ihrer Knechtschaft; endlich sind sie wieder frei, ein Leben zu führen, das ihrer Kultur und ihrem Bewusstsein entspricht.

Die „Revival“-Bewegung nimmt auf Christus Bezug, doch sie betrachtet ihn „durch ihre eigene Brille, die Brille Äthiopiens“, wie Garvey sich ausdrückte. Die Anhänger des Pocomania-Kults gehen in ihrer Sache viel weiter als die Rastas. Sie rufen den Heiligen Geist an; die Gläubigen unterwerfen sich ihm, indem sie einen Ring bilden, der die Voodoo-Geister beschwören soll. Noch viel afrikanischer ist der Kumina-Kult. Er hat seinen Ursprung in St. Thomas, wo auch zu Anfang des Jahrhunderts noch viele Schwarzafrikaner ankamen, um auf den Plantagen zu arbeiten. Kumina-„Camps“ findet man bis in die Ghettos von Kingston; sie liegen direkt neben denen der Rastas.

Diese Zurschaustellung afrikanischer Kultur ist den Kleinbürgern ein Gräuel. Ihr „Schwarzsein“, ihre geheime Wunde ... Und es ist sehr wohl eine Wunde, über die einer von ihnen, ein Priester namens

E. J. Robertson, spricht, als er am 20. August 1934 im *Daily Gleaner* jenes „wieder aufbrechende Krebsgeschwür" beschreibt, an dem das Land leidet:

„Sie säen Zwietracht [...] und lassen den Aberglauben einer längst untergegangenen Welt neu auferstehen, die sexuelle Zügellosigkeit der Baal-Rituale. Heidnische Bräuche, wie sie nur noch in den zivilisationsfremdesten Gegenden des Schwarzen Kontinents gepflegt werden, tauchen auf einmal wieder auf. Diese Leute führen ein sittenloses Leben; durch sie blüht der Handel mit Ganja. Sie malen sich den weißen Mann in den Farben des Hasses aus und behaupten, Gott und Jesus Christus seien schwarz. Die Pocomania-Anhänger sind schlimme Parasiten, eine wahre Plage für die Hühner- und Schafställe anständiger Menschen. Ich sehe sie oft am Straßenrand liegen und am helllichten Tage schlafen, Männlein und Weiblein bunt durcheinander gewürfelt und immer noch besoffen von den nächtlichen Gelagen. Mit ihrem Getrommel rauben diese Habenichtse ehrenwerten Bürgern den Schlaf und da ihnen die Bettelei nicht genug einbringt, vergreifen sie sich an dem, was andere sich sauer verdient haben. Schließlich enden sie dann in den Heimen, wo wir mit unseren Steuern für ihren Unterhalt aufkommen müssen."

Doch auch wenn jene Kulte die Bürger schrecken – als die wahre Bedrohung werden die Rastas empfunden. „Sie spielen mit dem Feuer" ist der Leitartikel des *Daily Gleaner* am gleichen Tag überschrieben. Der dazugehörige Text geht ganz schön zur Sache: „Landarbeiter mit beschränktem Horizont und Kleinbauern aus St. Thomas haben sich vom gefährlichen Ras-Tafari-Kult einwickeln lassen und leisten passiven Widerstand. Irgendein Witzbold hat ihnen erzählt, der Kaiser von Abessinien habe sie davon befreit, der Regierung weiter Steuern und Pachtgelder für ihre Parzellen bezahlen zu müssen. [...] Was wird wohl passieren, wenn man versucht, die Belagerer zu vertreiben? Ich überlasse es der Regierung, selbst ihre Schlüsse daraus zu ziehen. Doch ich habe immer noch Hoffnung, dass die große Beachtung, die den Rastafaris derzeit durch die Polizei zuteil wird, sie zum Aufgeben ihrer verderblichen Doktrin zwingt."

Was macht die UNIA? Sie ist die einzige Organisation, die sich für die Rastas stark machen könnte, doch sie stellt sich hinter das Establishment. Am 14. August 1934 findet im Edelweiss Park der 13. UNIA-Kongress statt. Die Veranstaltung beginnt mit einer Debatte über die alarmierende Zunahme der Kulte. Der Redner schreibt dies dem Fehlen einer Religionspolitik zu, mit der sich die Rasse eindeutig identifizieren könne. Johnson, der Abgeordnete aus Kingston, führt zur Illustration jene Schwarzen an, die behaupten, Abessinier zu sein: „Als Zeichen ihrer religiösen Zugehörigkeit lassen sie sich Bärte wachsen und verkünden, dass sie, sobald die Zeit reif ist, durchs Meer bis nach Abessinien wandern wollen. Mit ihren Bärten gedenken sie das Wasser zu teilen." Der Abgeordnete Forrest wirft den Stadtvätern vor, dass sie nichts gegen das Pocomania-Camp in Trench Pen unternehmen, dem Ghetto im Westen der Hauptstadt, wo jede Nacht wildes Getrommel erschallt. „Eltern schleppen ihre kleinen Kinder mit zu diesen unheilvollen Ritualen, von denen sie erst im Morgengrauen heimkehren, völlig erschöpft und übermüdet."

Das Problem, wirft ein amerikanischer Delegierter ein, ist kein spezielles von Jamaika: „In den Vereinigten Staaten verwandeln sich einfache Gemüter unter den Schwarzen plötzlich in Mauren, Araber, Abessinier und sogar in Zoroastrier; sie lassen sich Bärte wachsen und tragen lange Haare; sie tauschen ihre christlichen Vornamen ein gegen mystisch klingende Rufnamen, die sie von den Mauren oder Muslimen entlehnt haben ..."

Garvey nimmt da schon eine etwas andere Position ein und wahrscheinlich hat Balintine Recht gehabt, wenn er ihn nicht mit der UNIA gleichsetzte – jener „Königin mit dem gesenkten Haupt, die im Auftrag der Engländer handelt". Garvey, der häufig das Wort ergreift, schimpft in seinen Reden niemals auf Howell, seinen Rasta-„Freund". Als feinsinniger Psychologe versteht er, dass dessen religiöser Ansatz und seine eigenen Ideen im Grunde gar nicht so weit voneinander entfernt liegen. Doch wenn er sich in der Politik behaupten will, darf er sich keine Knüppel zwischen die Beine werfen – wie etwa mit einem Spinner, der von Afrika und bürgerlichem Ungehorsam faselt, gemeinsame Sache machen. Im Jamaika von 1934 sind die Wahlurnen den Grundbesitzern vorbehalten – zwanzigtausend Personen, das entspricht weniger als einem Zehntel der Bevölkerung. Sie sind es, die der Kandidat Garvey überzeugen muss, und das kann er wahrlich nicht, indem er sich mit den Rastas solidarisiert.

Doch 1935 gibt Garvey auf und geht nach England. Sein Weggang wird im Zusammenhang gesehen mit den fortdauernden Schikanen, denen er sich durch die Obrigkeit ausgesetzt sah – Gefängnisstrafen, Gerichtsverfahren, Entzug der Redefreiheit. Vielleicht flieht er ja auch vor der engstirnigen Mentalität der UNIA auf Jamaika – er wird es uns nicht mehr sagen können.

Kapitel 10

Die Nyabinghis

In jeder Hinsicht ist 1935 ein finsteres Jahr. Seit Howell im Gefängnis sitzt, erreichen ihn immer wieder traurige Nachrichten aus Afrika: Am 5. Dezember 1934 fällt Mussolini in Abessinien ein. Europa steht vor einer Gewissensfrage: Äthiopien ist Mitglied im Völkerbund; jenem fällt die Aufgabe zu, Äthiopien im Fall eines Angriffs zu Hilfe zu kommen. Doch wenn der Völkerbund den Duce in seine Schranken verweist, wird Italien wohl umkippen und an der Seite Hitlers in den Krieg ziehen. Bis in den Monat August hinein windet man sich. Man wäre schon versucht, dieses weit abgelegene Äthiopien in den Klauen Mussolinis zu belassen. Es sei denn, Haile Selassie würde in ein Protektorat durch die Engländer einwilligen. Doch da kannte man den abessinischen Herrscher schlecht: „Ich würde Salomon und meinen Vorfahren keine Ehre erweisen", erklärte er Bernard Shaw, „wenn ich mich dem Joch der Italiener beugte. Wie käme ich dazu, als Monarch des ältesten Reichs der Welt, eines Reichs, dessen Geschichte zurückreicht bis zur Sintflut, ein Protektorat der Franzosen oder der Engländer hinzunehmen? Äthiopien ist keine Zuckertorte, von der sich jeder ein Stück abschneiden kann, wie es ihm gerade beliebt."

Im Monat August bereitet sich Äthiopien auf den Krieg vor. Der *Daily Gleaner* druckt auf der ersten Seite die Äußerungen äthiopischer Frauen ab, die fordern, an der Seite ihrer Männer in den Krieg ziehen zu dürfen. Howell hat wohl den Haile Selassie gewidmeten Artikel im Gefängnis zu lesen bekommen:

Der Kaiser Äthiopiens, ein Monarch voller Demut

„Für Haile Selassie sind Demut und wahre Größe nicht voneinander zu trennen. Er besucht seine Untertanen in ihren einfachen Behausungen und bewegt sich oft auf dem Rücken eines Esels fort."

Am 5. August finden die Rastas auf Seite drei des Blattes ein wunderschönes Foto des abessinischen Herrschers, ideal zum Ausschneiden; doch die Nachricht, die sie dem Text entnehmen müssen, ist weniger erfreulich: Es wird Krieg geben. Briefe ehemaliger BWIR-Soldaten, die für Äthiopien kämpfen wollen, treffen waschkörbeweise beim Gouverneur ein. Selbst aus Honduras ist einer darunter: „Da ein Krieg ausbricht zwischen Italien und Äthiopien, unserer Mutter, erachten wir Schwarze aus Honduras es als unsere Pflicht, unser Leben einzusetzen. Wir möchten gern wissen, ob es möglich ist, gemeinsam an die Front zu gehen, zusammen mit den Kameraden von Jamaika und den anderen karibischen Inseln. Eine rasche Antwort wird erbeten, denn wir wollen nicht, dass der letzte Italiener fällt, noch bevor wir da sind."

Bis der „letzte Italiener" gefallen sein wird, soll noch viel Wasser unter den Brücken hindurchfließen; der Krieg wird bis dahin sechs Jahre gedauert und mehrere hunderttausend Opfer in der Zivilbevölkerung gefordert haben. Doch Howell und seinesgleichen sollten nie am Sieg zweifeln. Heißt es nicht in der Prophezeiung der Apokalypse: „Sie werden gegen das Lamm kämpfen, doch das Lamm wird sie am Ende besiegen, da es der Herr aller Herren und der König aller Könige ist"? Und wenn sie auch nur den geringsten Zweifel gehabt hätten – der Artikel über die Nyabinghis in der *Jamaica Times* kam gerade rechtzeitig, um ihnen ihre Gewissheit zurückzugeben.

Dieser am 7. Dezember abgedruckte Beitrag ist das Paradoxeste, was je über die Anfänge der Rasta-Bewegung geschrieben wurde: Der Text wimmelt nur so vor Anti-Äthiopien-Propaganda; 1934 von dem italienischen Journalisten Federico Philos für eine Wiener Zeitung verfasst, wird der Artikel ins Englische übersetzt und in der kanadischen Presse aufgegriffen. Philos behauptet, ein Geheimtrupp aus

Schwarzen – die Nyabinghis – habe eine Armee von zwanzig Millionen Mann zusammengezogen, die Soldaten stünden unter dem Kommando von Haile Selassie. Ihr Ziel sei es, die Weißen auszurotten: „Schwarze aus den Herzen der Städte wie aus den hintersten Winkeln des afrikanischen Kontinents und der Diaspora strömen in Scharen herbei, um sich einer Truppe anzuschließen, die zahlenmäßig alles übersteigt, was wir bisher kennen. Ihr Name, Nyabinghi, bedeutet „Tod den Weißen". [...] 1930 hat in Moskau ein Nyabinghi-Kongress stattgefunden mit Vertretern aus fünfzehn oder gar zwanzig Nationen. Dort wurde Haile Selassie zum Führer der schwarzen Rasse erklärt. Er wird als der wahre Messias betrachtet, als Retter der farbigen Völker und Kaiser des schwarzen Reichs. Sobald man das Wort Negus (abessinischer Herrschertitel; *Anm. d. Ü.*) in den Mund nimmt, beginnt es in den Augen der Schwarzen zu leuchten, ein fanatisches Feuer flammt in ihnen auf. Die Schwarzen beten Haile Selassie an wie einen Götzen. Er ist ihr Gott."

Wer ist Philos, der Autor jenes Artikels? Er scheint sich gut auszukennen mit den diversen Schwarzen-Bewegungen in Amerika; somit ist es für ihn auch ein Leichtes, auf die Vergiftung von Führern des Ku Klux Klan im Jahr 1930 anzuspielen, die „durch eine mysteriöse Krankheit dahingerafft wurden". Die Geschichte um Ginger Jake datiert aus dem gleichen Jahr. Fanden sich auch Leute des Ku Klux Klan unter den Opfern des Todesgetränks? Gut möglich, denn der Ku Klux Klan rekrutierte seine Mitglieder aus armen weißen Schluckern, die ihren Frust häufig in billigem Fusel ertränkten. Der Klan stellt die Vergiftung jedenfalls als den Anschlag einer schwarzen Sekte dar und umgibt sich selbst auf diese Weise mit der Aura des Märtyrers; gleichzeitig schürt der Geheimbund damit jene Paranoia, die ihm Anhänger zutreibt. Und er hat endlich den idealen Sündenbock gefunden: eine finstere Gruppe von Afrikanern – die Nyabinghis. Es ist jenes Schreckgespenst, das auch Philos umtreibt, der offensichtlich gute Kontakte unterhält zu den Rassisten im Süden der Vereinigten Staaten.

Ursprünglich sind die Nyabinghis eine Geheimorganisation von Frauen aus Ruanda-Urundi (heute Uganda und Nordruanda), einem

Gebiet, das 1923 den Belgiern unterstellt wurde. Der Name der Vereinigung geht auf eine sagenumwobene Königin namens Nayingi zurück – „die Königin mit den vollen Händen“. Doch wie andere Geheimbünde im modernen Afrika – etwa jener, dem die einflussreiche Mutter des Musikers Féla Anikulapo Kuti angehörte – unterstützen die Nyabinghis den antikolonialistischen Kampf mit den Mitteln, die ihnen zur Verfügung stehen (in erster Linie Giftanschläge und Terroraktionen gegen die weißen Siedler). Als Ruanda-Urundi dem Kongo angeschlossen wird, heben die Belgier den geheimen Ring aus, und 1928 wird die Organisation verboten; erst während der Invasion von Äthiopien wird man wieder von ihr hören.

Der jamaikanische Journalist Hartley Neita will nicht ausschließen, dass es eine Verbindung geben könnte zwischen Howell, der Ginger-Jake-Affäre und dem Auftauchen der Nyabinghis. Doch es bleibt bei der Hypothese. Selbst wenn Howell von der Existenz der geheimen Organisation im Kongo gewusst hat – es wäre ihm bei seinen Zwischenstopps mit dem Schiff kaum möglich gewesen, Kontakt zu ihr aufzunehmen (denn hierfür hätte er ins Landesinnere reisen müssen). Einmal vorausgesetzt, er kannte die Nyabinghis und er hatte in den Vereinigten Staaten tatsächlich Zaubertränke hergestellt, dann muss dies aber noch lange kein Beweis dafür sein, dass er mit der Ginger-Jake-Affäre etwas zu tun hatte und deswegen verhaftet wurde. Zu der Zeit, als die Nyabinghis von sich reden machen, befindet sich Howell auf Jamaika, und die einzige Quelle, aus der er von der Geschichte erfahren haben kann, ist Philos' Artikel – vorausgesetzt, er hat die Zeitung im Gefängnis überhaupt erhalten.

Doch was hätte er dem Bericht schon Großartiges entnehmen sollen? Dass sein König über ein mächtiges Heer verfügte? Das verstand sich doch von selbst. Die Anhänger Ras Tafaris, die diese Nachricht mit offenen Ohren aufnehmen, sind die draußen in der Freiheit: in Smith Village, dem dicht bevölkerten Ghetto, in dem das Kultleben blüht, oder in Trench Pen, wo Howells Aktivitäten nicht so recht zum Tragen kommen, da sich die Leute von seiner Persönlichkeit erdrückt fühlen. Sein Prozess hat der Ras-Tafari-Bewegung neuen Elan verliehen, doch Howell ist nicht mehr da, um die Siegerlorbeeren in Empfang zu nehmen; und die Idee vom schwarzen Messias ist mittlerweile nicht mehr neu. Der Philos-Artikel macht Howell klar, was aus der Äthiopien-Sache geworden ist: Alle wollen sich plötzlich den Nyabinghis anschließen.

Somit bildet sich, weniger als zwei Jahre nach der Entstehung der Rasta-Bewegung, die erste Splittergruppe heraus: die der Nyabinghis. Doch das Gründungspapier dieses Ablegers ist ein Text voll rassistischer Propaganda, verfasst von einem Weißen und obendrein gut geeignet, die Paranoia dieser Weißen noch weiter zu schüren. Zwischen dem Erlösungsgedanken eines Garvey oder Athlyi und dem Rassenkrieg, wie ihn Philos heraufbeschwört, liegen Welten. Garvey und seine Nachfolger hätten sich sicher gewehrt gegen eine Politik der Rassenvermischung. War sie doch jahrzehntelang das heimtückischste Instrument gewesen, um die Schwarzen in ihrem Minderwertigkeitsgefühl zu bestätigen: Jeder bemühte sich, einen hellhäutigeren Partner zu ehelichen. Garvey polierte das Image der Schwarzen wieder auf mit dem Ziel, diesen Menschen den eigenen Stolz zurückzugeben und ihnen klarzumachen, dass sie eine Zukunft hatten, die sie selbst bestimmen konnten.

Philos' Beweggründe sind anders gelagert: Damit Europa hinnimmt, dass Italien Äthiopien annektiert, erfindet er ein Komplott, das angeblich die Farbigen auf der ganzen Welt schmieden, und unterstellt ihnen Hassgefühle, die sich mit Haile Selassie nicht vereinbaren lassen. Wo Howell von Liebe sprach, spricht Philos von Hass; wo Howell von Wiedergeburt sprach, sprechen die Nyabinghis laut Philos vom Töten. Doch dieser Hass auf die Weißen, den man den Nyabinghis andichtet (obwohl die meisten Ethnologen sie als die eigentlichen Vertreter der Rasta-Bewegung ansehen), entspringt im Grund den Fantasien der Weißen selbst: „Ist es nicht völlig normal, dass uns die Schwarzen hassen, wenn man bedenkt, welches Leid sie schon erfahren mussten durch unsere Rasse?" Howell bleibt, so wie Garvey auch, keine Zeit zum Hassen. Man hasst nur, was man fürchtet. Und der Gong fürchtet nichts und niemanden, schon gar nicht die Weißen.

Ich erinnere mich an meine ersten Tage auf Jamaika und an meine Traurigkeit angesichts der rassistischen Äußerungen einiger Nyabinghis. Wie wenig hatten diese Hassgeschichten doch mit der Realität der Rastas zu tun! Waren die Wahrheiten, die sie verbreiteten, nicht an alle Menschen gerichtet? Erteilten sie nicht jeglichem Rassismus, hier und anderswo, eine Absage? Als Erstes fielen ihre braunhäutigen Brüder der Philosophie der Nyabinghis zum Opfer: Sie wurden von den noch dunkelhäutigeren Nyabinghi-Mitgliedern geächtet. Wenn zwei Brüder bei einem Meeting auftauchten, wurde stets derjenige mit der helleren Hautfarbe fortgejagt! Man verurteilte die Mischehe – pure Heuchelei! Wo immer sich Gelegenheit bot, heirateten Nyabinghi-Männer niedliche blauäugige Amerikanerinnen und ließen sich in den Vereinigten Staaten nieder. Doch ich habe unter den Nyabinghis auch wundervolle Menschen kennen gelernt. Einige von ihnen waren meine Lehrmeister.

Bongo Puru. Über viele Jahre hinweg nannte ich ihn „Großvater". Er hatte lange weiße Locken, die ihm bis zur Hüfte reichten. Eines Tages, ich glaube, es war 1963, hatten Polizisten diese Locken an einem Seil festgebunden und schleiften Bongo an den Haaren hinter einem Lastwagen her. Anschließend sperrten sie ihn zusammen mit hunderten anderen in ein Verlies. Drei Tage lang erhielten die Männer weder Essen noch Trinken. Doch Bongo Puru wäre nie auf die Idee gekommen, deswegen die Weißen zu hassen. An jenem Tag war er einfach hingegangen zu den Polizisten und hatte sie gefragt: „Warum macht ihr das eigentlich? Sind wir keine Menschen?" Bongo Puru war ein alter Herr mit goldbrauner Haut, die welk aussah neben seiner makellos sauberen Kleidung. Sein Lächeln hat sich mir tief ins Gedächtnis eingegraben ... Man ließ ihn an einer völlig harmlosen Krankheit einfach zugrunde gehen. Ich glaube, es war Angina. Und die Unterernährung natürlich. Er lebte in einer Hütte in Bull Bay und sein einziges Problem bestand darin, wie er etwas zu essen auftreiben konnte – kein geringes Problem. Als ich von seinem Tod erfuhr, überkam mich das Gefühl einer persönlichen Schuld.

Jener Nachmittag, den ich mit ihm am Strand verbrachte, wird mir ewig in Erinnerung bleiben: die Sonne, der Schatten unter den Palmen, die leichte Meeresbrise, die unter den Mandelbäumen hindurchstrich … Als Bongo Puru seine *chalice* (Pfeife) mit heiligem Gras gestopft hatte, fragte ich ihn, ob er jemals in Afrika gewesen sei. Nein, meinte er, aber dann verzog sich sein zahnloser Mund zu einem Lächeln: „Halt, doch! In einer meiner Visionen war ich schon einmal dort!“ Und extra für mich begab er sich noch einmal auf die Reise, erlebte erneut den magischen Moment, wie er auf der schmalen Brücke stand, die über die Fluten bis nach Afrika führte: „So schmal … kaum breiter als ein Brett. Einen Augenblick lang bekam ich es mit der Angst zu tun, doch ich sagte mir, es hilft nichts, wenn du jetzt die Hosen voll hast, und dann bin ich einfach weitergegangen, bis ich in Afrika war!“ Die Geschichte hat Symbolcharakter, alle Rastas erzählen sie.

Wenn sich die Nyabinghis mit einem derart abenteuerlichen Bild in Verbindung bringen, dann vielleicht deshalb, weil sie auch im richtigen Leben schon so manches Abenteuer bestehen mussten. 1935 ist ein finsteres Jahr. Die wirtschaftliche Depression liefert jede Menge sozialen Sprengstoff. Weil sie das nicht rechtzeitig begriffen hat, sieht sich die Kolonialadministration 1938 plötzlich mit blutigen Auseinandersetzungen konfrontiert. Howell weilt im Gefängnis, seine Anhänger werden verfolgt, das von den Italienern eingenommene Äthiopien wird von Europa verraten … Dennoch, inmitten all dieser Not und trotz der unsicheren Zeiten gibt sich Howell nicht der Angst hin. In seiner Gefängniszelle, weitab von allem, macht er eine neue Metamorphose durch. Als was wird sich die Schmetterlingslarve wohl entpuppen? Als Gangunguru Maragh. Leonard Howell wird zum Hindu!

Kapitel 11

Das Erbe der Sadhus

Bei der Harding Commercial Printery, einem Verlag in Kingston, erscheint 1935 eine jener Kultschriften, wie sie für die damalige Zeit typisch waren. Ihr Titel lautet *The Promised Key* (Der versprochene Schlüssel). Unter der Abbildung zweier übereinander gekreuzter Schlüssel, einem Symbol der Freimaurer, ist in fetten Lettern zu lesen: Dr. Nnamdi Azikiwe, Chefredakteur der *Africa Morning Post,* Accra, Gold Coast – er bürgt für Afrika. Als Autor wird ein mysteriöser G. G. Maragh (G. G., der König, der Maharadscha) angegeben. Der Name Maragh ist unter den Indern Jamaikas ziemlich weit verbreitet. Erst vor kurzem hatte ein gewisser Ganga Maragh, Geschäftsmann von Beruf, Ärger mit der Justiz bekommen, und die Cannabisraucher amüsierten sich köstlich über seinen Namen, da das Wort *ganga* (oder *ganja*) eine andere Bezeichnung für Marihuana darstellt.

Beim Blättern in *The Promised Key* verfestigt sich zunehmend der Eindruck, dass – jegliche Zweifel können getrost ausgeschlossen werden – hinter diesem Manifest die „kleine Bande" der Äthiopisten steckt: Der größte Teil des Texts ist bei Balintine abgeschrieben, manche Verszeilen entstammen der *Holy Piby* und die Schilderung der Krönung Haile Selassies verdanken wir höchstwahrscheinlich Annie Harvey. Wer ist also dieser G. G. Maragh? Leonard Howell. Ganz sicher. Gong Maragh, der „Skandalkönig", der nun aus Angst vor Verfolgung gezwungen ist, seine Schriften unter Pseudonym zu veröffentlichen. Hat er die Texte im Gefängnis zusammengestoppelt und das Ganze anschließend von einem seiner treu ergebenen Freunde verlegen lassen, um bei seinen Anhängern präsent zu bleiben? Oder hat er die Schriften in Wirklichkeit 1936 veröffentlicht und sie dann rückdatiert auf 1935, um Spuren zu verwischen? Sicher ist, dass Howell zeitgleich mit seiner Entlassung aus dem Gefängnis das Pseudonym Gangunguru Maragh annimmt. Bis in die Sechzigerjahre wird die Kurzform Gong kursieren.

Doch die Wahl eines indischen Pseudonyms hat nicht allein mit dem Wunsch nach Anonymität zu tun.

Der Einfluss der indischen Kultur auf die Rastas blieb lange Zeit im Dunkeln. Bis in die Achtzigerjahre hinein wurde ein Geheimnis daraus gemacht; dann brachten die beiden an der University of the West Indies lehrenden Professoren Laxmi und Ajai Mansingh durch ihre gründlichen Recherchen Licht in die Angelegenheit. Ihre Arbeiten über die Geschichte der Inder auf Jamaika zeigen völlig neue Aspekte der Rasta-Kultur auf, die bislang keiner wahrgenommen hatte, da viele wie gebannt auf Afrika blickten. Begeben wir uns mit den beiden Forschern auf eine Zeitreise und schauen zurück ins Jahr 1845. Wir schreiben den 10. Mai. Die Einwohner von Old Harbour werden Zeuge, wie der erste Schwung indischer Vertragsarbeiter an Land geht.

Immer zu zehnt auf einen Karren gepfercht – so verlassen die Männer den Hafen. Ihr Ziel: Halsie Hall, ein Landgut in der Nähe von Clarendon. Dort sollen sie die zehn Jahre zuvor freigekommenen afrikanischen Sklaven ersetzen, die sich weigern, für ihre ehemaligen Herren zu arbeiten. Die Neuankömmlinge erregen Aufsehen bei den vorbeieilenden Menschen: Zwar ist ihre Hautfarbe schwarz, doch Haartracht, Sprache und Kleidung wirken äußerst fremdartig. Man stürzt herbei, um sie zu bestaunen, bietet ihnen etwas zu trinken und zu essen an, um sie willkommen zu heißen. Inder und Afrikaner auf Jamaika sollten sich auf lange Sicht gut verstehen; zumal der Mangel an Frauen aus ihrer Heimat die Inder oftmals zwang, Afrikanerinnen zu heiraten.

Während seiner Kindheit in Clarendon ist Howell gewiss mit den Indern in Kontakt gekommen. Vielleicht hat er ja schon sehr früh von ihrem „heiligen Kraut“ gekostet. Doch mit Sicherheit war er wie geblendet von dem Schauspiel, das sich ihm bot: eine intakte Kultur und ein Volk, das scheinbar durch nichts zu erschüttern war, da es in ständigem Kontakt zu seinen Göttern stand. Ajai Mansingh schreibt im *Sunday Gleaner* am 18. Juli 1982:

„Nachdem sie ihr Tagewerk verrichtet hatten, kehrten die Arbeiter zurück in ihre Baracken, nicht weit entfernt von den Behausungen der früheren Sklaven. Sie wuschen sich und erledigten die Hausarbeit, dann versammelten sie sich im Hof und ihr ‚Priester' las ihnen aus dem Ramajana und aus alten Erzählungen vor. Danach stimmten die Musiker fromme oder auch weltliche Lieder an [...]. An jedem Wochenende kam die Gemeinde zu Gebeten und Kultritualen vollzählig zusammen – im Anschluss gab es stets ein Essen, Musik erklang und es wurde getanzt [...]. Manchmal wurde der Göttin Kali ein geheimes Opfer gebracht. In Begleitung von ein paar Verwandten und Freunden begab sich der Zeremonienmeister an einen Ort in der Wildnis, wo er einem Ziegenbock mit einem Machetenhieb die Kehle durchschnitt; Gesang erhob sich und Mantras zu Ehren der Göttin Kali wurden heruntergebetet. Manchmal machte Ganja die Runde. Danach zog der Prozessionszug, ‚Jai Kali Mai!' brüllend, zurück zu den anderen; die Krönung der Opferandacht bildete ein großes Festmahl, bei dem Currylamm und *bhang* (ein Sud aus Cannabis) gereicht wurden."

Howell, dem heimlichen Beobachter und Späher in den Bäumen, entging vermutlich nichts von den *puja*-Opfern, die man Kali darbrachte. Später im Lauf seiner Reisen wird er noch andere Inder kennen lernen, solche, die wie er auf den englischen Schiffen arbeiten, und er wird wie alle Kinder seiner Zeit fasziniert sein von der hinduistischen Weisheitslehre. Mit dem Kali-Kult schwappt in den Zwanzigerjahren eine neue religiöse Welle über Britisch-Guyana hinweg. In New York wird zur gleichen Zeit viel Aufhebens gemacht um indische Magie – okkulte Werke, die sich mit diesem Thema befassen, wie *The Great Book of Magical Arts* und *Hindu Magic and Indian Occultism* sind ziemlich en vogue. Ein uns vertrauter

Schwarzer aus Harlem, überzeugter Hindu, spaziert in Satinhosen und mit Turban durch die Straßen …

Wieder zurück auf Jamaika, wird Howell dank seines Rufs als Wunderheiler zahlreiche Inder aus St. Thomas in seinen Bann ziehen. Einen von ihnen, einen gewissen Laloo, ernennt er zu seinem Leibwächter; jener soll es auch gewesen sein, der die indischen Elemente in den Rasta-Kult einbrachte, insbesondere die mit indischen und neuindischen Wörtern gespickte Gebetsleier. Doch ins Pinakel folgte Laloo dem Gong nicht und so kann sich keiner mehr so recht an ihn erinnern. Wer war er? Im Protokoll jenes Polizisten aus Seaforth, der versucht hatte, die Rastas zu provozieren, indem er junge Musiker anstachelte, Spottlieder auf sie zu singen, ist einmal die Rede von einer Mrs. Laloo. Doch Laloo ist bei den Indern auch ein weit verbreiteter Spitzname – man verleiht ihn Personen, die eine helle Haut haben. Im vorigen Jahrhundert war in Guyana schon einmal ein von Indien beeinflusster Kult aufgetaucht – die White Robed Army; ihre Gründerväter nannten sich – welch Zufall! – Maraj und Laloo.

Howell übernimmt von den Indern seinen Namen, sein Gebet, die Idee eines Gotteskönigs, das heilige Kraut, die Meditation, ein paar Gerichte, vielleicht sogar das „Jai!" („Sieg!"), womit die Hindus ihre göttlichen Meister begrüßen und woraus sich das „Jah!" der Rastas entwickelt haben könnte (später wurde eine biblische Bedeutung hineininterpretiert, mit „Jah" als Kurzform von „Jehova"). Doch Howell übernimmt diese exotischen Rituale nicht bloß, um einem ungebildeten Publikum zu gefallen; er geht ganz und gar darin auf. Bei den Indern findet er eine Philosophie, die ohne die dualistische Denkweise des Westens – Gott versus Teufel, Gut versus Böse, Schwarz versus Weiß, Diesseits versus Jenseits, Körper versus Seele – auskommt. Mit dem indischen Ansatz hofft er, den Schwarzen eine Identität und ihr Seelenheil zurückgeben zu können.

Der versklavte Afrikaner erlebt die kolonialistische Welt als einen gewaltigen Bruch – viele Meere müssen überquert werden. Die Diskontinuität betrifft Geografie, Geschichte, Sozialgefüge und Rasse:

auf der einen Seite die Schwarzen und Armen, auf der anderen die Weißen und Mächtigen. Gefangen in dieser Dualität, drehen manche Söhne von Sklaven den Stiel einfach um: Sie wollen die Herrschaft der Weißen ersetzt sehen durch die der Schwarzen, durch die „Königin mit gesenktem Haupt, die im Grunde für England kämpft", wie Balintine die UNIA nennt. Howell tappt nicht in diese Falle.

Das indische Element zeigt ihm einen dritten Weg auf. Die Realität des Hindu ist das Prinzip der Kontinuität. Es gibt nichts, was ausgesprochen gut oder ausgesprochen schlecht ist, alles erklärt sich aus Ursache und Wirkung, über die das „Rad der Zeit" hinweggeht, heißt es in *The Promised Key.* Das indische Denken erlaubt Howell, Weiß und Schwarz miteinander auszusöhnen, den Riss, der durch die Welt geht, zu kitten. Und was die „Gottheiten" Rama und Krishna anbelangt, so sind dies Männer mit einwandfreiem Karma, Könige, die umsichtig ihr Reich verwaltet haben.

„Wenn man sie fragte, wer Rama und Krishna seien, antworteten die Inder gewöhnlich, es handele sich um Inkarnationen Gottes, um indische Könige. Tagtäglich mussten die Vorreiter der Rasta-Bewegung zusehen, wie die Inder in ihren Ehrenbezeugungen an Rama und Krishna aufgingen; dies gab ihnen das Gefühl, spirituell und emotional etwas zu versäumen, eine Lücke tat sich auf, die nur darauf wartete, ausgefüllt zu werden. In ihren Herzen brannte eine Sehnsucht; ihr Geist war auf der Suche und in ihren Seelen flehten sie nach einem afrikanischen Pendant der beiden Herrscher Rama und Krishna – so wie die indischen Cricketfans davon träumen, einen Michael Holding oder Viv Richards unter ihren Landsleuten zu haben.

Joseph Hibbert, der Gefährte aus der Anfangszeit in St. Thomas, erzählt, dass Howell, „als er 1918 von den Inkarnationen Gottes in Indien hörte, sich sofort Lektüre zu diesem Thema besorgte. In Gesprächen mit seinen Freunden entwickelte er den Gedanken einer afrikanischen Inkarnation Gottes, vergleichbar mit Rama, Krishna und Buddha."

Jetzt, da Ras Tafari gekrönt wurde, haben die Afrikaner ihre eigene Inkarnation Gottes und ihr Gelobtes Land. Howell ändert dazu die

Worte von Jesus Christus geringfügig ab: Aus „Mein Reich ist nicht von dieser Welt“ macht er „Mein Reich ist nicht aus dieser Zeit“. Die Krönung Haile Selassies markiert den Beginn eines neuen Jahrtausends. Wie die Inder hatten die Äthiopier von nun an einen König ihrer Rasse, an den sie ihre Gebete richten konnten. Jai! Ras Tafari! …

Der indische Einfluss auf die Rasta-Bewegung blieb lange Zeit spürbar, auch nachdem Laloo die Runde verlassen hatte und das Pinakel gegründet worden war. In Back O'Wall, dem großen Ghetto im Westen von Kingston – wo nach dem Fall des Pinakels die meisten Rastas leben –, verehrt man die indischen Weisen ebenso wie die afrikanischen *elders* (die Alten). Es findet ein reger Austausch statt zwischen Indern und Afrikanern – oftmals ergibt sich der Kontakt auch über ein gemeinsam gerauchtes Ganjapfeifchen. Die Dreadlocks, von denen einige ältere Rastas zu wissen glauben, dass man sie früher *zagavi* nannte (laut Mansingh abgeleitet vom hinduistischen Wort *jatawi*), guckten sich ihre Haartrachten höchstwahrscheinlich bei den indischen Sadhus ab, die auf Jamaika – so viel scheint sicher – gelebt haben müssen. Von den Hindus übernahm man zweifellos die Beschränkungen, die den Frauen während der Menstruation auferlegt wurden; ebenso wie die vegetarische Ernährungsweise (hiefür gibt es aber auch physiologische Gründe, denn Gemeinschaften, die Cannabis konsumieren, meiden generell Fleisch und Alkohol).

Später wurde das indische Erbe verschleiert. Howell, der schon viele Länder bereist hatte, dachte und fühlte wie ein Weltbürger. Afrika bedeutete ihm ein Gelobtes Land, einen Zufluchtsort auf der Suche nach Identität. Dennoch blieb er offen für die Einflüsse anderer Nationen – ganz im Gegensatz zu den Nyabinghis und jenem politischen Klüngel, der Afrika als den Nabel der Welt betrachtete und eine „Back to Africa“-Bewegung lostrat. Festgefahren in einem dualistischen Denken, das ausschließlich um die beiden Gegenpole Schwarz und Weiß kreiste, schrieben diese Leute Afrika alle möglichen Errungenschaften zu und legten den anderen Nationen gegenüber Missgunst an den Tag.

Es gibt noch einen Grund, warum Howell nach Indien schielt. Als aufmerksamer Zeitungsleser ist er natürlich bestens informiert über die Bemühungen Gandhis – eines seiner Idole, wie sein Sohn versichert. 1933 diskutierte er wahrscheinlich des Öfteren mit seinen Freunden über die Vorgehensweise des großen Meisters in seinem Kampf für die Parias: „Kaste und Hautfarbe, sagte Gandhi, sind das Gleiche." Wie der Mahatma, so begriff auch Howell, über welches Machtmittel der Schwache verfügt: Er muss nur aufhören, sich von den Mächtigen ausbeuten zu lassen. Wenn man keine Waffen besitzt, nutzt es nichts, die Welt durch Gewalt verändern zu wollen. Man muss zunächst eine Basis schaffen, das heißt: seiner Rasse wirtschaftlich auf die Beine helfen, unabhängig vom bestehenden System. Die „grünen Auen" Athlyis. Dieser Sache sollte sich Howell schon bald annehmen. Doch von St. Thomas bis zum Pinakel ist noch ein langer Weg.

Ganz unten im Tal macht der Fluss eine Biegung, eine alte Brücke führt von einem Ufer zum anderen. Darunter fließt das Wasser ruhig dahin und ein Kieselstrand lädt zum Baden ein. In der Mitte der Flusskehre steht ein riesengroßer Cotton Tree, der die Hütte daneben wie ein Puppenhaus aussehen lässt. Baumwollbäume sind mystische Gewächse. Es heißt, sie kämen aus Afrika und Geister würden in ihnen wohnen; die Afrikaner hielten unter den Baumwollbäumen ihre okkulten Zeremonien ab. Auch im Schiffsbau findet der Cotton Tree Verwendung; das untere Ende sieht aus wie eine an den Wurzelenden befestigte Granate, der dünne und glatte Stamm verfügt über Ausbauchungen zur Mitte hin – dies alles scheint wie geschaffen, um Kanus zu schnitzen.

Jenseits des Baumwollbaums und unweit der Brücke sind inmitten der grünen Plantagen zwei männliche Gestalten auszumachen; sie graben ihre Felder um; ihre Haut ist schwarz und voller Schweißperlen. Erkenne ich sie wieder? Es ist bald zwanzig Jahre her, dass ich Countryman das letzte Mal gesehen habe, aber an seine golden schimmernde Haut kann ich mich noch gut erinnern – auch an sein langes gewelltes Haar, das im Wind wehte. Aber ja doch, er ist es – dieser dunkelhäutige Mann mit den grauen Zöpfchen, wie sie die Bauern tragen. Seit dem Start seines Films im Jahr 1982 sind einige Jahre vergangen. Auch er scheint mich wieder zu erkennen.

Countryman ist Inder mit etwas afrikanischem Blut in den Adern. Seine Großmutter wurde in Indien geboren, in der Nähe von Bombay. Sie hatte zwei Töchter. Eines Tages wird eine der beiden zu einem Fest eingeladen auf einem Schiff. Bevor die Mutter dem Mädchen erlaubt, dort hinzugehen, will sie wissen, worum es sich handelt. Hierzu stattet sie der Organisatorin, einer reichen Geschäftsfrau, die sie sehr nett empfängt, einen Besuch ab. „Wenn Sie die Sache interessiert, warum kommen Sie dann nicht einfach mit? Auch Ihre anderen Kinder müssen Sie nicht zuhause lassen." An besagtem Tag wird nun die Mutter mit ihren beiden Töchtern und einer kleinen Nachbarin – allesamt schön herausgeputzt – auf dem Schiff willkommen geheißen. Als das Fest seinen Höhepunkt erreicht hat, sticht die Jolle in See und hält Kurs aufs offene Meer. Erst fünf Wochen später werden die Passagiere wieder Land sehen – auf Jamaika, wo die Frauen zusammen mit zig anderen Opfern als Dienstboten verdealt werden. Eines der jungen Mädchen flieht zu Fuß von Westmoreland ins zweihundert Kilometer entfernte Kingston und trifft dort seine Mutter wieder. Das andere wird einen indischen Mischling heiraten; gemeinsam werden sie einen Sohn haben: Countryman.

Eines Tages, gegen Ende der Sechzigerjahre, nimmt der Regisseur Perry Henzell jenen Country beim Trampen mit. So funktionierte das in der Hippie-Zeit. Obwohl er jung ist und erfolgreich Filme fürs Fernsehen dreht, ist Perry ein Rebell geblieben. Er schleppt den Inder mit zu einer Fete von Chris Blackwell, einem anderen Jamaikaner aus der Hip-Gemeinde; Blackwell ist Gründer der Plattenfirma Island.

Country wird überall gut aufgenommen und so hat er schon bald viele Freunde unter den begüterten Hippies. Jahre später wird einer von ihnen, Dickie Jobson, Chris Blackwell überreden, einen Film zu finanzieren. Blackwell hat soeben die ersten Erträge aus dem Erfolg von Bob Marley eingestrichen und alles läuft für ihn wie geschmiert. Er beschließt, sich ins Filmgeschäft zu stürzen, gründet Island Pictures und nimmt die Produktion in Angriff. Für die Hauptrolle in dem Streifen hat Dickie seinen indischen Freund vorgesehen; dessen Name ist gleichzeitig der Filmtitel: *Countryman.*

Als Drehbuchvorlage dient eine Jugenderinnerung Blackwells: Chris hatte eines Tages zusammen mit ein paar anderen Plantagenbesitzersöhnen bei einem Yachtausflug Schiffbruch erlitten und fand sich plötzlich in einer Rasta-Kommune wieder. Anstatt nun barbarischen Torturen ausgesetzt zu sein (man erzählt sich, die *Black Heart Men* würden Kindern das Herz aus dem Leib reißen), wird er gepflegt und umsorgt – und ein ordentlicher *spliff* (Joint) hilft ihm vermutlich schnell wieder auf die Beine. Man sagt, danach erwärmte sich Blackwell für die Sache der Rastas. Ohne dieses Abenteuer hätten Bob Marley und Countryman vielleicht nie Karriere gemacht ... Wurde Countryman für seine Kinorolle eigentlich anständig bezahlt? Er bekam sehr wenig Geld dafür, sagen die einen: Country hatte nie genug Kohle, um aus der einfachen Hütte ausziehen zu können, in der er am Strand von Runaway Bay illegal hauste, und als ihn Immobilienhaie von dort vertrieben, irrte er mit seiner Familie so lange herum, bis Chris ihn schließlich aus Mitleid vorübergehend bei sich wohnen ließ und ihm dann ein kleines Haus kaufte. Andere behaupten, der Schauspieler habe gut verdient in seinem Job, doch er habe alles Geld schnell wieder auf den Kopf gehauen. Country ist total verrückt nach Autos.

Etwas unterhalb der Brücke, in der kleinen Bucht, stürzen wir uns in die Fluten; das Wasser ist kalt und klar. Während wir uns in der Sonne trocknen lassen und dabei genüsslich in die Früchte beißen, die uns Countryman anbietet, erzähle ich ihm von Howell, doch der Name sagt ihm nichts. Der Gong? Der erste Rasta?

„Ah! Gonga! Ich war damals noch ein Kind, doch ich habe gehört, wie die Großen über ihn sprachen. Ein Wunderheiler! Er hat den Leuten irgendwelche Pflanzensäfte verabreicht, die ihre Geschwüre heilten. Zu jener Zeit hatten viele Inder kranke Beine. Er ging mit ihnen in die Mineralbäder von Bath und auf einmal eiterten die Geschwüre nicht mehr ... Damals war alles anders als heute: Jeder lebte auf seine Weise. Die Schwarzen in leicht erhöht gebauten Hütten aus Kalkstein, die Inder in ebenerdigen Behausungen, die sie sich aus getrocknetem Kuhmist zimmerten. Die Schwarzen legten die Felder an, die Inder bewässerten sie und die Chinesen backten das Brot. Wenn du irgendwo Hütten siehst aus gestampfter Erde und es laufen viele Schafe herum, dann kannst du sicher sein, dass hier Inder wohnen.

Die indischen Freunde von Gonga waren zirka sechzig an der Zahl. Er behandelte sie, und die Leute liebten ihn. Sie nannten ihn Gonga Maragh, daraus wurde dann Gong. Doch die Kirchenvertreter der Gegend erfuhren von seinen Wundertaten und jagten ihm die Polizei auf den Hals, die ihn an der Ausübung seiner medizinischen Praktiken hinderte. Dabei fanden die Beamten Ganja und nahmen ihn fest. Als Bob Marley später sang: ‚Ich bin viel schwieriger zu fassen als der Gong, weil ich nicht das gleiche Saatgut verwende', meinte er eben diesen Gong. Der Inder Deshaie war einer seiner besten Freunde, doch als die Polizei kam, suchte er das Weite. Gonga scherte sich einen Dreck um die Polizei. Er besaß einen festen Charakter!"

Ich muss den steilen Weg bis zur Straße hinauf nicht noch einmal zu Fuß zurücklegen. Wenn ich etwas Geld für ihn übrig habe, damit er seinen Wagen tanken kann, nimmt mich Countryman gern ein Stück mit. Doch zuerst einmal müssen wir zur Tankstelle kommen und da der Tank beinahe leer ist, sind wir gezwungen, die Holperstrecke zu nehmen, die auf dem direktesten Weg zur Küste hinunterführt – auf diese Weise können wir, falls uns wirklich der Sprit ausgeht, immer noch den Gang rausnehmen und das Fahrzeug einfach rollen lassen. Mehr recht als schlecht hoppeln wir die steinige Fahrbahn entlang.

Als ich in Runaway Bay ankomme, ist es bereits Nacht. An der Kreuzung nach Brownstown lasse ich mich von Country absetzen und lege die letzten Kilometer zu Fuß zurück. Nach der intakten

Natur, wie ich sie im Landesinnern vorgefunden habe, wirkt diese Küstenregion verkommen. Die Autos rasen mit hundert Sachen hautnah an mir vorbei. Die enge Straße, kaum breiter als ein geteerter Feldweg, scheint zur Hauptverkehrsader der Nordküste geworden zu sein. Es ist stockfinstere Nacht und der Jasminduft vermischt sich mit dem Gestank der Auspuffgase. Vollklimatisierte japanische Touristenbusse überholen mich mit voller Geschwindigkeit. Auf einem Mäuerchen lungern ein paar Jungs herum. Sie warten auf das große Abenteuer. Es ist dunkel, doch sie wittern meine weiße Haut und lauern mir auf wie einem Beutetier. Ein Versteckspiel: Ich sehe dich, aber du siehst mich nicht. Dennoch spüre ich, dass sie da sind, diese Augen, die mir auf Schritt und Tritt folgen. Sie riechen die Dollars in meiner Tasche und träumen von einem besseren Leben. Kleine Streuner, die sich an ihr Geschlecht klammern wie an einen Rettungsanker. In einer Jukebox säuselt Shabba Ranks: „I'm wicked in bed."

Als ich das Dorf hinter mir lasse, wird die Straße auf einmal breiter; sie führt jetzt am *Hotel Ambiance* vorbei, dem Refugium für reiche Touristen, das zur Hälfte leer steht. Kunstrasen unter den Füßen, weiße Villen, die aus der Dunkelheit leuchten, Stille. Hundert Meter weiter ist Schluss mit der Beleuchtung und ich tauche ein in die Nacht. Plötzlich reicht mir das Gras bis zu den Schultern. Kein Mond steht am Himmel; vage erkenne ich die Silhouette zweier Pfeiler, die zu meiner Rechten aus dem Blätterdickicht ragen. Weiter hinten werde ich vom Weiß der Kieselsteine geleitet, das richtiggehend leuchtet inmitten all der Gräser. Vorsicht, Stufen. Uff! Da sind wir! Ab hier beginnt Davids Reich.

Auf dem obersten Treppenabsatz empfängt mich ein Jodgeruch. In dem riesigen, zum Meer hin völlig offenen Raum fängt sich der Wind. Auf der Mauer hinter mir entdecke ich OBIA. Ich brauche sie nicht näher zu betrachten. In der Dunkelheit spüre ich, wie sich mir der Blick aus ihren eingefallenen Augenhöhlen in den Rücken gräbt. Jedes Mal, wenn ich hier vorbeikomme, beginnt mein Herz wie wild zu schlagen. OBIA ist eine sagenumwobene Figur auf einem Gemälde. Ich hatte stets großen Respekt vor ihr; manchmal üben ihre

Arme auf mich eine starke Anziehungskraft aus – ähnlich wie die kleine Göttin im Innern eines ägyptischen Sarkophags. Lange, dünne und graziöse Arme, eingebettet zwischen wallenden Stoffen und Flügeln, fahl und schön liegen sie da, wie lange, gebogene Antennen, die regelrecht knistern zwischen all dem Grün, Gelb und Rot ... OBIA macht dir Lust, in ihren Armen zu sterben.

Der alte Sessel, dessen Umrisse sich im schummrigen Leuchten des Meeres wie eine Kohlezeichnung abheben, steht noch immer am selben Platz und bietet diesen wunderbaren Blick in die Weite. David hat sich darin niedergelassen. Sein schmaler, langer Körper passt sich den Formen des Weidengeflechts hervorragend an. Er schaut nicht einmal richtig zu mir auf, sondern sagt, mit einem kleinen Lächeln um den Mund, nur ganz lapidar: „Ah! Ich wusste, dass du kommen würdest. Ich habe von dir geträumt."

Ich setze mich auf eine Treppenstufe, direkt neben ihn.

Das Grünzeug hier ist, seit ich das letzte Mal da war, ziemlich gewachsen, es überwuchert die Alleen und wird irgendwann den Beton angreifen. Überall in den Bäumen um uns herum ist ein Rascheln zu hören. Das Meer gibt den Rhythmus vor: Brecher, die sich draußen beim Korallenriff dumpf anbahnen, wechseln mit sanft gegen den Strand schlagenden Wellen. Der Mond steht am Himmel. Über unseren Köpfen flattert kreischend eine Fledermaus auf und verschwindet in einer Maueröffnung.

„Du hast immer noch keine Fenster einbauen lassen ..."

In der Villa hinter uns zieht es überall, durch jede Ritze bläst der Wind. Das Mondlicht überflutet die leeren Räume mit den sorgfältig gebohnerten Steinfliesen. Fledermäuse hängen schlafend an einem Haken, der früher einmal einen Leuchter hielt.

„Ich hab dir ja gesagt, ich plane nicht in die Zukunft."

„Glaubst du immer noch, dass im Jahr 2000 die Welt untergeht?"

Ein Glühwürmchen blinkt auf, lässt im Dunkel eines Strauchs Lichtreflexe tanzen. Anstatt zu antworten, fragt David zurück, ob ich gern träume. Für ihn sei das Träumen zu einer richtigen Leidenschaft geworden. Abends, sobald die Sonne untergegangen ist, streckt er sich irgendwo aus und beginnt zu träumen. Dann tauchen plötzlich Beine vor ihm auf, die sich vom Boden abheben und am Himmel entlangradeln. Er sieht den Mond und die Sonne Billard spielen, er erkennt Eidechsenzwitter. Und dann sieht er auf einmal den Planeten, wie er ins Meer fällt. Seit Jahren macht er sich darauf gefasst. Er hat die Szene schon so häufig klar und deutlich vor sich gesehen, dass er alles in- und auswendig kennt – den einstürzenden Horizont und das in Flammen stehende Meer. „Gott wird eine letzte Karte ziehen. Den *final flush.* Und dann gute Nacht!“

Kapitel 12

Vom Gefängnis in die Psychiatrie

Als Howell im Frühling 1936 aus dem Gefängnis entlassen wird, zeigen die Verfolgungen bereits erste Auswirkungen. „Die Kultgemeinde ist dabei, sich aufzulösen", heißt es in einem Polizeibericht. „Die Anhänger haben das Vertrauen in ihren Anführer verloren; es sind nur noch wenige, die zu seinen Veranstaltungen kommen, und die Geldspenden, von denen er abhängig ist, um zu überleben, fließen nur noch sehr spärlich. Bei seiner letzten Versammlung kamen gerade mal drei Shilling fünfzig zusammen. Ich glaube nicht, dass man sich um das Phänomen Ras Tafari noch allzu lange Gedanken machen muss."

Dennoch geht am 31. März 1936 bei den Behörden ein anonymer Brief ein, in dem für die Abendstunden desselbigen Tages eine große Rasta-Versammlung angekündigt wird. Einige Tage später ist – wiederum in einem Polizeiprotokoll – zu lesen, dass „die Veranstaltung mit Trommeln, Pfeifen und dem Rufen von Parolen ausgeklungen ist. Dies zeigt der Regierung, wie wachsam sie auch weiterhin sein muss. Bald, so sagen diese Leute, wird Jamaika seinen eigenen Krieg haben; jeder Schwarze wird sich wieder darauf besinnen, ein Schwarzer zu sein, und alle möglichen Rechte einfordern. Einen schwarzen Gouverneur! Einen eigenen Staatssekretär für die schwarzen Kolonien! Einen schwarzen Richter! Einen schwarzen Hauptkommissar! … Da England ihnen Afrika geraubt hat, wollen sie jetzt unbedingt Jamaika für sich, und sie verlangen, dass die Weißen ihre Machtpositionen räumen …"

Der Polizeichef, an den dieses Schreiben gerichtet ist, sieht die Dinge weitaus realistischer: „Ich bin der Meinung, wie einige andere im Übrigen auch", schreibt er dem zuständigen Kolonialbeamten, „dass die Weißen auf Jamaika nichts zu befürchten haben. Die einzigen Unruhen, die drohen, sind jene, deren Ursache in der Arbeitslosigkeit liegt oder im Gefühl der Arbeiterklasse, ungerecht behandelt zu werden."

Vielleicht macht sich der Polizeichef damit insgeheim zum Sprachrohr des darbenden Volks und versucht, den Gouverneur auf diese Weise vorzuwarnen. Die Arbeitslosigkeit steigt und steigt und die Protestmärsche der Menschen ohne Arbeit bestimmen immer mehr das Bild in den Straßen von Smith Village und der Innenstadt. Nach dem Krieg von 1914 bis 1918 beginnt Europa mit dem Zuckerrübenanbau und die Wirtschaft in der Karibik steht am Rand des Abgrunds. 1935 streiken auf der Nachbarinsel St. Kitts die Plantagenarbeiter, andere folgen ihrem Beispiel auf La Barbade, Trinidad, St. Vincent und St. Lucie. Auf Jamaika sind von den Streiks die Plantagengebiete am meisten betroffen, insbesondere St. Thomas. Und genau hier macht sich Howell – oder vielmehr Gangunguru Maragh – wieder ans Werk.

Er hatte Zeit gefunden, um über eine neue Taktik nachzudenken. Da man ihm stets vorwarf, gegen die öffentliche Ordnung zu verstoßen, beschließt er nun, nur noch im privaten Rahmen Versammlungen abzuhalten. Mehr als je zuvor glaubt der Gong jetzt an die Tugend des Geheimnisses. In jener Zeit macht er sich einen Namen als Wunderheiler. Regelmäßig ist er in den Thermalquellen von Bath anzutreffen, wo früher die Oberschicht ihre Sommerfrische verbrachte. Dort hatte er, so erklärt uns Miss L., sogar eine kleine Wohnung angemietet. Er glaubt nicht nur, wie die Baptisten, an die reinigende Kraft des Wassers, sondern auch an dessen Heilwirkung: Er lässt die Kranken in die radioaktive Quelle von Bath steigen und heilt so ihre Geschwüre; eine unter den Arbeitern damals weit verbreitete Krankheit. Und wiederum ist seine starke Aura zu spüren.

Bis zum Jahreswechsel ist ihm bereits wieder so wohl, dass er in St. Thomas ein großes Fest der Liebe plant und seine Anhänger aus

Kingston und Clarendon dazu einlädt. In Port Morant zieht er einen Wellblechzaun um sein altes Quartier; nicht jeder soll hier Zutritt haben. Über dem Tor sind sorgfältig ein paar Muscheln zu einer Schrift angeordnet: „Maison du Roi“. Jeder Gast bringt ein Geschenk mit: sei es ein Hähnchen, Früchte oder einfach etwas Geld. Am 6. Januar 1937 treffen die ersten Festteilnehmer ein und in den Tagen darauf will der Strom gar nicht mehr abreißen. Von überall her kommen Leute, teils zu Fuß, teils sitzen sie auf Karren oder fahren im Lastwagen vor. Kaum haben sie die Festung betreten, erschallen frohe Hymnen; alles verläuft sehr friedlich. Das eigentliche Fest ist für Sonntag, den 10. Januar angesetzt: Drei in den Rasta-Farben festlich geschmückte Kühe (schon wieder der Einfluss Indiens) sollen eine Prozession anführen, die durch die ganze Stadt ziehen wird …

Ein Journalist des *Gleaner* war bei dem Ereignis dabei; vermutlich hatten ihn Ross und seine Bande eingeladen und ihm den Auftrag erteilt, das Ansehen der Rastas in der öffentlichen Meinung zu demontieren; doch das Intrigenspiel ist so offenkundig, dass sich der Zeitungsredakteur gezwungen sieht, seinen Lesern schließlich zwei Versionen zu unterbreiten. Hier nun die erste:

„‚Schaut mal! Ein Lastwagen voll mit Rastas!‘ Bei diesem Aufschrei stürzen alle Gaffer und Neugierigen sofort los und versuchen, sich einen Platz zu sichern, von wo aus sie die Neuankömmlinge gut sehen können. […] Männer, Frauen und Kinder springen von dem Lastwagen herunter. Die Menge folgt ihnen mit den Augen – voller Misstrauen, Spott, aber auch Wut. Da tauchen auf einmal ein paar grobschlächtige Kerle auf; sie haben sich mit Peitschen und Knüppeln bewaffnet. Ohne Zweifel: Diese Typen suchen Streit. Langsam nähern sie sich den Howell-Anhängern. Ein junger Mann mit Kinn- und Backenbart, wie es eben die Kultregeln vorschreiben, springt vom Wagen herunter. Und schon ist er umringt von den angeblichen ‚Ordnungshütern‘.

‚Woher kommst du?‘

Keine Antwort.

‚Kannst du nicht reden?‘

Von allen Seiten wird er jetzt in die Zange genommen und man lässt einen Knüppel über seinem Kopf kreisen. Dem jungen Rasta-Anhänger wird jetzt mulmig zumute und er beginnt zu stottern.

‚Ich bin aus … Clarendon.'

‚Clarendon!', schallt es wie im Chor aus den Mündern von einem Dutzend gewaltbereiter Kerle. ‚Na schön! Dann erklär mal, wie weit das von hier ist! Hoffentlich hast du etwas mitgebracht für den Botschafter der Liebe!'

‚Ja', haucht der junge Mann.

‚Und was ist es? Nun red schon!'

Drohend erhebt sich ein Dutzend Schlagstöcke gegen ihn und der junge Rasta gibt sich geschlagen.

‚Ein Huhn.'

‚Oh!', raunt da der Chor. ‚Na also, wer sagt's denn! Nichts wie her damit!'

Widerwillig händigt der Mann den Schergen ein mittlerweile ziemlich geschafftes Huhn aus.

‚Gut, und jetzt sag uns, was gibt dir Howell dafür?'

‚Er hat versprochen …'

‚Wir fragen dich nicht, was er dir versprochen hat, wir wollen wissen, was du von ihm dafür bekommst.'

‚Gar nichts …'

‚Das würden wir auch sagen. Und du, du bist so blöd, dass du Geschenke machst an einen, der dir selbst nichts gibt. Hört, hört! Babylon wird dir ein schönes Fest bereiten. Los, kommt Jungs, holt eure Knüppel raus!'

Der Rasta-Jünger aus Clarendon versucht Reißaus zu nehmen, doch die anderen holen ihn ein; sie halten ihm ein Streichholz an den Bart, zwirbeln an seinem Backenbart herum, geben ihm ein paar Ohrfeigen, quälen ihn – und lachen sich auch noch kaputt dabei.

‚Passt auf Jungs, dass wir ihn nicht noch totschlagen. Kümmern wir uns lieber um Howell. Nieder mit Ras Tafari! Wir werden das Haus des Königs zum Einstürzen bringen.'

Dann zieht die aggressive Meute, die mittlerweile angewachsen ist auf etwa hundert Personen – Männer, Frauen und Kinder – in Richtung des Gebäudes, in dem der Botschafter des Rasta-Glaubens vermutet wird. Und wehe dem unglücklichen ‚Bruder', der ihnen auf ihrem Marsch dorthin in die Hände fällt. Es ist erstaunlich, wie treffsicher die selbst ernannten ‚Ordnungshüter' die Kultanhänger erkennen, auch jene, die rein äußerlich gar nicht nach Rastas aussehen. Die typischen Backenbärte sind an jenem Abend natürlich gefährliche Attribute. Als die Rastas die wütende Gang kommen sehen, nehmen sie die Beine in die Hand und hauen ab. Den schnellsten Läufern unter ihnen gelingt es, sich ins Haus des Königs zu flüchten."

Von da an gibt es zwei Versionen. Der Journalist des *Gleaner* behauptet, der Mob sei, noch bevor er am Haus von Howell ankam, von der Polizei abgefangen worden, die Verstärkung aus Bath, Yallas, Morant Bay und Golden Grove angefordert hatte – lauter Orte, an denen es viele Rastas gab und entsprechend viele Leute, die ihnen feindlich gesonnen waren. Der Bericht über den Zusammenstoß mit der Polizei enthält indessen mehr als eine Unstimmigkeit. Der Journalist lobt Takt und Diplomatie von Polizeiinspektor Walters – ein tapferer Ritter an der Seite des Rechts –, doch im gleichen Atemzug erzählt er, wie es dem wild gewordenen Haufen gelingt, den Wellblechzaun niederzureißen, unbehelligt ins Allerheiligste vorzudringen und die Kultanhänger zusammenzuprügeln. Nachdem die Randalierer alles geplündert haben, was eigentlich für das Fest bestimmt war, fordern sie die Auslieferung Howells. Daraufhin weist Inspektor Walters – stets ein Mann der Ehre – die Leute darauf hin, dass er verpflichtet ist, jeden zu verhaften, der in das Haus eindringt. Ritterlich eilt er einem Behinderten zu Hilfe, der den Rowdys in die Hände gefallen war; dann betritt er Howells Haus, doch jener ist nicht mehr da.

Am Tag darauf steht der Gong beim *Gleaner* auf der Matte und verlangt, dass die Zeitung den Vorfall aus seiner Sicht schildere. Und er erzählt seine Version: Am Nachmittag hatte ihm Walters einen Besuch abgestattet, er hielt einen Durchsuchungsbefehl in der Hand. Seine

Männer suchten nach Waffen, fanden aber keine. Während die Durchsuchung lief, postierten sich ein paar aufgebrachte Typen, die zusammen mit dem Polizeitrupp angerückt waren, vor der Absperrung und warfen mit Steinen. Die Polizisten unternahmen nichts, um sie daran zu hindern. Im Gegenteil, sie verkrümelten sich, als die wütende Meute sich am Wellblechzaun zu schaffen machte und das Gelände stürmte. Walters ging weg, doch nur, um in Begleitung einer Zivileinheit zurückzukehren – sie hatte den Auftrag, mit den Rastas ein für alle Mal abzurechnen. Jetzt lautete die Devise: Rette sich, wer kann. Howell verschanzte sich in einem Zimmer. Ein Polizeioffizier trat mit dem Fuß die Küchentür ein und rief die Zivilbeamten. Sie sollten die Lebensmittel beschlagnahmen, die anschließend in Autos geladen und weggefahren wurden. „Was ist jetzt mit meinen fünfzehn Hühnchen, den zwanzig Liter Öl, den hundert Kilo Reis und den vierhundertachtzig Emailtellern, die von der Polizei einkassiert wurden?", fragt Howell. „Und warum kamen die Belagerer alle ungeschoren davon, während es aufseiten der Rastas zahlreiche Verwundete gab?"

Welche Version stimmt nun? Jegliche Zweifel zerstreuten sich zwei Jahre später, als ein gewisser Polizeioffizier Samuels aus Spanish Town vor Gericht an Eides statt versicherte: „Ich erinnere mich, dass ich während meiner Zeit in St. Thomas Inspektor Walters ins Camp von Howell begleitete und ihm half, es zu stürmen." Festgehalten in den *Pinnacle Papers* im jamaikanischen Staatsarchiv in Spanish Town.

Als der Gong am folgenden Montag wieder nach Kingston kommt, wartet schon die Polizei und nimmt ihn in die Mangel. Diesmal wird es keinen Prozess geben und Howell landet auch nicht im Gefängnis. Man steckt ihn in eine Anstalt. Ein Arzt bestätigt, er sei geistesgestört.

Eine Treppe aus rosafarbenem Backstein, ein schöner Aufgang, das ist alles, was vom Nightclub *Bournemouth* übrig geblieben ist, am anderen Ende des Parks, der zur psychiatrischen Klinik gehört. Hier lassen wir uns, mit Blick auf die Lagune, am Abend nieder und

Sheppie zündet sich einen *spliff* an. Die Polizei hat seinem Ghetto noch einmal einen Besuch abgestattet. Die Uniformierten schossen auf alles, was sich bewegte; einer der indischen Matrosen ließ dabei sein Leben. In den Wellblechzaun zu unserer Linken, der um das Slumviertel herumführt, sind überall kleine Luken eingelassen, damit die Bewohner im Fall einer Razzia schnell verschwinden können; vom Park aus sehen die an drei Seiten aufgesägten Blechquadrate und von innen mit Vorhängeschlössern gesicherten Öffnungen aus wie kleine Punkte. Die Grünanlagen gelten mittlerweile als gefährliche Gegend und so verirrt sich nur noch selten einer hierher in die herrlichen Tamarindenalleen. Auf dem Steinvorsatz oberhalb des grauen Wassers sitzt ein Mann im Schneidersitz. Er sieht mager aus und ist in Lumpen gekleidet. Tag für Tag kommt er hierher, meditiert mit geschlossenen Augen zwischen all dem Unrat, den das Meer angespült hat. Sein feines Gesicht, das mit jeder Pore die Sonne in sich aufsaugt, und die über dem hohlen Bauch gefalteten Hände ergeben ein stimmiges Bild. Der Mann ist ein „Verrückter“. Doch wer ist im Reich Babylon verrückt?

Seit Jahrzehnten schon gilt die psychiatrische Klinik Bellevue als ein Ort, an dem Rebellen ebenso verwahrt werden wie Leute, die unter dem Druck des Kolonialsystems kollabieren. In jenen Krisenzeiten Ende der Zwanzigerjahre will der Strom an Neuzugängen gar nicht mehr abreißen. Nur wenige schwere Fälle sind darunter, wie einem Krankenbericht von damals zu entnehmen ist. „Bei den meisten Patienten sind es der Verlust des Arbeitsplatzes, die allgemeine Krise oder andere normale Dinge, die ihnen seelisch zu schaffen machen.“ Doch in der völlig überfüllten Klinik ist eine angemessene Betreuung gar nicht möglich. 1937 – kurz bevor Howell eingewiesen wird – verklagt ein gewisser Robert Lynsaigh den Heimleiter wegen der miserablen Zustände. Der Untersuchungsbericht, durch den Fälle von Misshandlung und Amtsmissbrauch bekannt werden, bringt das Fass zum Überlaufen.

Dutzende von Rebellen waren hier seit Anfang des Jahrhunderts schon interniert worden und so entwickelte sich Bellevue nach und nach zur Hochburg für Freidenker. Bedward starb hier im Jahr 1930, nachdem er zehn Jahre lang die Anstalt nicht verlassen durfte. Keinem der „Heiligen“ aus den Ghettos blieb Bellevue erspart. Howell kann auf mindestens zwei Aufenthalte zurückblicken: 1938 und 1960. Es gibt einige Größen in der jamaikanischen Musikszene, die in den Sechzigerjahren das gleiche Schicksal erlitten: Junior Byles, Lee Perry und insbesondere Don Drummond. Der geistesgestörte Komponist und große Mann an der Posaune brachte zwei Jahre im Schlafsaal N zu (unter strengster Bewachung), weil er seine Frau ermordet hatte. 1966 starb er dort, eventuell wurde etwas „nachgeholfen“. Vermutlich war auch Howell schon im Schlafsaal N untergebracht gewesen.

Man schrieb den 15. Februar 1938, als Howell in die Bellevue-Klinik eingeliefert wurde. Warum eigentlich? Was mir seine Anhänger hiezu berichten, ist so unfasslich, dass ich glaube, meinen Ohren nicht zu trauen. Bezieht sich das, was sie mir erzählen, wirklich auf seine erste Internierung oder auf die im Jahr 1960? Als ich nachhake, bekomme ich wortwörtlich wieder die gleiche Geschichte zu hören: „Herr Howell ist auf einen Telegrafenmast geklettert. Mit dem Federkiel seines Stifts hat er eine Leitung durchtrennt. Dann nahm er das eine Ende des Stromkabels in die eine Hand und das andere Ende in die andere und der Strom floss dennoch weiter.“

Warum er das getan hat, brauche ich wahrscheinlich gar nicht zu fragen. Ein Wunder eben. Über Wunder redet man nicht. Die Polizei, die von Wundern natürlich null Ahnung hat, nahm Howell einfach fest und brachte ihn in die Bellevue-Klinik. Mit einiger Wahrscheinlichkeit würden sie ihn dort nie wieder rauslassen. Als ihn seine Frau Tyneth besuchen will, lässt man sie nicht zu ihm. Am Tag darauf kommt sie wieder, vermutlich in Begleitung eines ihrer einflussreichen Freunde, und diesmal heißt es, der Gong liege im Koma. Als der „Kranke“ indessen den Klang von Tyneth' Stimme vernimmt, fegt er wie ein Teufel aus seiner Zelle und die Saalordnerinnen ergreifen schreiend die Flucht. Es ist eine der Lieblingsanekdoten, die die Rastas über Howell erzählen. Doch diesmal spricht man nicht von einem „Wunder“: Jeder weiß, dass Howell sich tot gestellt hatte, um der Spritze zu entgehen.

Um die Störenfriede in der Gesellschaft aus dem Verkehr zu ziehen, kennt die koloniale „Psychiatrie“ drei Wege: Man sperrt sie ein im Schlafsaal N, verabreicht ihnen Elektroschocks oder stellt sie mit Spritzen ruhig. Die Spritzen sind am meisten gefürchtet. Man injizierte dem „Kranken“ eine Substanz, die bewirkte, dass er sich sterbenskrank fühlte und Schwindelanfälle bekam. Wer bis dahin noch nicht verrückt war, der hatte gute Chancen, es alsbald zu werden. Die Wirkung dauerte drei Tage an; manche Patienten starben an diesen Spritzen. Der Maler David Marchand hat sich eine schreckliche Erinnerung davon bewahrt. Wer das einmal durchmachen musste, der gerät schon in Panik, wenn er das Wort Spritze nur hört.

Das war der Grund, warum sich Howell tot stellte. Als seine Frau auftauchte, stand er eben schnell wieder auf von den Toten. Damit ersparte er sich zwar die Spritze, an seinem Eingesperrtsein jedoch änderte es nichts.

Mehr als ein Jahr lang darf Howell den streng bewachten Schlafsaal nicht verlassen. Tyneth hat eine kleine Wohnung an der Sea Breeze Avenue bezogen, nur fünf Minuten von der Anstalt entfernt; sie besucht ihn jeden Tag. Sie bringt ihm Zeitungen und reicht ihm die Post durch die Gitterstäbe. Doch Letzteres kommt immer seltener vor. Denn Howell steht unter strengster Bewachung und alle Briefe aus dem Ausland werden abgefangen. Die Zeitungen, die er abonniert hat, können schon als „aufwieglerische“ Schriften gelten – insbesondere der *Negro Worker,* das Presseorgan der RILU, hinter dessen Kürzel sich die Rote Internationale der Arbeitergewerkschaften verbirgt. Chefredakteur des *Negro Worker* ist der Journalist George Padmore, den Howell auf seinen Reisen kennen gelernt hat, er stammt aus Trinidad. Obwohl ihn die einzelnen politischen Parteien nicht sonderlich interessieren, ist der Gong äußerst informiert über alles, was mit den Marxisten und dem Klassenkampf zu tun hat. Und im Schlafsaal N hat er genügend Muße, über politische Inhalte nachzudenken.

„Wir müssen gegen den Einfluss der Kirchen angehen“, verkündet der *Negro Worker,* „und gegen bürgerliche und kleinbürgerliche Ideologien, gegen Bewegungen wie den Garveyismus, der die schwarzen

Arbeiter vom antiimperialistischen und antikapitalistischen Kampf ablenkt und sie aus den Reihen der internationalen Arbeiterklasse abzieht." Howell teilt vermutlich mit den Marxisten ihre Abneigung gegen die „erklärten Ziele" des Establishments – Kirche und UNIA –, aber deswegen muss er nicht zwangsläufig deren Maximen übernehmen. Doch allein die Tatsache, dass er den *Negro Worker* liest, genügt, um beim Geheimdienst als verdächtige Person zu gelten. Und es gibt auch gute Gründe, warum der Geheimdienst sich einschaltet. Am 5. Januar 1938 war in Serge Island, einer Plantage auf halbem Weg zwischen Seaforth und Trinity Ville (der Hochburg Howells), ein Streik ausgebrochen; fünftausend Arbeiter marschierten auf, bewaffnet mit Buschmessern und Stöcken. Dies war der Startschuss für eine ganze Reihe weiterer Gewerkschaftsaktionen, die schon bald zu Massenunruhen führen und die Grundfesten des alten Kolonialregimes ins Wanken bringen sollten. Das klingt schon weitaus weniger wundersam. Wahrscheinlich sind diese Vorfälle in direktem Zusammenhang zu sehen mit der Internierung Howells: Vermutlich macht man ihn für die Unruhen verantwortlich …

Die Ereignisse von 1938 markieren einen Wendepunkt in der Geschichte des modernen Jamaika. Haben Howell und die Rastas dabei irgendeine Rolle gespielt? Nein, antwortet der marxistische Forscher Ken Post 1970 in dem Aufsatz *The Bible as Ideology: Ethiopianism in Jamaica 1930–38*. Dennoch muss es zwangsläufig einen Zusammenhang geben, wenn auch nur indirekt, zwischen dem Wirken des Gong in St. Thomas und dem Streik von Serge Island. Erstens hat man ihn mit Sicherheit nicht wegen eines Federkiels in Bellevue eingesperrt – und die Anekdote mit dem „Wunder" bezieht sich wahrscheinlich doch eher auf die Einweisung im Jahr 1960. Zweitens ist die Revolte, die sich seit Jahren unterschwellig anbahnt, nicht zu denken ohne die Rastas. Sind doch die Anführer der Streiks von 1938 auch Typen, die an den Straßenecken ihre Reden schwingen – wie Howell. Danach geht die Macht der Straße in andere Hände über, in jene der politischen Parteien. Das moderne Jamaika ist geboren.

Kapitel 13

Die Ereignisse von 1938

Das Jahr 1938 hat schlecht begonnen. Die Streiks auf den Plantagen von Serge Island, in St. Thomas, haben sich bis zu den Docks in Kingston herumgesprochen. Arbeiter aus anderen Bereichen schließen sich nun der Bewegung an; sie alle werden von den gleichen Sorgen umgetrieben: Europa steht an der Schwelle zu einem zweiten Weltkrieg und die notwendigsten Lebensmittel sind kaum noch erschwinglich; die Kolonialregierung legt jedem die Daumenschrauben an, der die innere Sicherheit gefährdet. Am Sonntagabend strömen die Menschen in Massen aus den Kirchen und ergießen sich in die Straßen von Kingston – die meisten fühlen sich beklommen. Heiße Debatten entspinnen sich: über die Arbeitslosigkeit, die Löhne der Hafenarbeiter und jene der Zuckerrohrschneider, über die unzumutbaren hygienischen Verhältnisse in den Ghettos und das Leid der Kriegsveteranen ...

Um zur Menge sprechen zu können, erklimmen die Redner, was immer sich ihnen bietet: Seifenkisten, kleine Hocker, Fässer. Doch einem von ihnen scheint dieses Gezerre um ein kleines Podest allzu erniedrigend; er lässt sich an der Ecke der Love Lane eine richtige Bühne bauen. Sie ist zwei Meter hoch und über eine Treppe gelangt man, ohne klettern zu müssen, zum Podium hinauf. Der Mann da oben – sehr dunkelhäutig, mit grobkantigem Gesicht, breiten Schultern und kräftiger Gestalt – wirkt wie ein ehemaliger Dockarbeiter oder Soldat. Sein rasierter Schädel glänzt wie poliert und vorn auf der Uniform blinkt gleich ein ganzes Sortiment von Kriegsorden. Er redet auf die Leute ein, seine Stimme überschlägt sich beinahe; den einen oder anderen Zuhörer aus der Menge bittet er zu sich herauf. Der Mann, den wir hier in Aktion erleben, ist der flammende Redner St. William Grant – inmitten der Ereignisse von 1938 eine zentrale Figur.

St. William Wellington Grant gehört der gleichen Generation an wie Howell. 1894 in St. Andrew geboren, kann er sich, ebenso wie der Gong, eines rein afrikanischen Stammbaums rühmen. Wie jener ist er zwischen 1914 und 1918 dabei; heimlich hat er sich auf ein Schiff geschmuggelt in Richtung Front. Doch anders als Howell kämpft er tatsächlich als Soldat und kehrt mit einer Sammlung von Orden heim. Wie Howell und Athlyi weilt Grant dann in New York, als Garvey dort seine große Zeit hat. Er übernimmt verschiedene Ämter bei der UNIA und gibt für die Organisation sein Letztes; eloquent springt er ein, wenn ein Redner ins Stocken gerät, er kocht für die Delegierten in den Versammlungen und für die Armen auf der Straße; schließlich steigt er auf in der Hierarchie und erhält den Rang eines Delegationsleiters. 1934 reist er zurück nach Jamaika, um an einer Delegiertenversammlung teilzunehmen – im gleichen Jahr, in dem die Rastas von den Vertretern der UNIA oft attackiert werden. Auch Grant fällt es damals schwer, zusammen mit Garvey wieder von Jamaika wegzugehen, dennoch wird er der Mutterorganisation treu bleiben, sich für deren Belange einsetzen und seinen Lebensunterhalt auch weiterhin auf den Trottoirs im Stadtzentrum mit dem Verkauf von gebratenem Fisch und Buletten bestreiten. 1935 ist er einer der Ersten, der von seiner Kanzel herunter gegen den Einmarsch der Italiener in Äthiopien wettert. Eines Abends im Jahr 1937 tut er etwas, das später in die Geschichte Jamaikas eingehen wird.

In der Menge hat er ein bekanntes Gesicht entdeckt: das eines Kameraden aus New York, der auch schon viel von der Welt gesehen hat. Grant bittet ihn zu sich herauf, doch als die Leute einen weißhäutigen Dandy auf die Bühne klettern sehen, einen Mann um die fünfzig, überschütten sie ihn mit Hohn. „Das ist kein Weißer, das ist ein Mischling!“, protestiert Grant. Ein besonders aufgebrachter Typ in der Menge schimpft dennoch weiter, schleudert ihm eine rassistische Floskel nach der nächsten an den Kopf. Grant gerät außer sich, steigt von der Bühne und droht dem jungen Mann eine Tracht Prügel an. Schließlich wird dem Unbekannten das Wort erteilt.

Jener Mann mit der hellen Haut und der klaren, kräftigen Stimme ist Alexander Bustamante. In den folgenden Wochen avanciert er, dank der Unterstützung von Grant, zum Wortführer der Gewerkschaftsbewegung; es markiert für ihn den Beginn einer politischen Karriere – vierundzwanzig Jahre später wird er Premierminister von Jamaika sein.

1884 als William Alexander Clarke im Westen der Insel geboren, gehört Bustamante zu jenen Kreolen, die leicht als Weiße durchgehen. Seine Großeltern, obwohl sie nur ein kleines Einkommen haben, sind stets darauf bedacht, in der Gesellschaft der Plantagenbesitzer eine gute Figur zu machen. Als nun der Vater von Bustamante eine Frau aus dem gemeinen Volk heiratet, jagt ihn seine Mutter aus dem elterlichen Haus. Der zukünftige Staatsmann wird also in einer kleinen Holzhütte geboren, die der Vater in den Hügeln Jamaikas notdürftig für die Familie errichtet. Einem amerikanischen Journalisten, der Busta einmal fragte, ob er wirklich in einer „selbst gezimmerten Hütte mit Strohdach" das Licht der Welt erblickt habe, antwortete er schlagfertig: „O nein, das war nicht ich, das war euer Präsident Lincoln. Ich bin in einem Speisesaal zur Welt gekommen!"

Jenes Ausgestoßensein wird das Leben des zukünftigen Staatschefs nachhaltig prägen. Bustamante liebt sein Volk. Vielleicht übertreibt er ja ein wenig, vielleicht ist diese Liebe viel zu bequem, um wirklich ehrlich gemeint zu sein – doch im Kern ist sie aufrichtig.

Mit neunzehn geht Busta nach Kuba. Bei einer Straßenbahngesellschaft findet er eine Anstellung; trotz seiner jungen Jahre ist er dort schon bald hoch geschätzt wegen seines außerordentlichen Organisationstalents. Nach drei Jahren zieht es ihn weiter – gen Panama. Dort heiratet er eine englische Witwe. 1920 kehrt er nach Kuba zurück und diesmal verdient er sich als Schupo sein Geld. Zwischen 1932 und 1934 hält er sich in New York auf; er arbeitet in einem Krankenhaus. Schon wieder ein „Doktor". 1934 – im gleichen Jahr wie Grant und zwei Jahre später als Howell – geht er zurück nach Jamaika und eröffnet ein Leihbüro.

In seiner Freizeit schreibt er Leserbriefe an den *Gleaner* zu allen möglichen Themen; er setzt sich ein für die Belange von Arbeitern, Frauen und alten Menschen und er verteidigt die Streiks. Er dichtet sich eine ruhmreiche Vergangenheit an: Er sei von einem Spanier adoptiert worden, habe seinen Militärdienst in Marokko absolviert und dann Medizin studiert. Als er 1936 merkt, dass er es mit seiner Verleihanstalt nicht sehr weit bringen wird, beschließt er, in die Politik zu gehen. Er spricht bei einem der führenden Gewerkschafter aus jenen Tagen, A. G. S. Coombs, vor und unterbreitet ihm folgenden Vorschlag: Er stellt der Gewerkschaft Geld zur Verfügung und spielt für Coombs den Chauffeur. Als Gegenleistung erhält er, Bustamante, den Vorsitz der Gewerkschaft. Coombs willigt ein, bekommt allerdings schon bald Ärger mit seinen marxistischen Gewerkschaftsbrüdern, die an der Spitze einer schwarzen Gewerkschaft keinen weißen Wucherer sehen wollen! Dennoch profitiert Bustamante von seinen Ausfahrten mit Coombs: Er ist auf der Insel jetzt kein Unbekannter mehr. Als die ersten Unruhen ausbrechen, manövriert er sich mühelos in die Position des Streikführers.

Die Lage ist ernst auf den Plantagen von Westmoreland, im Westen der Insel. Am 2. Mai 1938 werden auf Frome vier Personen getötet und acht verwundet. Dreitausend Menschen versammeln sich an jenem Abend in Kingston um das Podium von Grant. Die Gemüter könnten nicht aufgeregter sein. Als die Menge über die anwesenden Journalisten herfallen will, nimmt Grant sie unter seine Fittiche und führt sie, eskortiert vom Mob, hinüber zum Ghetto von Dungle („Scheißhaufen“); sie sollten sich ein Bild machen können von den Bedingungen, unter denen die Leute dort lebten.

Überall im Land brechen Streiks aus. Im Hafenviertel von Kingston fordert Grant Bustamante erneut auf, ihm zur Seite zu stehen. Während die beiden vom Podium aus versuchen, die Menge in Schach zu halten, zieht der Pöbel bereits randalierend durch die Straßen und zwingt die chinesischen und libanesischen Händler, ihre Geschäfte zu schließen. Die relative Immunität, die Busta und Grant in diesem

Augenblick noch genießen (der eine ist ein angesehener Bürger, der andere ein Kriegsveteran mit vielen Orden), wird sie nicht lange schützen können. Als die Polizei einschreitet, glaubt man schon, jetzt sei alles aus. Die Streikenden sehen Gewehre auf sich gerichtet. „Sollen sie doch schießen", schreit Grant, der jetzt zusammen mit Bustamante ganz vorn steht. „Lieber sterben als leben wie ein Hund."

Am 23. März wird der Ausnahmezustand ausgerufen. Einen Tag später verhaftet man Grant und Bustamante. Grant wird nach Strich und Faden verprügelt, auf seinen berühmten gewachsten Schädel gehen Gewehrkolbenschläge nieder. Bustamante kommt etwas glimpflicher davon; als er die Polizisten heranstürzen sieht, schreit der große Weiße: „Wagt ja nicht, mich anzurühren!" Die Verhaftung der beiden Rädelsführer nützt überhaupt nichts. Die Streiks gehen weiter, in der Stadt herrscht Terror. Wer soll hier eine Lösung finden?

Jetzt betritt Norman Washington Manley, ein Mann des Gesetzes, den Schauplatz des Geschehens. Wie Bustamante ist auch Manley ein Mischling aus gutbürgerlichem Haus – die beiden sind sogar Cousins. Manley tritt als Anwalt auf; aus dieser Position heraus setzt er sich für die Belange der Streikenden ein, nimmt sie in Schutz vor der Regierung und es gelingt ihm, für die Hafenarbeiter eine Gehaltserhöhung zu erwirken. Doch jene weigern sich, die Arbeit wieder aufzunehmen, solange sich Grant und Bustamante noch in Haft befinden. Als die beiden Streikführer am 19. Juni 1938 freikommen, beschließen sie, den Grundstein zu legen für die erste große Gewerkschaft auf Jamaika: die Bustamante Industrial Trade Union (BITU).

Während sein weißer Freund mit Riesenschritten dem Schicksal entgegeneilt, ein Nationalheld zu werden, fällt Grant auch weiterhin die ehrenvolle Aufgabe zu, Paraden zu organisieren. Die fette Beute teilen sich die beiden Cousins, Manley und Bustamante. Grant – Garvey-Gefolgsmann, Armenkoch und Gelehrter in afrikanischer Geschichte – wird 1977 als Nachtwächter sterben. Der zentrale Platz in Kingston zwischen North Parade und South Parade trägt heute seinen Namen – ein schwacher Trost.

Die beiden Figuren Grant und Howell haben vieles gemeinsam: ihre Aura, die kräftige Gestalt, die rednerische Begabung, die Liebe zu Äthiopien und zu den kleinen Leuten. Wie Howell hat auch Grant kapiert, dass man erst einmal die Aufmerksamkeit der Leute erlangen muss, bevor man sie erziehen kann; er versucht dies, indem er sich sehr auffällig kleidet. Doch Howell, der die Ereignisse aus der Anstalt von Bellevue mitverfolgt, schwört sich, nicht die gleichen Fehler zu machen wie Grant: Er will sich nicht von der Gnade der Politiker abhängig machen. Wenn er aus der psychiatrischen Klinik entlassen wird, braucht er ein Reich, in dem er geschützt ist vor Babylon. Das Gelobte Land, hier und auf der Stelle!

Das ist es, worüber er nachdenkt, während er in der Anstalt sitzt. Wie die nötigen Geldmittel auftreiben, um ein solches Areal kaufen zu können? Ein paar wertvolle Perlen gehören ihm, für sie würde er vielleicht schon eine ordentliche Summe bekommen, doch nicht hier auf Jamaika. Hier liefe er allenfalls Gefahr, dass sie beschlagnahmt würden. Vertraulich wendet er sich also in einem Brief an George Padmore und bittet darum, für ihn einen Käufer in London ausfindig zu machen; die Antwort wird von Scotland Yard abgefangen und landet schließlich bei dem für die Kolonien zuständigen Staatsbeamten. Tyneth, die für Howell alle Briefe in Empfang nimmt, vermutet schon seit langem, dass die Post überwacht wird – das International African Service Bureau hatte ihr bereits des Öfteren versichert, Bücher an Howell abgeschickt zu haben, doch diese kamen niemals an. Sie solle sich keine Sorgen machen, beruhigt sie der Gong: Er käme bald hier raus und dann werde er sich um alles kümmern.

Kapitel 14

Das Pinakel

In der Nähe der Bellevue-Klinik, zur Kensington Road hin, habe ich mir im hinteren Teil einer Autowerkstatt ein Zimmer gemietet. Vorn am Eingang lungern ein paar junge Typen herum, lässig lehnen sie an den verbeulten Karosserien alter amerikanischer Schlitten, diskutieren oder vertreiben sich sonst irgendwie die Zeit. Hinten im Hof stapelt sich das Gerümpel: Autos, Werkzeug, staubige Jukeboxes. Nur mit viel Mühe lässt sich hinter den Brettern und durch den ganzen Schrott hindurch etwas erkennen, das während der Kolonialzeit einmal das Portal einer ziemlich noblen Bleibe gewesen sein muss. Sie war wohl später in einen Nachtklub umgewandelt worden, dann in ein Bordell. Jetzt ist das Gebäude in unendlich viele Zimmer unterteilt. Überall liegen rostige Blechteile herum.

König in diesem staubigen Reich ist Winston Chang. Am Gürtel seiner alten Hose hängt ein Handy, die Turnschuhe sind übersät mit Sägemehl. Chang hat etwa zwanzig Arbeiter unter sich, zumeist junge Männer aus seiner Straße. Dank ihm hat sich die Kensington Road zu einer regelrechten Enklave entwickelt; hier gibt es Arbeit und Hoffnung, während alles andere ringsherum der pure Albtraum ist. Zur Mittagszeit kocht eine chinesische Mulattin einen riesigen Topf voll Reis mit Bohnen und immer gibt's ein Stück Fleisch mit Soße dazu. Auch wenn die jungen Leute ihr sauer verdientes Geld zumeist gleich wieder in Energydrinks und Ganja stecken, so haben sie doch immerhin etwas im Bauch und können arbeiten. Arbeit ist hier zu einer Art Religion geworden.

Wenn Herr Chang so richtig wütend ist, dann kann er dir Sachen an den Kopf werfen, dass du vor Scham in Grund und Boden versinkst. Es wirkt irgendwie komisch, wie dieser chinesische Gentleman auf einmal Ausdrücke gebraucht, die dem Jargon der jamaikanischen Umgangssprache entstammen, doch das gehört hier dazu wie das Salz in der Suppe. Keinen Weißen habe ich hier je so toben gesehen. Allerdings würde es auch kein Weißer wagen, hier zu leben, mitten im Ghetto in der Oststadt. Aber Herr Chang wurde ja schließlich auf Jamaika geboren; seine Sprache zeigt lediglich, wie stark seine Seele hier verwurzelt ist. „Die Chinesen haben sich wunderbar mit den Schwarzen arrangiert", sagt Perry Henzell in einem Interview 1997. „Sie sind so weit gekommen, dass sie mit den Schwarzen zusammenarbeiten, der eine ergänzt den anderen; die Weißen haben das nie fertig gebracht."

So wird es auch ein Chinese sein, der Howell nach dessen Entlassung aus der Psychiatrie weiterhilft – sein Name lautet ebenfalls Chang. Er wurde 1891 in Hongkong geboren und arbeitete in Kwan Tung bei der Bahn sowie bei einem Bauunternehmer, bevor er 1913 nach Jamaika auswanderte.

1916 eröffnet Chang in Bog Walk ein Lebensmittelgeschäft, direkt unterhalb des Pinakels, im Tal des Rio Cobre. Später zieht er mit dem Laden um nach Kingston, in die Princess Street 49. Zu der Zeit, als Howell nach Jamaika zurückkehrt, besitzt Chang einen großen Laden in der King Street 96, beinahe direkt gegenüber von dem Haus, in dem der Gong sein erstes Büro hatte (King Street 75). Albert Chang wird den ersten Supermarkt auf Jamaika einrichten und er vereint eine Menge öffentlicher Ämter auf sich: Er ist Vorsitzender im Verband der chinesischen Händler, im chinesischen Wohltätigkeitsverein und Sportklub. Zudem gehört er der Handelskammer an und spielt den Mäzen für die Pfadfinder. Welche geheimen Bande könnte es wohl gegeben haben zwischen diesem ehrbaren Bürger und dem Rebellen Howell? Schwer zu sagen. Von den Chinesen ist nicht viel zu erfahren und in der Lebensgeschichte Albert Changs gibt es mehr als einen dunklen Punkt. Als ich Winston Chang – den Chang aus der Kensington Road – frage, ob er Albert Chang kenne, hat jener rasch eine Antwort parat: Sie stammten nicht aus dem gleichen Zweig der

Familie. Ich bin nach Crossroads gefahren, wo seine Kinder wohnen – der Supermarkt existiert im Übrigen immer noch. Aber auch hier stoße ich gegen eine Mauer.

Eines ist sicher: 1939 muss irgendetwas passiert sein, das Howell und den Chinesen zusammenführte. Gong Maragh unterhielt stets gute Kontakte zum Orient. Die schöne Tyneth, Howells Ehefrau, kam beruflich viel mit Geschäftsleuten zusammen; hat sie ihm vielleicht eine Bürgschaft besorgt? Zwischen den beiden Männern baut sich ein Vertrauensverhältnis auf, das es Howell ermöglichen wird, seinen Traum in die Realität umzusetzen.

1939, kaum aus der Anstalt entlassen, geht der Gong zurück nach St. Thomas. Die Gewerkschaftsbewegung ist im Aufbau begriffen. Am 23. Januar lässt Bustamante seine Organisation amtlich registrieren. Am 10. Februar versucht er, zum Generalstreik aufzurufen, doch der Gouverneur weiß das zu verhindern, indem er den Notstand ausruft. Um das Gesicht zu wahren, bittet Bustamante noch einmal seinen Cousin Manley um Hilfe. Jener spricht beim Gouverneur vor und einigt sich mit ihm darauf, die BITU einer Dachorganisation zu unterstellen, dem Trade Union Congress (TUC) – und den Notstand aufzuheben. Die Lage im Land normalisiert sich wieder nahezu und die Leute finden in ihren Alltag zurück; doch die Polizei bleibt weiterhin auf dem Sprung.

In solch bewegter Zeit taucht Howell in St. Thomas auf. Für den 3. Dezember 1939 ist er in Port Morant angekündigt; am 7. Januar 1940 predigt er in Chapel Hill. Das für den 11. Februar geplante Meeting wird jedoch verboten: Es geht das Gerücht, nur Männer seien zu dieser Veranstaltung geladen und sie sollten bewaffnet erscheinen. Der Staatssicherheitsdienst, der sich noch immer nicht ganz erholt hat von den Unruhen im Jahr 1938, glaubt überall Rote zu sehen – zumal England jetzt auch in den Krieg eingestiegen ist und die UdSSR mit Hitler kungelt. Die herrschende Klasse wird nun nicht mehr ablassen von den Rastas: Alle ihre Versammlungen werden verboten, eine nach der anderen.

Doch das hat jetzt keinerlei Bedeutung mehr. Die Rastas haben endlich ihr Gelobtes Land gefunden. Am 7. Januar, anlässlich der Neujahrsfeiern, verkündet Howell vor fünfhundert Rasta-Jüngern, dass ihnen schon bald ein großes Farmgelände zur Verfügung stehen wird.

Ein paar Monate zuvor, am 25. April 1939, hatte Albert Chang das Pinakel gekauft, eine verlassene Länderei oberhalb von Bog Walk. Warum erwarb der Geschäftsmann dieses Anwesen? Was konnte er damit vorhaben? Lediglich ein paar Monate im Jahr gibt es Wasser, das Gebiet ist durch keine Zufahrtsstraße erschlossen, nur wenige der Äcker eignen sich, um etwas darauf anzubauen. Von Spanish Town liegt die Länderei zu weit weg, um als Siedlungsraum geeignet zu sein. Im Moment interessieren sich nur die Beerensammler für diese Gegend – und Leute, die sich für ihren Hausbau die Steine zusammensuchen. Hat Chang etwa unüberlegt gehandelt, als er diesen Kauf tätigte, hat ihn der Preis gelockt – neunhundert Pfund für einhundertfünfzig Hektar Land? Hat er sich durch dieses Angebot in die Irre führen lassen und vergessen, dass es auf dem Gelände kein Wasser gab? Doch all das würde wohl kaum zu diesem klugen Chinesen passen, einem der erfolgreichsten Geschäftsleute seiner Zeit auf der Insel. Wenn er das Pinakel kaufte, dann mit Sicherheit in einer bestimmten Absicht: Er hatte vor, das Grundstück weiterzuverkaufen. Für eintausenzweihundert Pfund überlässt er es schließlich Howell und streicht dabei einen Gewinn von vierzig Prozent ein.

Howell übergibt Albert Chang eine Anzahlung in Höhe von achthundert Pfund. Woher nimmt er das Geld? 1935 war sein Vater gestorben und Leonard hatte mehrere Ländereien geerbt. Waren die achthundert Pfund der Verkaufspreis gewesen? Oder hatte er nun doch für seine wertvollen Perlen einen Abnehmer gefunden? Oder stammte die Summe gar aus Geldspenden seiner Anhänger, die mittlerweile in großen Scharen zu seinen Meetings strömten?

Chang geht bei der Sache kein großes Risiko ein. Sollte Howell ihm die fehlenden vierhundert Pfund nicht bezahlen können, bliebe die Länderei eben weiterhin in seinem Besitz. Im schlimmsten Fall könnte er ja immer noch die Anzahlung einbehalten und das Pinakel zurückerwerben. Wenn aber alles gut liefe, sackte er einen Gewinn über dreihundert Pfund ein und sicherte sich gleichzeitig die exklusive Kundschaft der Howell-Gemeinde. Hier ist ein großer Markt, das weiß er: Vermutlich war er es, der Howell die „vierhundertachtzig bunten chinesischen Teller und hundert Kilo Reis" angeliefert hatte, die in Port Morant gestohlen wurden! Im Gegenzug werden die Rastas seine Läden mit Jamswurzel und mit Früchten versorgen. Wie später sein Namensvetter in der Kensington Road sagt sich Albert Chang vermutlich, dass es doch etwas geben müsste, womit man den Arbeitslosen Arbeit verschaffen könne; es würde dem Allgemeinwohl dienen – und ganz nebenbei auch noch dem eigenen. Howell unterbreitet ihm einen genialen Vorschlag in dieser Richtung. Er wird aus dem Pinakel einen Tempel der Arbeit machen.

Sobald sich die Kunde herumgesprochen hat, hält die Rastas nichts mehr. Das neue Gelände hat kaum etwas aufzubieten – weder Hütten noch ausreichend Wasser – und doch beeilt sich ein jeder, dorthin zu kommen. Endlich keine Auflagen mehr! Keine Polizei! Keine Politiker, die doch nur Phrasen dreschen! Keine gehässigen Nachbarn, die ständig auf der Lauer liegen! Das ist schon fast wie das Gelobte Land. Im Handumdrehen entstehen aus ein paar Ästen und Reisig die ersten Hütten und die Rastas beginnen, die Felder zu bestellen. Es ist Frühling und die Quelle führt noch Wasser. Während der Mais keimt, werden die Grundmauern gelegt für die ersten festen Gebäude – Häuschen aus Tonstein mit Palmwedeldächern. Es wird gerodet. Aus den Baumstämmen und dem Geäst brennt man Holzkohle, die später in der Stadt verkauft werden soll. Man gerbt Leder. Ein Schuhmacher eröffnet am Eingang zum Pinakel eine Werkstatt, in der aus Reifenbelägen Sandalen gefertigt werden, die *Power Shoes,* die schon bald überall auf Jamaika Berühmtheit erlangen sollen (doch der Schuhmachermeister ist kein Rasta, betonen Howells Jünger). Aus St. Thomas und aus Clarendon rücken schon bald ganze Familien an – auch viele allein stehende Mütter mit ihren Kindern sind darunter. Diese Familien haben ihr gesamtes Hab und Gut verkauft und legen ihr Schicksal nun in die Hände des Gong. Und die Junggesellen vom flachen Land lockt die Kunde: Wenn du dort hingehst, weist dir der Gong eine Frau zu … Aber dafür schuftest du dich krumm und bucklig!

Die erste Zeit ist sehr aufregend. John Carradine, Reporter beim *Gleaner,* begibt sich ins Rasta-Camp, um einen Bericht zu schreiben. Er liefert eine spannende Reportage ab. Carradine hat begriffen, welcher Traum hinter der Geschichte steckt. „Wir leben hier", hatte ihm Howell erzählt, „wie in einem sozialistischen System." Als der Journalist am Sonntag fragt, ob er den Kultritualen beiwohnen dürfe, schüttelt es den Gong beinahe vor Lachen: „Wir sind hier, um zu arbeiten!" Falls sich der Reporter von seinem Besuch erhofft hatte, etwas Lokalkolorit einfangen zu können, dann kommt er jetzt auf seine Kosten; doch der aufgeschlossene Journalist richtet sein Augenmerk in erster Linie auf das System und ist begeistert, wie gut alles funktioniert. Gleichzeitig nimmt er den Menschen Howell näher unter die Lupe und was sich ihm da offenbart, findet er nicht sehr Vertrauen erweckend.

„Wir wollten ein Foto machen und stießen dabei auf ein paar Männer, die einfach so herumsaßen, die Hände im Schoß. Howell wandte sich an einen von ihnen und ordnete in barschem Ton an: ‚Treib mir diese Drückeberger zurück an die Arbeit!' Die Männer sprangen auf und machten sich ohne zu murren wieder ans Werk. […]

Offensichtlich gibt es im Pinakel nur einen, der etwas zu sagen hat, und das ist Howell. Jeder nennt ihn hier den Gong. Er vertraut mir an, dass er es nicht mag, wenn ihn die Leute mit ‚Mister' anreden; auf diese Art von Förmlichkeit lege er überhaupt keinen Wert. Doch sein Gleichheitsanspruch kennt klare Grenzen. Niemand soll vergessen, wer hier der Boss ist. […]

Jemand, der an Demokratie glaubt, wird nach seinem Besuch im Pinakel mit Sicherheit rufen: „Es lebe die Demokratie!" Denn mit Sozialismus – so wie er in den sozialistischen Staaten praktiziert wird

– scheint unabdingbar der Verlust der individuellen Freiheit einherzugehen. Andererseits kann man gar nicht anders als diesen Mann bewundern: seine Initiative, seine Willensstärke, seine vielfältige Begabung. Doch hüten wir uns davor, alles allein durch seine Persönlichkeit erklären zu wollen. Und seine Leute? Sollen wir sie nun bewundern oder verdammen? Vielleicht sollten wir die Antwort einfach der Zeit überlassen."

Der Sommer kommt; die Quelle ist nahezu ausgetrocknet. Um sich waschen zu können, müssen die Menschen im Pinakel jetzt bis zum Rio Cobre hinunter. Die Kunde vom Gelobten Land hat sich wie ein Lauffeuer verbreitet und die Ärmsten der Armen strömen in Scharen herbei – die Herzen voller Hoffnung. Viele Kinder sind geschwächt, weil sie nicht genug zu essen haben. Sie alle muss der Gong nun bis zur Ernte irgendwie durchbringen. Zwanzig Köche sind tagtäglich damit beschäftigt, aus Maismehl einen Brei zu kochen; fünfhundert Menschen müssen sich davon ernähren, doch so langsam gehen die Vorräte zur Neige. Seuchen kündigen sich an. Im November werden neunzehn Bewohner des Pinakels ins Krankenhaus von Spanish Town eingeliefert; acht von ihnen sterben, die anderen bringt man ins Hospiz. Ödeme, Anämie, Unterernährung ... Im Januar 1941 entsendet das Gesundheitsamt Inspektoren, die von äußerst einfachen Lebensbedingungen berichten: Es regnet in die Hütten hinein, die Betten sind notdürftig aus Holz zusammengezimmerte Pritschen, die Aborte sind verdreckt. Doch anstatt sich zu fragen, wie man jenen armen Menschen helfen könnte, reagieren diese Aktenmenschen instinktiv mit Schrecken und Ablehnung – wie typische Kleinbürger eben. Sie fordern: platt machen, ausradieren, diesen Schandfleck einfach vom Erdboden verschwinden lassen. Man macht den Rastas zur Auflage, ordentliche Toiletten einzurichten, doch in Wahrheit soll damit nur erreicht werden, dass sie das Camp räumen. Der Leiter des Gesundheitsamts hält es außerdem für geraten, regelmäßige Kontrollen durchzuführen, damit eventuelle Krankheiten sofort erkannt und behandelt werden können; dahinter steckt klar die Absicht, die Position des Leaders zu schwächen. Aber das ist noch nicht alles, die Rastas bekommen auch Bußgelder aufgebrummt. Die Leute im Pinakel sind die Ärmsten unter den Armen, doch das Establishment beanstandet stets neue Dinge, um sie zu schröpfen. So sind etwa die Gruben, in denen die Fäkalien landen, nicht quadratisch genug …

Der Winter von 1941 wird hart, doch die Rasta-Anhänger rücken dicht zusammen und halten durch, bis die warme Jahreszeit anbricht. Als die ersten Ernten eingefahren werden können, verschlechtern sich die Beziehungen zu den Nachbarn zunehmend.

Unter den Armen, die ins Pinakel strömen, gibt es solche und solche. Howell hat zwar innerhalb der Länderei alles unter Kontrolle, doch wenn einige Bewohner, von Hunger getrieben, Nachbarfelder plündern – dagegen ist er machtlos. Diese Menschen haben alles, was sie über Ras Tafari gehört haben, verinnerlicht. Hieß es da nicht, er sei der neue „Herr der Erde"? Für sie gibt es seitdem nur eine Erde und die endet nicht an den Grenzpfeilern des Pinakels.

Außerdem ist das Gelände gar nicht so exakt abgesteckt. Einhundertfünfzig Hektar stellen ein riesiges Areal dar und man hatte Howell einfach gesagt, das Besitztum ziehe sich „vom Bergrücken bis zum Meer hinunter". Vermutlich stimmte das ursprünglich sogar, doch das Grundstück, das sich bis 1932 im Besitz der königlichen Krone befunden hatte, war bereits angeknabbert worden durch den Verkauf von so manch bewohnbarer Fläche: Spencer's Pen, Tredegar Park … Offensichtlich gibt es in diesem Labyrinth steil abfallender Hügel, wo jeder kommt und wieder geht, wie es ihm gefällt, keine richtige Einfriedung. Die Hersteller von Holzkohle beispielsweise ziehen von einem Tal ins nächste, ohne sich groß Gedanken zu machen, wem das Grundstück, auf dem sie gerade arbeiten, gehört – sie halten den Besitzern das Unterholz sauber und lassen ihnen dafür ein paar Säcke Holzkohle zurück. Doch im Pinakel, wo Holzkohle eines der wenigen Dinge darstellt, mit denen sich Geld verdienen lässt, ist die Situation eine ganz andere. Wenn die Rasta-Jünger auf ihrem Territorium einen glühenden Haufen entdecken, warten sie, bis der Verbrennungsvorgang beendet ist, und sammeln dann die Holzkohle ein.

So kommt es zu den ersten Konflikten. Zwei Kohlearbeiter aus Gordon Pen, Jeremiah Simpson und Nathaniel Osborne, ersuchen Howell um eine Audienz; sie verlangen Entschädigung für die „gestohlene“ Holzkohle. Gong kommt ihnen entgegen, hoch zu Ross, umringt von einer Menge, die mit Schlagstöcken bewaffnet ist; die Kohlearbeiter erhalten eine ordentliche Tracht Prügel. Der Ältere der beiden wird dabei krankenhausreif geschlagen. Dieser Vorfall liefert der Polizei endlich den lange ersehnten Vorwand, um das Pinakel „platt machen“ zu können. Es kommt zur ersten Razzia, jener von 1941.

Kapitel 15

Das Leben in den Hügeln

Um vier Uhr früh werde ich von vertrauten Geräuschen geweckt. Sie sagen mir, dass in der Hütte, die an die meinige angrenzt, jetzt das Bügelbrett auseinander geklappt wird und das Eisen bereits auf der Herdplatte dampft. In Kürze wird jemand den heißen Griff, der mit einem Lappen umwickelt ist, in der Hand halten und während das Eisen über die khakifarbenen Klamotten fährt, wird sich im Zimmer ein dämpfiger Geruch ausbreiten. Sharon hat drei Jungs; jeden Tag wäscht und bügelt sie deren Schuluniformen. Als der Morgen dämmert und in Umrissen schon das Knäuel der schlafenden Kinder zu erkennen ist, die neben mir quer über das große Bett verteilt liegen, stimmt Sharon lauthals ihre Lieblingshymne an: „Though my boat may be rocking and the sail may be torn, He holds me in his arms, so safe and so warm. Here I find peace in the eye of the storm …“ In den Refrain „Christus nimmt mich in seinen starken, liebenden Arm“ legt sie besonders viel Schmelz. Tief unter meiner Decke vergraben liege ich da und sinniere über ihre Liebe zu diesem göttlichen Er, als der Gesang jäh abbricht. Ich höre sie rufen: „Bist du wach? Kannst du für mich fertig bügeln? Ich werde einstweilen Teewasser aufsetzen, danach gehen wir zur Quelle.“

Mittlerweile ist es taghell und Sharon bläst die Flamme in der Petroleumlampe aus. Ich höre, wie jemand hinter der Hütte Wasser aus der Regentonne schöpft, die unter der Dachrinne steht. Den Geräuschen nach ist der Behälter so gut wie leer – es hat seit langem nicht mehr geregnet. Man muss Wasser aus der Quelle holen. Doch heute überlasse ich diese Arbeit den Kindern. Für mich als Städterin ist allein der Rückweg schon beschwerlich genug; wie muss es erst sein, mit zwanzig Kilo nassen Geschirrs auf dem Kopf im Geröll auszurutschen?

Auf dem Pinakel-Gelände wie auch auf dem drei Kilometer oberhalb gelegenen Grundstück von Mountmoreland ist das Wasser schon immer ein Problem gewesen. In dem kalkigen und porösen Boden kann es nicht gespeichert werden. Früher hatte man einen Behälter aufgestellt, in dem das Regenwasser gesammelt wurde, das aus der Dachrinne des Haupthauses herunterfloss. Doch seit dem Erdbeben von 1907 steht hier gar kein Haus mehr und eine große Dachrinne gibt es erst recht nicht. Die Zisterne muss mit Eimern gefüllt werden; Howells Anhänger kümmern sich darum. Schon vor Morgengrauen sind sie auf den Beinen und klettern zum zweihundert Meter tiefer liegenden Rio Cobre hinunter; sie weichen ihre Wäsche ein, waschen sich und kämmen ihre Bärte, dann steigen sie mit dem notwendigen Wasser für den Tag den Hang wieder hinauf. Die Strecke zwischen East Avenue und Rio Cobre beträgt etwas über einen Kilometer Luftlinie; der schmale Weg führt steil abwärts und bis die Männer ihn wieder hinaufklettern können, steht die Sonne bereits hoch am Himmel. „Es gab immer ein paar Kinder, die nichts zu tragen hatten, dann schleppten sie einen extra Eimer Wasser für Meister Howell den Berg hinauf“, erinnert sich Amy. War das nicht fürchterlich anstrengend bei diesen steilen Pfaden? „O nein, das machte uns keine Mühe! Wir waren es gewohnt!“

Nordwestlich vom Haupthaus gibt es noch ein weiteres, teilweise auszementiertes Reservoir, in dem Wasser aufgefangen und gespeichert werden könnte, doch schon seit langem liegt es verlassen da. Die kleine Pfütze, die sich darin gesammelt hat, reicht gerade mal für die Tiere.

Um die Felder zu bewässern, hat man ja noch die große Regenlache. Sie funktioniert wie ein natürliches Auffangbecken; am Boden hat sich jede Menge rotes verwittertes Gestein angesammelt, das von den umliegenden Hügeln stammt. Die Lage hat man sich folgendermaßen vorzustellen: Zur einen Seite hin liegen die Felder, auf denen Gemüse angebaut wird, zur anderen das Hauptdorf, das berühmte

East Avenue. Die aus Tonstein und Holz gezimmerten Häuschen sind zirka fünfzig an der Zahl; eine große *Mess Hall* (der Begriff stammt aus der Marinesprache) dient als Speisesaal. Auf den Felsvorsprüngen und in den kleinen Tälern sind weitere Hütten angesiedelt. Viertausendfünfhundert Menschen, verteilt auf mehrere Siedlungen, wird das Pinakel in seiner Glanzzeit zählen.

In den niederschlagsreichen Monaten füllt sich die genannte Regenlache und sichert somit über einen gewissen Zeitraum hinweg den Wasserbedarf der Felder; doch in der trockenen Jahreszeit kann man mit der schlammigen Bracke, die sich auf dem Grund sammelt, allenfalls das Vieh tränken.

In den Fünfzigerjahren trocknete der Pfuhl seltsamerweise nicht aus. „Ich habe nie so recht begriffen, wo das Wasser herkam", sagt Blade. „Vielleicht hatte ja der Schlamm, den das Vieh beim Herumwaten aufwirbelte, die Fugen in der Erde abgedichtet. Die Pfütze war jedenfalls sehr tief geworden. In den ersten Jahren sah das Wasser schwarz und schmutzig aus. Dann besorgte ich mir aus der großen Zisterne ganz bestimmte Käfer; sie vermehrten sich wie verrückt und hielten die Pfütze von den Mückenlarven frei. Außerdem holte ich Fischlaich aus dem Fluss. Nach einiger Zeit war das Wasser klar, sodass wir darin fischen konnten."

Heute ist der Pfuhl völlig ausgetrocknet. Die Pläne für den Bau einer Siedlung sind in den Achtzigerjahren in der Schublade verschwunden, weil es hier einfach kein Wasser gibt; ein paar Baulöwen kamen schließlich auf die Idee, einen Brunnen zu bohren und ein Wasserreservoir anzulegen. Von der einstigen Lache ist heute nur noch ein kleines, feuchtes Waldstück geblieben. Inmitten der Baumstämme gammelt ein altes bauchiges Kupfergefäß vor sich hin, wie es in den Zuckerrohrmanufakturen Verwendung fand.

Es gibt viele Gemeinden, die das Wasserproblem noch nicht gelöst haben. Obwohl auf Jamaika reichlich Niederschläge fallen (zumindest an den Nord- und Osthängen der Insel), ist das Land zu gebirgig und der Boden zu durchlässig, als dass sich regelmäßige Wasserläufe bilden könnten. Das meiste sind Sturzbäche, die schnell wieder austrocknen – so genannte *gullies*. Auf dem ganzen Eiland sind rund um diese *gullies* Ghettos aus dem Boden geschossen, die rasch die Ausmaße von Städten annahmen. Zuweilen sieht sich ein frisch gewählter Politiker aus taktischem Kalkül heraus veranlasst, in eines dieser Ghettos eine Wasserleitung legen zu lassen. Doch dann kommt ein anderer ans Ruder und es ist wieder vorbei mit dem Wasser; weiter geht's zur nächsten Baustelle, in einen anderen Wahldistrikt, wo mehr Stimmen zu holen sind.

Genau das ist bei Sharon passiert. Vor einigen Jahren gingen die Leitungen fast bis vor ihre Hütte; nur hundert Meter musste sie zurücklegen bis zum öffentlichen Wasserhahn am Straßenrand. Dann wurden mit der Zeit die Rohre schadhaft und anstatt sie zu reparieren, hängte man das Ghetto einfach wieder von der Wasserversorgung ab. Jetzt muss man bis zur Quelle hochgehen, die dank einer Finanzspritze aus Kanada gerettet werden konnte; von hier bezieht das ganze Dorf sein Wasser.

Ich bin mit Sharon zum Wäschewaschen dort hinaufgegangen. Zum Austropfen hängen wir die Kleidungsstücke einfach über den Zaun. Immer wieder kommen kleine Pulks von Kindern vorbei; sie tragen Schuluniformen und befinden sich auf dem Weg nach Seven Miles, wo sie Unterricht haben. Männer, deren Jeans locker auf den Hüften hängen, polieren am Straßenrand ihre Autos. Von Zeit zu Zeit wandern zwischen ihnen und den Frauen wüste Beschimpfungen hin und her; als Sieger geht hervor, wer die gröbsten Gemeinheiten auf Lager hat. Die meisten Frauen auf Jamaika wissen, dass sie von ihren Männern nicht viel erwarten können. Selbst jene, die arbeiten – einige von ihnen als Taxichauffeure –, bringen nicht viel nachhause. Sie tauchen eh nur zum Essen auf, dann gehen sie wieder; was sie dalassen, sind die Kinder und ihre schmutzige Wäsche. Der Umgangston an der Quelle ist wahrlich nicht gerade freundlich.

Als wir vom Waschen zurück sind, steht die Sonne senkrecht am Himmel und Sharon muss zur Arbeit. Während sie an der Straße auf ein Taxi wartet, rennt jemand vorbei und ruft ihr zu, dass an der Quelle kein Wasser mehr kommt. Einen Moment lang scheint sie völlig perplex. Und die Kanister sind nicht gefüllt! Ich eile den Hügel hinauf bis zur Hütte. Glady, der Vater der Kinder, ist gerade dabei, sich seinen ersten Joint zu drehen, während er versonnen den Nebel betrachtet, wie er sich langsam über dem Tal auflöst.

„Glady! Wir müssen Wasser finden. Die Quelle ist versiegt."

Glady sieht mich mit seinen blutunterlaufenen Augen an.

„Dann müssen wir bis nach Five Miles", meint er. Doch er habe kein Geld für das Taxi.

„Ich habe welches."

„Warten wir lieber, bis Sharon zurück ist", entgegnet er. „Die Taxis, weißt du, mögen es nicht besonders, wenn sie Leute mit einem Haufen von Kanistern transportieren sollen. Das nimmt ihnen Passagiere weg."

„Sharon wird ganz schön sauer sein! Sie schuftet den ganzen Tag ..."

„Ach! Wenn ich doch nur Arbeit finden könnte! Wenn ich doch nur mein Auto noch hätte! Ich würde jedem Wasserkanister vorbeibringen, so viele er haben will ..."

Glady ist der König der vielen Wenn und Aber.

„Gut, Glady, gehen wir doch zu Fuß! Jeder trägt zwei Kanister, das wird uns reichen bis morgen früh."

„Zu Fuß? Nur über meine Leiche! Es gibt da einfach ein paar Dinge, die ich nicht mache. Die Leute würden doch sagen, der ist aber tief gesunken ..."

„Ist es nicht völlig egal, was die Leute sagen? Das Entscheidende ist doch, dass deine Kinder etwas zu trinken haben und etwas, womit sie sich waschen können!"

„O nein! Wenn ich einmal so tief fallen sollte, dann würde ich lieber meine Siebensachen packen und meine Kinder verlassen. Ich würde nach Amerika gehen. Dort wohnt ein Großonkel von mir ..."

Amerika! Die alte Geschichte ...

Am Abend, nachdem Sharon ein ordentliches Donnerwetter losgelassen hat, fällt Glady plötzlich doch noch eine Lösung des Wasserproblems ein. Was für ein Ärger wegen dieses bisschen fader Flüssigkeit! Wo Glady doch sowieso viel lieber Guinness trinkt. Wir gehen ein Stück die Straße hinauf, in Richtung der kleinen Dorfbar, die auch Lebensmittel führt, und erstehen dort ein paar Dosen Bier. Zwei oder drei Alte aus dem Ort helfen uns, sie noch auf dem Treppenabsatz leer zu trinken, und erzählen uns dabei von der guten alten Zeit.

Onkel Hugh hat in England gelebt. Er zeigt Manieren und spricht mich mit Lady an. Sein Slang ist ein Mischmasch aus jamaikanischem Patois und Cockney-Englisch, untermalt von den Geräuschen, die seine Zahnprothese verursacht. Er kennt das Pinakel von Beginn an.

„Als ich ein kleiner Junge war, gab es hier überhaupt nichts. Lediglich unsere Mütter suchten diesen Ort auf, um sich hier Beeren, *nisberries,* zu kaufen, die sie später auf dem Markt feilbieten konnten. Es gab dort einen Typen, dem hast du ein Sixpencestück oder einen Shilling in die Hand gedrückt, und dann konntest du dir deinen Esel voll packen! Mitnehmen, so viel du tragen konntest. Und zuckersüß waren sie, diese Beeren! Das war, bevor Howell dorthin kam ...“

„Manche sagen“, eröffnet mir Glady mutig, „der Gong sei einfach nur ein Bluffer. Ich würde das nie behaupten. Sieh doch mal – ein Typ, der sein eigenes Geld abgibt, damit jeder etwas zu essen hat. Ich behaupte, das ist ein feiner Kerl. Auch wenn er seinen Leuten Prügel verabreicht. Schau dir doch mal an, was die Regierungen machen; die hängen ja sogar Leute auf!“

Sein Nachbar, ein alter Mann mit runzeligen Händen, beißt sich auf die Unterlippe und sagt mit vorwurfsvollem Blick:

„Er hat sie nicht nur geschlagen, die Leute. Er hat sie zum Teil auch gehängt! Howell hat sie wie Sklaven gehalten da oben!“

Deacon, 78 Jahre alt, „Diakon“ in einer kleinen Kultgemeinde unten im Tal, konnte sich nie so richtig aussöhnen mit den Rastas, denn er arbeitet als Holzfäller und gehört zu jenen, denen die Howell-Jünger ständig die Holzkohle klauten.

„Ich habe mir erzählen lassen“, bemerkt Glady, „wenn einer etwas Verbotenes getan hatte, fingen sie ihn ein, bestrichen ihn mit Honig und banden ihn in der Nähe eines Ameisenhaufens an einem

Baum fest. Ich weiß nicht, ob das wahr ist. Diejenigen, die mir das berichtet haben, waren damals noch Kinder."

„Jedenfalls wollten sie auf keinen Fall, dass man ihr Gelände betrat!", weiß Onkel Hugh. „Sie schlugen dich tot, wenn sie dich schnappten. Mein einer Bruder, der mir geholfen hat, den Laden hier aufzubauen, traf sich regelmäßig mit einer Frau im Pinakel. Eines Tages erwischten sie ihn dabei und fesselten ihn an ein Kreuz; dann zogen sie ein Rasiermesser heraus und wollten ihm die Hoden abschneiden! Sie hatten sogar schon ein Grab für ihn geschaufelt; beerdigen wollten sie ihn – tot oder lebendig! Als der Arme das Rasiermesser sah, begann er zu jammern: ‚Herr! Helft mir!' Schließlich holten sie *cowitch,* ein Kraut, das furchtbar brennt. Wenn du nur ganz kurz damit in Berührung kommst, musst du dich sofort waschen, sonst kratzt du dich, bis du blutest ... Und das haben sie ihm dann in den Hintern gesteckt!"

Die Biertrinker schütteln den Kopf – fassungslos. Ein Auto, das von Sligoville herunterkommt, blendet uns mit den Scheinwerfern. Die Grillen verstummen, dann beginnt das Konzert von neuem.

„Nach den anfänglichen Schwierigkeiten sind die Leute aus dem Pinakel recht gute Nachbarn geworden", sagt Onkel Hugh anerkennend.

„Das waren keine gefährlichen Typen, in der ersten Zeit hatten sie einfach nichts zu essen ... Die Polizei kam, weil es stank. Es waren Leute gestorben und die Pinakel-Bewohner hatten sie in der Nähe der Straße begraben. Damals verreckten sie da oben einfach aus Hunger."

Glady mischt sich ein:

„Stell dir doch mal vor, du müsstest tagtäglich tausend Menschen ernähren, wie würdest du das machen? Oder selbst wenn es nur hundert wären? Wie würdest du das bewerkstelligen?"

„Sie hatten lediglich etwas Mais, den sie in drei Durchgängen zermahlten; beim letzten Durchgang blieben praktisch nur noch die harten Hülsen übrig, die gaben sie dann den Menschen dritter Klasse. Die aus der ersten Klasse hatten es am besten. In der dritten war es dir völlig gleichgültig, ob es Zucker oder Salz dazu gab, du hast dich beeilt, das

Zeug so schnell wie möglich hinunterzuwürgen, wenn du nicht wolltest, dass einer mit dem Stock hinter dir stand und dir Prügel androhte! Zuweilen war der Brei auch verdorben, weil die Pampe schon seit drei Tagen herumstand, doch essen musstest du das trotzdem."

Deacon schüttelt den Kopf: „Sie haben des Öfteren Bauchschmerzen bekommen. Es gab sogar eine Menge Leute, die daran starben …"

„Zuweilen hatten die da oben so viele Tote, dass sie sie stapeln mussten", fährt Onkel Hugh fort. „Dann hoben sie einfach sehr tiefe Gruben aus, legten einen Leichnam hinein, danach kam ein Brett und dann wieder ein Toter und so weiter, bis am Ende sechs oder sieben Körper in einem Grab untergebracht waren – und jetzt noch etwas Erde drüber. Das Ganze stank bis zur Straße, man roch es, wenn man vorbeikam."

„Sie haben sie direkt vor ihren Häusern bestattet?"

„Aber nein! Sie haben sie überall begraben. Es gibt Millionen von Gräbern da drüben."

„Zum Beispiel dort, wo Wisey wohnt, wie man mir erzählt hat."

„Ja, das stimmt! Irgendjemand hat die Grabsteine herausgerissen … Sehr viele Kinder wurden dort beerdigt. Deshalb hat der Besitzer auch das Gelände verkauft. Eigenartige Dinge haben sich zugetragen!"

Die Beschwörung der *duppies,* der Geister, ruft bei den Männern Kopfschütteln hervor. Jetzt ist die Zeit für Gespenstergeschichten – abends auf dem Land eine der beliebtesten Zerstreuungen.

„Er war ein ziemlich mysteriöser Mann. Er verfügte über geheimnisvolle Kräfte!"

„Man sagt ihm eigenartige Dinge nach. Er soll seine Leute in einer Grotte versammelt und Kinder geopfert haben …"

„Als die Polizei eintraf, verwandelte er seine Männer in Bäume. Seine riesigen Füße schrumpften bis auf Erbsengröße."

„Und seine Gestalt wurde unsichtbar. Seine Anhänger konnten ihn noch sehen, doch für die Polizei war er wie vom Erdboden verschluckt!"

„Hatte er sich vielleicht in einem Seitengang der Grotte oder in einer Zisterne versteckt? Es gibt da oben sehr viele davon. Ein Loch kenne ich, wenn du da einen Stein hineinwirfst, hallt es bis nach Spanish Town!“

„Seine ‚Wissenschaft‘ klaubte er sich aus Büchern zusammen. Er besaß jede Menge Werke über Magie. Nachdem die Polizei diese Schriften beschlagnahmt hatte, war es aus mit den Zauberkräften …“

Unwillkürlich schauen wir prüfend zur Umzäunung hinüber und zu den Schatten am anderen Ende der Straße. Noch ein Guinness, bitte. Um die *duppies* zu beschwören.

Kapitel 16

Die erste Razzia

Am Samstag, dem 12. Juli 1941 veröffentlicht die *Jamaica Times* die Zeugenaussagen der Kohlearbeiter, die von Howell Prügel empfangen hatten. Das Pinakel wird in der Reportage als ein Staat im Staat dargestellt: „Die Sicherheitskräfte, die dort für Ordnung sorgen sollen, werden von Wachen, die mit Stöcken bewaffnet sind, bis zum Haupthaus geleitet. Oftmals kehren sie zurück, ohne ihren Auftrag erfüllt zu haben." Auch eine Art, die bevorstehende Razzia zu legitimieren.

Am folgenden Tag versammelt Howell alle Rasta-Jünger um sich. Er hatte einen Traum. „Morgen werdet ihr Besuch bekommen. Leistet keinen Widerstand. Ras Tafari ist mit euch." Bis spät nach Mitternacht singen seine Anhänger Hymnen und lauschen den Worten ihres Gurus. Gegen ein Uhr früh geht Howell ins Haus. Er zieht sich einen Moment zurück, um zu meditieren, dann steht er auf und kleidet sich an. Es ist drei Uhr morgens, als er über den Weg, der zum Rio Cobre hinunterführt, klammheimlich verschwindet. Ein paar Minuten später ist auf der Anhöhe ein Geräusch zu vernehmen. Es klingt, wie wenn Steine unter den Schritten schwerer Stiefel wegrollen. Einen Augenblick lang macht Tyneth sich Sorgen, doch als die Polizisten nach Howell fragen, ist sie beruhigt: Sie weiß jetzt, er ist ihnen entkommen.

Die Polizei hat ihr Ziel verfehlt. Die Razzia geriet zur Farce, da sie nicht mehr unerwartet kam, und Howell wird sich dies als Heldentat ans Revers heften. Die Kinder des Pinakels – heute alles alte Leute – erinnern sich an das Ereignis wie an eine gymnastische Übung.

„Wir waren damals noch klein, wir kapierten nicht, worum es ging. Im Morgengrauen waren wir wie immer im Gänsemarsch den

Weg hinabgestiegen, um im Rio Cobre Wasser zu holen, als uns plötzlich Leute entgegenkamen, die bergauf liefen. Wir waren noch jung und rannten so schnell wir konnten bis ins Dorf hinauf. Hinter uns hörten wir die Stiefel der Soldaten; sie ließen die Erde beben!

Oben angekommen, sahen wir weitere Soldaten, die den Hügel von hinten erklommen hatten, und wir merkten, dass wir völlig eingekreist waren. Sie trieben uns schließlich alle in East Avenue zusammen. Niemand wurde verletzt; doch sie verhafteten zweiundsiebzig Personen. Und als diese wieder aus dem Gefängnis freikamen, zogen sie in die Welt hinaus und trugen die Rasta-Botschaft in zweiundsiebzig Länder! Auf diese Weise verbreitete sich die frohe Kunde von Seiner Majestät.

Die Polizisten hatten es eigentlich auf Howell abgesehen. Sie suchten, suchten und suchten bis zur Erschöpfung ... Sie dachten, er habe sich im Brotbackofen versteckt oder unter dem Fußboden, also rissen sie die Dielen heraus und nahmen die ganze Bude auseinander. Sie glaubten, seine Stimme mal hier, mal da gehört zu haben, sie rannten drauflos, um ihn einzufangen, doch dann war es wieder nichts!"

Gegen Ende des Tages, als die Beamten allmählich müde werden, Durst bekommen und das Spektakel allmählich leid sind, taucht Howell wieder auf. Barfuß, die Ärmel hochgekrempelt wie ein Landarbeiter, trottet er im Gleichschritt mit seinem Esel – dem berühmten Baby – so gemächlich durch die Menge, dass nicht einer der Polizisten auch nur im Geringsten Notiz von ihm nimmt. Doch unter den Anhängern löst seine Anwesenheit eine Welle der Erregung aus. Jeder weiß jetzt: Gong ist da. Und ohne sich etwas anmerken zu lassen, warten alle reglos auf ein Zeichen. Er bewegt sich weiter in der Menge, richtet gelegentlich das Wort an den einen oder anderen – wie es sich gerade ergibt. Inmitten des Durcheinanders der Polizeirazzia scheint er wie eine Insel der Ruhe. Er ist da, steht direkt vor ihnen, doch die Bullen sehen ihn nicht! Howell treibt das Ganze auf die Spitze, indem er sich unter seine Verfolger mischt und bei der Treibjagd mitmacht, die die Polizei seinetwegen veranstaltet ... Die Rasta-Jünger lachen noch heute darüber.

An den folgenden Tagen scheint sich Howell völlig in Luft aufgelöst zu haben. Als die Häscher das Hügelland nach ihm durchkämmen, finden sie keine Spur mehr von ihm. Ist er etwa unsichtbar geworden?

„Er besitzt ein bestimmtes Augenglas, ich weiß nicht, was für eine Art Glas es ist, sie sagen, damit könne er Schwingungen in der Luft wahrnehmen. Als sie ihm dicht auf den Fersen sind und ihn töten wollen, verschwindet er einfach und erst im November stellt er sich ihnen – aus freien Stücken. Als er bereit ist, lässt er ihnen ausrichten, dass sie nur noch zu kommen brauchten."

„War es November, als sie ihn schnappten?"

„Schnappten? Hast du nicht richtig zugehört? Ich hab dir doch erzählt, dass er nach ihnen geschickt hat! Wie bei der Razzia auch! Er war es, der die Fäden zog!"

In seiner *Remix*-Version stilisiert Howell die Razzia von 1941 zum genialen Coup. Durch sein rätselhaftes Verschwinden und erneutes Auftauchen und durch eine dritte grandiose Vorführung, bei der er nur für manche sichtbar wird, während er für andere unsichtbar bleibt – das soll ihm erst einmal einer nachmachen –, münzt er den Polizeieinsatz in ein mystisches Abenteuer um. Hatte er die Razzia nicht sogar vorhergesagt? Aus den zweiundsiebzig bemitleidenswerten Rastas, die ins Gefängnis wandern, werden in seiner Schilderung Helden – Entsandte jener zweiundsiebzig Nationen, die bei der Krönung Haile Selassies vertreten waren: Unter diesem Blickwinkel erscheint die Razzia wie absichtlich inszeniert, um den Kult in die Welt zu tragen – ein Effekt, der sich dann tatsächlich ergab. Insbesondere entstand auch das Gerücht, Howell selbst sei der König der Könige, nach jener Razzia. Den Gedanken an ein Paradies nach dem Tod hatte man weit von sich gewiesen und das Pinakel war ja der beste Beweis dafür, dass es auch auf Erden einen Garten Eden geben konnte. Die Vorstellung von einem Gott, der irgendwo weit droben im Himmel wohnte – war das nicht auch wieder so eine Erfindung der Weißen? Der Anblick dieses Mannes, wie er auf seinem Esel dahinreitet, den Blick fest auf sein Volk gerichtet, ohne sich um die Polizisten zu bekümmern, ist für die Rastas eine Offenbarung. Warum haben ihn die Polizisten nicht gesehen? „Weil sie für Gott gar keinen Blick haben", antwortet Miss Vinette. „Gott zeigt sich nicht jedem, weißt du. Wenn du Gott in dir hast, dann siehst du ihn auch ... Nur die Europäer behaupten, man könne Gott zu Lebzeiten nicht sehen. Wer will denn schon sterben, nur damit er Gott sehen kann? Wir wollen Gott sehen und leben! Ihn jeden Tag sehen – unser ganzes Leben lang!"

Doch Gott ist verschwunden. Auch an den folgenden Tagen durchstreifen die Gendarmen die Hügel; zweiundsiebzig seiner Anhänger sitzen hinter Schloss und Riegel und Howell ist nicht zurückgekehrt. Man versorgt die Kinder der abwesenden Personen mit dem Notwendigsten, doch die Moral ist am Boden. Es gibt Familien, die wegziehen aus dem Pinakel. Man sieht sie in langen Flüchtlingstrecks das Gelände verlassen, ihre wenigen Habseligkeiten auf dem Buckel – eine Matratze, einen alten Koffer, einen dreibeinigen Hocker ... Die *Jamaica Times* berichtet von „Alten mit weißen Bärten, von ausgemergelten Frauen und ihren vor Hunger schreienden Säuglingen, von spärlich bekleideten jungen Mädchen unterwegs nach nirgendwo". Oben auf dem Hügel bietet sich dem Reporter das gleiche Elendsbild. „Seht mal, dort drüben", sagt plötzlich einer der Polizisten, „da sitzt ja Howells Frau. Auch sie hat er im Stich gelassen."

„Eine zarte Frau, blass im Gesicht, kauert an der Tür zum Haupthaus. Sie hält den Kopf gesenkt – ein Ausdruck ihres unendlichen Kummers. Ihr Mut hat der Verzweiflung Platz gemacht. Nicht einmal als ich näher komme, bewegt sie sich – schon seit heute Morgen hämmert es in ihrem Kopf; es ist Stiefelgetrappel, das sie hört. Die Schritte feindseliger Bürger. Und jene der Ordnungshüter. Ein kleiner Junge klammert sich an ihrem Rock fest: ihr Sohn – und auch der Sohn Howells.

Langsam hebt sie den Kopf, als ob sie Hoffnung habe, der Spuk könne nun bald vorüber sein – dieses ständige Kommen und Gehen der mit Rohrstöcken, Knüppeln und Macheten bewaffneten Typen.

Doch sie denkt nicht an ihre eigene Person und auch nicht an die Schmach, die sie erleidet: Sie denkt an den Mann, der ihr König ist. Den Mann, den sie immer noch liebt – ihren Ehemann.

Vielleicht wäre sie ja Lehrerin geworden und ihr Mann Arzt. Doch die brillante Miss Bent aus St. Elizabeth wollte nicht mehr die Schulbank drücken, sie warf die Medizinbücher in die Ecke und nahm ihr Schicksal in die Hand.

Als mich schließlich ihr leerer Blick trifft, sehe ich, dass ihre Augen gerötet und geschwollen sind. Doch trotz der Traurigkeit, die aus ihnen spricht, spüre ich eine gewisse Unerbittlichkeit. Vielleicht war sie nicht unbedingt grausam, doch sehr wohl in der Lage, Befehle zu erteilen und sich Respekt zu verschaffen.

Der Journalist bittet sie um etwas zu trinken. „Alles, was ich Ihnen anbieten kann, ist das hier“, sagt sie, und nimmt einen Strunk *guinep* vom Tisch. „Seit heute Morgen schon haben wir nichts mehr.“

„Wo ist Howell?“, fragt der Journalist.

„Ich weiß es nicht.“

Ihr Blick gleitet in die Ferne und sie fügt hinzu: „Ich glaube nur an einen einzigen Mann, ich vertraue auf ihn. Wenn er an meiner Seite ist, habe ich keine Angst.“

„Wer ist das?“

„Der Allmächtige.“

Die Razzia von 1941 enthüllt, wie mächtig Howell damals ist. Ein Spruch von Terayama Shuji kommt mir in den Sinn: „Hinter der Maske des Revolutionärs verbirgt sich die Maske eines großartigen Arrangeurs.“ Der schöne und mächtige Anwalt der Armen, der Rebell im Dienst der unwissenden Massen, ist immer auch ein hervorragender Regisseur. Seit Howell aus den Vereinigten Staaten zurück ist, versteht er sich auf Schatten- und Mysterienspiele; er weiß, wie er das Drehbuch abändern kann, gerade so, als habe er es selbst verfasst.

Unter seiner Zuhörerschaft finden sich in erster Linie Frauen. Jede Menge Frauen.

Dies ist zunächst einmal gar nicht so erstaunlich. Es gibt auf Jamaika sehr viele allein stehende Frauen. Dies ist noch ein Relikt aus der Sklavengesellschaft, in der den Vätern an ihrer Nachkommenschaft keinerlei Rechte zugesprochen wurden (und somit auch keine Pflichten). Wie die Sklaven von einst sind die meisten jamaikanischen Männer Nomaden, die von einem Bett zum nächsten ziehen. Die Familienpflichten bleiben an den Frauen hängen. Ihnen bietet Howell im Pinakel Asyl. Er hilft ihnen, finanziell zurechtzukommen, und spielt für sie die Rolle des Beschützers. Die Frauen sind ihm unendlich dankbar dafür. Sind die Frauen nicht „die Neger der Welt"? Sind nicht gerade sie es, die ihre Würde zurückerobern müssen?

Allgemein befinden sich in den Kultgemeinden auf Jamaika die Frauen in der Mehrzahl. Unter den Anhängern des „Great Revival" gibt es nahezu keine Männer. Der Krieg und die Auswanderungsbewegung haben den männlichen Anteil in der Bevölkerung dezimiert, sodass im Jahr 1921 auf zehn Frauen nur noch 8,8 Männer kamen. „Die Mystiker, und hier insbesondere die Frauen, sublimieren ihre sexuellen Wünsche durch die Anbetung der christlichen Dreifaltigkeit – und ganz besonders durch die Anbetung von Jesus. Schwärmerische Gefühle begleiten im Allgemeinen diese enge Beziehung zu Jesus."

Im Pinakel haben die Frauen einen Jesus aus Fleisch und Blut gefunden. Aus Fleisch vor allem. Und ebenso, wie er ihnen das Paradies auf Erden gezeigt hat, weiht er sie nun ein in die paradiesischen Freuden, die es in seinen Armen zu erleben gibt.

Kapitel 17

Die Frauen

In den Bars unten im Tal erzählt man sich am Tresen gern anrüchige Geschichten: Es geht um Howell und die Frauen. „Er besaß einen Harem da oben! Und alles, was sie verdienten, lieferten sie bei ihm ab!

Er hatte eine schöne Nase, ebenmäßige Gesichtszüge, trug eine Brille – ein hübscher Junge, sage ich euch. Und auch der goldene Ring machte mächtig Eindruck; ob du nun Lust auf ihn hattest oder nicht, er verführte dich einfach. Bums! Und es war um dich geschehen! Du hattest ihm noch nicht einmal so richtig in die Augen geschaut und schon fandest du dich in seinem Bett wieder. Ich weiß nicht, ob seine Kräfte von Gott oder vom Teufel herrührten …

Eines Tages bekam ein Ehepaar, das in Kingston lebte, Streit. Die junge Frau packte ihren Koffer und ging schnurstracks hinauf ins Pinakel …

Ja, wenn eine Frau verschwunden war, dann brauchte man sie nur hier zu suchen. Und als der Typ da oben aufkreuzte, erhielt er von Howell eine ordentliche Abreibung!"

Bei dem, was Onkel Hugh zu berichten weiß, bekommt man wie immer eine Gänsehaut: „Bis zum Abend bleibt er bei seiner Angetrauten, weicht nicht von ihrer Seite. So gegen acht Uhr geht er dann aus, trifft sich mit jungen Mädchen. Wenn er einer dieser Frauen tagsüber irgendwo auf dem Weg begegnet, verabredet er sich mit ihr für den Abend, er sagt ihr, dass sie unbedingt kommen muss. Und am Tag darauf bestellt er eine andere zum Rendezvous. Er lässt keine Gelegenheit aus! Einmal war ich ziemlich scharf. Ich hatte eine kleine Freundin aus dem Pinakel, aber ich wusste nicht, dass sie eine seiner Gespielinnen war. Er hätte mich umgebracht!"

Warum liebten sie ihn alle so sehr?

„Nun, er war ein netter Kerl, und dann ... dann konnte er auch hervorragend bumsen! Er nahm sich manchmal vierzig Mädchen pro Nacht. Trieb es mit fünfen gleichzeitig! Eine musste ihm Luft zufächeln, eine ihn streicheln, eine ihn aufgeilen und eine ... (viel sagende Bewegung, derbes Gelächter). Am Morgen gingen die Mädchen fort, um zu arbeiten, und wenn sie zurückkamen, händigten sie ihm alles Geld aus, das sie verdient hatten; je nach Lust und Laune revanchierte er sich dafür. Es gab sehr viele Menschen dort, Frauen und Männer, die er auf diese Art melkte, doch es gab auch solche, die ihm nichts ablieferten, ganz nach dem Motto: Der kann mich mal! Er hatte viele Kinder. Blade und Monty – das waren die Sprösslinge von ihm und seiner Frau. Ich kannte die beiden gut, sie lebten bei ihm im Haupthaus. Tyneth selbst ließ sich nur selten blicken. Er hatte aber auch noch eine Menge Kinder von schwarzen Müttern, von *Coolies* (Inderinnen), von Chinesinnen ... Eine seiner Freundinnen war eine *Coolie*. Eine Wilde! Selbst er hatte sie nicht unter Kontrolle! Sie zog in ein Tal weiter hinten und trieb da oben, was sie wollte. Auch sie liebte er. Aber was für eine wilde Person! Einmal warf sie mir einfach irgendein Ding an den Kopf, es hat eine Narbe hinterlassen, hier, sieh mal! Eines Tages krieg ich dich, hab ich ihr nachgerufen. Doch ich konnte sie nicht kriegen! Da war Howell vor. Er hat einen Riesenzauber veranstaltet, damit ich sie nicht bekam, ich wurde gezwungen, von ihr abzulassen. Mein Gott! Du sollst dein ganzes Geld bei ihm abliefern. Und darüber hinaus darfst du noch zuschauen, wie er deine Frau bumst, und du kannst gar nichts machen! Oder du wirst deines Lebens so schnell nicht mehr froh. Aber er benutzt Zaubertränke – ich persönlich habe nie etwas davon probiert, ich mache mir nichts aus diesem Zeug –, ich habe mir nur erzählen lassen, wenn du davon trinkst, dann beginnt es in deinem Bauch zu kribbeln und zu kribbeln und was passiert? Du liebst ihn!

Eines Tages hatte er in Spanish Town einen Prozess und der Richter war eine Frau – eine gewisse Miss P. Howell marschierte im Gerichtssaal ein, in seiner prunkvollen Tunika, und machte eine Verbeugung bis zu den Füßen, *Yes me Lord!* Dann erzählte er ihr, niemand habe bislang ernsthaft den Fall studiert, er bezirzte Miss P. und noch am selben Abend hatte er sie im Bett! Die Richterin! Sie konnte ihn nicht verurteilen! Ihr blieb nichts anderes übrig, als ihn freizusprechen!

Einmal erwischte man ihn mit fünf seiner Töchter im Bett. Die kleinen Mädchen suchten die Richterin auf und baten sie, ihren Vater freizulassen, wer sollte mit ihnen sonst Liebe machen? Noch am gleichen Abend kam er frei ..."

Egal, ob vieles hiervon erfunden war oder wirklich stimmte, fest steht jedenfalls, dass Howell viele „Königinnen" hatte. Unter all den Titeln, die er trug, gab es auch den des *Honeyman* („Papa-Kuchen", „Don Juan"). Er führte sogar ein Bankkonto unter diesem Namen ... Seine Karriere als Liebhaber musste schon lange vor der Pinakel-Ära begonnen haben. Aus seiner Zeit in den Vereinigten Staaten, er war damals sechsundzwanzig, erwähnt er immer wieder eine Jamaikanerin namens Myra, die er in Panama zurückgelassen habe. Er spricht von einer Gefährtin in den Vereinigten Staaten; von den „schönen Ehefrauen" seiner Aufenthalte in Japan. Eine Braut in jedem Hafen? Der Nomade, der er nun einmal ist, hat mit Sicherheit bereits mehrere Kinder, als er im Alter von vierunddreißig Jahren in Red Lands ankert, aber niemand weiß Genaues zu berichten aus jener Zeit, nicht einmal Monty oder Blade.

Seit seiner Rückkehr nach Red Lands überbieten sich die jungen Frauen gegenseitig, wer bei ihm als Hausmädchen arbeiten darf. Doch er hat bereits eine entfernte Cousine im Auge, die sich fortan um den Haushalt kümmern soll. Am Anfang ist das Leben in Kingston für sie ziemlich aufregend – Garvey geht bei ihnen ein und aus! Doch schon bald muss sie begreifen, dass Howell sie nicht heiraten wird. Für das unbedarfte Mädchen vom Land, das nach den strengen Geboten der Church of God erzogen wurde, kommt diese Beziehung – „außerhalb der heiligen Bande der Ehe" – dem Brechen eines Tabus gleich. Noch heute erinnert sie sich daran wie an eine

Schande und fordert, dass ihr Name „nicht in dem Buch auftaucht". Es war meine Mutter, sagt sie voller Zorn, die mich zu ihm geschickt hat. Die klassische Geschichte einer Heranwachsenden, die eine gute Partie machen soll. Als Howell in St. Thomas verhaftet wird, geht Miss L. zurück nach Red Lands, doch als er aus dem Gefängnis entlassen wird, kommt er sie holen. Wenn sie ihn nach Kingston begleitete, verspricht er ihr, würde er sie in einer Schule für Näherinnen anmelden. Miss L. erliegt dem Charme des fahrenden Matrosen. „Er hat Wort gehalten, er hat mich angemeldet, aber es war gar keine richtige Schule. Wir kamen zu einer Schneiderin, für die wir Näharbeiten erledigen mussten. Beigebracht hat sie uns gar nichts."

Was Miss L. in Kingston erwartet, ist nicht gerade lustig. Ihr Meister hat sich in ihrer Abwesenheit mit Tyneth Bent vermählt. Das macht die Träume von Miss L. mit einem Schlag zunichte. Sind die beiden wirklich rechtmäßig getraut worden? In den standesamtlichen Registern ist nichts vermerkt von Howells Heirat, doch Miss L. ist sich da ganz sicher: Sie hat das Hochzeitsfoto gesehen. Vermutlich ließ es sich Tyneth Bent nicht nehmen, ihre Standesüberlegenheit auszuspielen. Im Grunde ist Miss L. nichts weiter als eine Dienerin. Dem Reporter des *Gleaner* war es auch schon aufgefallen: Die Erbin des Bent-Clans ist es gewohnt, Befehle zu erteilen.

Tyneth ist ein Mädchen aus der Oberschicht. Sie stammt aus einer angesehenen Familie, die in St. Elizabeth ansässig ist. Unter ihren Vorfahren befinden sich Iren, Schotten, Deutsche und Juden. Auch etwas schwarzes Blut fließt in ihren Adern, es verleiht ihrem ebenmäßigen Gesicht mit den großen Augen und den langen seidigen Wimpern etwas Rassiges. Tyneth ist schön. In Kingston bei Machado, wo sie arbeitete, machte ihr der Chef, ein Zigarrenfabrikant aus Kuba, den Hof.

Als Howell sie kennen lernt, scheint Tyneth zunächst unerreichbar für ihn: Er ist schwarz, sie ist weiß (oder beinahe); sie entstammt dem Großbürgertum und man sieht sie schon als zukünftige Frau Machado. Dennoch: Tyneth wird dem schönen Rebellen zuliebe alles stehen und liegen lassen. Unter großem Gezeter ihrer Familie heiratet sie Howell, als er aus dem Gefängnis freikommt. Ihre Eltern und die feine Gesellschaft verstoßen sie, doch sie lässt sich nicht beirren. Sie steht Howell bei, als dieser in der psychiatrischen Klinik festgehalten wird. Im Jahr seiner Entlassung bringt sie ihren ersten gemeinsamen Sohn zur Welt, Monty (Martinel). Als Howell das Pinakel gründet, ist sie von der ersten Stunde an mit dabei. Sie hat die Aufgabe, sich um die schwangeren Frauen zu kümmern und um die kleinen Kinder, und sie nimmt ihren Job sehr ernst. Später werden ihre beiden Jungen von jedem in der Rasta-Gemeinde verhätschelt, im Gedenken an ihre Mutter. Mit ihr hat Howell eine echte Königin geheiratet und das weiß er.

Daher wird sie wohl kaum geschätzt haben, was ihr an Gerüchten aus der Stadt zugetragen wurde: Howell habe dreizehn Ehefrauen. Im *Gleaner* stand es schwarz auf weiß zu lesen. Was für eine Demütigung musste das für Tyneth sein, die ihm zuliebe ihrer Rasse den Rücken gekehrt, ihren gesellschaftlichen Status aufgegeben und eine gute Partie ausgeschlagen hatte. Sie liebt ihren Ehemann heiß und innig. Doch 1941 beginnen die Verhältnisse sich zuzuspitzen.

Wohin hatte sich Howell verdrückt, als er nach der Razzia plötzlich „verschwunden" war? Höchstwahrscheinlich hielt er sich in einer Grotte versteckt, in der steilen Seitenwand oberhalb eines Tals. Nach ein paar Tagen – nicht Monaten, wie die Rasta-Jünger behaupten –, ist er wieder zurück an Ort und Stelle, residiert oben im Haupthaus. Am 24. Juli kommen ihn zwei Frauen besuchen. Sind sie vielleicht seine „Kontaktpersonen" auf der Polizeiwache in Spanish Town – jene, die ihn von der geplanten Razzia in Kenntnis setzten – oder fällt ihnen noch eine andere Rolle zu? Worüber verhandelt er mit ihnen? Howell präsentiert die Geschichte natürlich so, als habe er die Fäden gezogen: Er war es, der die beiden zur Polizei geschickt hat, damit diese ihn holen komme, denn „er ist bereit". Um Mitternacht lehnt er sich im Schlafanzug entspannt auf seiner Terrasse zurück, als der Polizeitrupp eintrifft. Vielleicht hat er ja nach reiflicher Überlegung den Entschluss gefasst, sich noch einmal zu stellen. Gangunguru Maragh verkriecht sich nicht. Und was für eine Schande, wenn er in der Stadt verhaftet worden wäre wie ein gewöhnlicher Dieb! Vielleicht hat er um einen Anwalt gebeten. Was riskiert er schon? Nicht viel. Im Grunde ist er nichts weiter als ein Grundstücksbesitzer, der ein paar herumvagabundierenden Typen eine Tracht Prügel verpasst hat, weil sie auf seinem Grund und Boden Hölzer schnitten. Das tut doch jeder und keiner wird dafür bestraft. Mit dem kleinen Unterschied, dass Howell nicht die richtige Hautfarbe hat, um sich als Chef aufspielen zu können. Am 20. August wird er zu zwei Jahren Haft verurteilt. Noch einmal zwei. Es ist jetzt schon das dritte Mal, dass man ihn einsperrt – von den zehn Jahren auf Jamaika hat er fünf hinter Schloss und Riegel verbracht. Doch das tapfere Erdulden der Qualen macht ihn immer mehr zum Märtyrer.

Als Howell 1943 aus dem Gefängnis kommt, geht er wieder ins Pinakel. In seiner Abwesenheit hat sich die Gemeinde mehr recht als schlecht am Leben gehalten und Tyneth hat ein zweites Kind geboren, Bilbert William (Blade). Doch schon erwartet Gong ein neues Problem. Die kleine Cousine aus Clarendon hat kurz nach seiner Inhaftierung ebenfalls ein Kind von ihm zur Welt gebracht …

Daphney wurde in Red Lands geboren, wohin sich Miss L. während der zwei Jahre zurückgezogen hatte, in denen der Leader einsaß. Bei seiner Entlassung holt Howell Miss L. erneut zu sich zurück und bringt sie zusammen mit dem Kind ins Pinakel. Miss L. will eigentlich gar nicht, doch wieder ist es ihre Mutter, die sie drängt, ihm zu folgen. „Damit war mein Unglück besiegelt“, sagt die alte Dame heute. „Ich habe mich in mein Schicksal gefügt. Habe zu mir gesagt, das ist jetzt eben mein Leben.“ Mühsam erkämpft sie sich ihren Platz zwischen der Ehefrau und den Konkubinen. Ein zweites Kind kommt zur Welt: Cardiff. Die Beziehung zu Tyneth verschlechtert sich zunehmend. Es gibt jetzt andere Frauen im Leben des Gong – zwei Schwestern, Pearl und Ivy, hübsche Mädel mit strahlend weißem Teint; dann kommt noch Enid hinzu und so geht es weiter. Immer wenn Howell zu einer anderen geht, raucht Tyneth einen dicken Joint, dann schließt sie sich in ihrem Zimmer ein oder irrt irgendwo in den Hügeln umher.

Eines Tages hält sie das alles nicht mehr aus; sie greift nach einem Messer und droht, sich die Kehle durchzuschneiden. Der stolze Howell fällt vor ihr auf die Knie. Er bittet sie im Namen Gottes, das Messer fallen zu lassen. Am Ende beruhigt sie sich wieder.

Ein anderes Mal, an einem Abend im Jahr 1943, ist sie plötzlich verschwunden. Howell geht ins Dorf hinunter und treibt alle Männer zusammen, um ihm bei der Suche zu helfen. Tyneth wird gefunden. Sie verschwindet erneut. Eines Tages ist sie wie vom Erdboden verschluckt. Vier Tage lang durchkämmen die Männer das gesamte Pinakel-Gelände nach ihr. Am fünften bemerkt einer von ihnen Geier, die über einem kleinen Tal kreisen. Diesmal findet man nur noch ihren toten Körper, zerfetzt von Raubvögeln. Ein Arm fehlt.

1943. Howell sitzt erneut im Gefängnis; er steht unter der Anklage, seine Frau ermordet zu haben. Er selbst hatte der Polizei ihren Tod gemeldet, dennoch verdächtigt man ihn, sie „um die Ecke gebracht" zu haben. Die Untersuchungen sollen sich über Monate hinwegziehen. Als Erste wird Miss L. vernommen. „Er hat Tyneth nicht getötet", sagt sie. „Er liebte sie." Hierin sind sich im Übrigen alle einig. Und da die Gerichtsmediziner keine eindeutige Todesursache feststellen können, setzt der Oberstaatsanwalt das Urteil aus. Im April 1944 lässt er seiner Gerichtsentscheidung eine Ermahnung an die Polizei folgen:

„Wenn das Pinakel, wie ich glaube, Howell oder seiner Organisation gehört, aber auch, wenn er das Gelände lediglich gemietet haben sollte, kann die Regierung keinerlei Maßnahmen ergreifen, um die Gemeinde von dort zu vertreiben, selbst wenn Sitten und Gewohnheiten der Leute nicht mit jenen übereinstimmen, wie wir sie von zivilisierten Gesellschaften kennen. Dies soll nicht heißen, dass

Howell oder seine Anhänger, wenn sie sich etwas zuschulden kommen lassen, straffrei ausgehen; doch solange sie die Gesetze einhalten, haben sie das Recht, unbehelligt dort oben leben zu dürfen – und zwar so, wie es ihnen gefällt.“

Mehr will Howell gar nicht. Sechs Jahre hat er im Gefängnis verbracht, bis er das erreicht hat. Diesmal kehrt er als Sieger ins Pinakel zurück. Jetzt kann er sich ans Werk machen.

Kapitel 18

Ganja

Wenn der Oberstaatsanwalt die Polizei jetzt anhält, die Rastas in Frieden zu lassen, dann hängt dies auch damit zusammen, dass sich die politische Lage 1944 verändert hat: Endlich ist auf Jamaika das allgemeine Wahlrecht eingeführt. Diese Entwicklung ist eine Folge der Rassenunruhen von 1938. Bustamante hat mittlerweile mit der Partei seines Cousins Manley, der People National Party (PNP), gebrochen; er gründet eine eigene Partei, die Jamaica Labour Party (JLP). Die beiden Politiker unterscheiden sich weniger in ihren Zielsetzungen als im Auftreten und in der Art, wie sie argumentieren. Viele Menschen auf Jamaika können weder lesen noch schreiben. Die JLP fordert von ihnen blindes Vertrauen, setzt auf die Emotionen des Volks; bei der PNP hingegen stehen Analysen und das Programm im Vordergrund, die Partei läuft zuweilen Gefahr, von der breiten Masse nicht verstanden zu werden – oder erst dann, wenn es zu spät ist. Das Zweiparteiensystem des modernen Jamaika ist nun installiert.

Als 1944 zum ersten Mal reguläre Wahlen stattfinden, schielen die Kandidaten unten in Spanish Town zum Pinakel hinauf. Sie wittern dort tausende potenzieller Wähler. Der Kandidat der JLP, L. W. Rose, ist ein Gewerkschaftsführer, ein enger Verbündeter Bustamantes. Er lässt einen Freund, Bobby Alexander, beim Gong vorsprechen und erhält die Erlaubnis, Wahlurnen im Pinakel aufzustellen. Es sollte übrigens das einzige Mal bleiben, dass die Pinakel-Gemeinde wählt. Spanish Town gehört zu den zweiundzwanzig Bezirken, die sich hinter die JLP stellen. Die PNP, die sich beim Kampf um die Durchsetzung des allgemeinen Wahlrechts an vorderster Front engagiert hatte, siegt nur in zehn Bezirken.

Obgleich er selbst keine Stimme abgab, erlaubte Howell seinen Anhängern, zur Wahl zu gehen, und anscheinend war es die JLP, für die sie sich entschieden. Sollte der Gong etwa auch dem Charme Bustamantes erlegen sein? Die Ansichten der beiden Männer liegen gar nicht so weit auseinander. Beide empfinden eine tiefe Liebe zur schwarzen Bevölkerung in ihrem Land; in ihrem Weltbild nimmt die Arbeit einen hohen Stellenwert ein; Howell wie Bustamante glauben an das freie Unternehmertum, an die Notwendigkeit einer effektiven ökonomischen Infrastruktur. Busta schuf sich viele Freunde, indem er einfachen Leuten aus dem Volk Darlehen gewährte, wenn ihm ihre Vorhaben aussichtsreich erschienen. Diese Menschen waren ihm wirklich treu ergeben. An Howell verleiht er kein Geld, doch er schlägt ihm einen Tauschhandel vor: Du wählst meinen Kandidaten und ich garantiere dir dafür, dass du in Ruhe gelassen wirst. Das Pinakel-Projekt kostet ihn nichts – und Bustamante hätte im Übrigen auch gar nichts gehabt, um soziale Hilfsprogramme zu finanzieren –, doch als Stimmvieh kommen ihm die Leute im Pinakel gerade recht. Vielleicht empfindet Busta ja eine gewisse Sympathie für den aufmüpfigen Rasta-Bruder. Hat ihm Albert Chang vielleicht ein paar Dinge gesteckt über seinen „Untermieter"? Wenn es nicht gar L. W. Rose, der Gewerkschafter aus Spanish Town, war, der Busta von Howell erzählt hat. Jamaika ist klein. Hier kennt jeder jeden. Bustamante und Howell müssen sich einfach über den Weg gelaufen sein, vielleicht sogar schon in New York oder in Panama, doch wie die Beziehung der beiden wirklich aussah, lässt sich heute nicht mehr rekonstruieren. Die wenigen Hinweise, die es gegeben haben mag, wurden sorgfältig vernichtet: Wäre es etwa schicklich gewesen für einen Staatsminister, einen Typen zum Verbündeten zu haben, der Ganja anpflanzte? Denn ab 1944 macht Howell primär durch das Kraut von sich reden und das Bild des kämpferischen Rastas tritt immer mehr in den Hintergrund.

„Den Rastas gelingt der Geniestreich“, sagt Perry Henzell, „Marihuana zum Sakrament zu erheben.“ Den Anstoß hierzu, so viel steht fest, lieferten die Inder in St. Thomas. Aus den meisten Sozialstudien und Polizeiprotokollen geht hervor: Die Vertragsarbeiter, die im neunzehnten Jahrhundert aus Indien kamen, führten den Genuss von Cannabis ein (auch wenn bei manchen Afrikanern diese Sitte vielleicht noch als Überbleibsel aus der Zeit der Sklaverei erhalten war). Daher also die vielen Lehnwörter aus der Hindu-Sprache im Vokabular der Haschischraucher (wie der berühmte Ausdruck *kali weed,* Kali-Kraut).

Doch Howell hat seinen ersten Joint mit großer Wahrscheinlichkeit nicht im Pinakel geraucht. Auch wenn keinerlei Beweise existieren, dass er das Kraut schon konsumierte, als er in Clarendon weilte – sein Vater ist sehr streng und Ganja noch nicht sehr verbreitet –, sollte man sich vor Augen halten, dass der Bezirk um Clarendon eines der ersten Einzugsgebiete für indische Einwanderer war: Gut möglich also, dass dem jungen Mann von seinen indischen Freunden hie und da *bhang* angeboten wurde. Eines scheint indes sicher: Er kommt bei seinen Reisen in Berührung mit dem Ganja. In Harlem gibt es, als Howell sich dort aufhält, mehr als fünfhundert Verkaufsstellen für Marihuana; im Lokaljargon heißen sie *tea-pads,* den Dealer nennt man *tea-man* ... und Howell behauptet, in der 136. Straße einen *tea-room* eröffnet zu haben. Schwer vorstellbar, dass er dort verknöcherten alten Damen Tee servierte ...

Und warum hatte er sich spontan für St. Thomas entschieden, als er seine erste Kultschar um sich versammelte? Hatte das vielleicht auch etwas mit dem Ganja zu tun? Am 16. August 1941 verkündet jedenfalls ein gewisser Francis Howell, der in Bath (wo Leonard ein Haus besitzt) wegen Ganjabesitzes vor Gericht steht, er verkaufe das Kraut bereits seit 1908 und habe vor, dies auch weiterhin zu tun – „bis zum Tag des Jüngsten Gerichts“. Ist Francis ein Verwandter von

Leonard? Howell greift bei seinen ersten Meetings in St. Thomas auf das Netz der Athlyi-Jünger zurück, die in Falmouth, Morant Bay und Bath schon seit den Zwanzigerjahren Versammlungen abhalten – es sind die Orte, an denen sich dann auch viele Rastas niederließen. Die Athlyi-Anhänger sind auf den Geschmack gekommen; sie konsumieren das Zeug wie zahlreiche Intellektuelle in jener Zeit (es wird gemunkelt, sogar Marcus Garvey habe Ganja geraucht). In den Dreißigerjahren gelten St. Thomas und die Nachbargemeinde St. Mary als die Hauptanbaugebiete für Ganja. Es ist kein Zufall, dass sich das jamaikanische Establishment ausgerechnet im Jahr 1924 über den Handel mit Ganja ereifert und ein Anti-Ganja-Gesetz fordert. 1924, wir erinnern uns, ist das Jahr, in dem die „kleine Bande" der Äthiopisten und der Athlikaner zusammenkommt. Der Polizei kann gar nicht entgangen sein, dass der Ganjagenuss auch außerhalb der indischen Gemeinde zunahm.

Solange Ganja nur eine Sache der Inder war, verstand man das „heilige Kraut" als etwas, das zu deren Lebensart gehörte – ähnlich wie ihre Ernährungsgewohnheiten, ihre Musik und die Art, wie sie sich kleideten. Und Ganja erzeugt schließlich keine Gewalt, im Gegenteil: Es ermöglicht den Plantagenbesitzern, ihre Männer ruhig zu halten. Daher importieren sie gegen Ende des neunzehnten Jahrhunderts ganze Schiffsladungen des Krauts. 1894 untersucht eine englische Forschungskommission die Auswirkungen von Ganja auf die indische Bevölkerung; im Abschlussbericht steht, dass es keinen Grund gäbe, Ganja zu verbieten: „Tests an unzähligen Versuchspersonen haben ergeben, dass selbst der exzessive Genuss von Ganja keine negativen Folgen hat. Die Menschen bleiben durchweg friedlich gestimmt und kommen ihren Pflichten nach. Am Beispiel Indiens lässt sich hervorragend ablesen, dass diese Drogen im Allgemeinen weder zu kriminellen Handlungen noch zu Gewalt verführen."

Was bringt also das Establishment dazu, auf einmal Anti-Ganja-Gesetze verabschieden zu wollen? Der Grund: Das Kraut ist in den Händen falscher Leute gelandet, „gefährlicher Leute" – gemeint sind vermutlich die schwarzen Führer; sie setzen diese Droge ein, um ihren

Anhängern über die unbewältigten Schrecken der Sklaverei hinwegzuhelfen.

Die Angst lässt die Menschen einfach nicht los; Garvey hat mehrfach in seinen wundervollen Reden darauf hingewiesen. Auch er selbst musste seine Angst überwinden und bei seinem ersten Auftritt in Amerika verausgabte er sich so sehr, dass er ohnmächtig wurde und vom Podium herunterfiel! „Wenn du vor etwas Angst hast, dann gehe geradewegs darauf zu!“, rät er in seinem am 18. März 1933 im *New Jamaican* abgedruckten Artikel „Do You Work Without Fear“. Der Satz könnte als Leitspruch gelten für jene Epoche. Wer sind diese „Äthiopisten“, diese Athlikaner, diese BWIR-Kämpfer, die unaufhörlich Briefe an die Regierung schreiben, in denen sie ihre Anliegen immer vehementer vorbringen – wenn nicht Männer, die „ihre Angst besiegt haben“?

Ob Ganja tatsächlich angsthemmend wirkt, wurde von den Medizinern nie untersucht. Schade. Die Medizin lässt auch nicht unbedingt gelten, dass Angst krank machen kann. Und dennoch: Die Söhne der ehemaligen Sklaven hören in ihren Träumen noch immer das Aufklatschen von Peitschenriemen. Doch es hilft nicht, sich die Demütigungen immer wieder vor Augen zu führen: „Wenn du etwas allzu lange im Kopf behältst“, sagte Garvey, „wirst du mit der Zeit immer verbitterter und es gelingt dir nicht mehr, die Dinge zu relativieren. Das Ganze nimmt dann krankhafte Formen an. Lernt, euch zu entspannen. Übt euch in der Kunst, eure Gedanken schweifen zu lassen.“

Genau das tun die Rastas, wenn sie „meditieren“. Sie rauchen einen Joint und lesen dann in der Bibel, wie Gott die Welt erschuf, sie versuchen wie Balintine herauszufinden, „welche treibende Kraft sich hinter den Mächten dieser Erde verbirgt“. Sie betrachten die Realität von oben – sie sind *high*. Wenn sie Selassie auch weiterhin mit seinem königlichen Namen (Ras Tafari) ansprechen, dann betonen sie besonders liebevoll das „I.“ (der Erste), das auf seine Ehrentitel folgt und das sie *high* aussprechen (hoch, schwebend). Als sich in den Fünfzigerjahren in den Ghettos ein Rasta-Jargon herausbildet, wird dieses Phonem „I“ zu einem Code. Im korrekten Englisch der Plantagenbesitzer heißt *I* „ich", während das gemeine Volk *me* daraus macht; die Rastas nun holen sich das stolze *I* zurück wie eine kriegerische Beute und berauschen sich daran …

Chronologisch gesehen, fällt die Verbreitung der Ganjadroge unter der schwarzen Bevölkerung Jamaikas exakt mit dem Aufschwung der Rasta-Bewegung zusammen. 1935 beziffert die jamaikanische Gesundheitsbehörde die Zahl der Jamaikaner, die Ganja konsumieren, als dreimal so hoch wie die der Inder und schlägt Alarm. Die typischen Strafurteile hiezu, die einst vorwiegend im Ostteil der Insel (St. Thomas und St. Mary) gefällt wurden, gibt es nun auch im Rest des Landes. Die Behörde veröffentlicht ein Lehrstück, in dem sich die beiden Hauptcharaktere, John und Mary Brown (die jamaikanische Entsprechung von Herr und Frau Schmidt), äußerst besorgt zeigen:

JOHN: Oben in einem Gebirgstal sind zwei junge Männer völlig durchgedreht. Sie haben ein chinesisches Ehepaar in ihrem Laden überfallen. Der eine drosch auf die alte Frau ein, während sich der andere den Mann vorknöpfte, und nachdem er den Siebzigjährigen halb tot geschlagen hatte, ließ er ihn einfach liegen. Das Eigenartige daran ist: Es gibt keinerlei ersichtlichen Grund für diese Tat. Es hätte auch dich oder mich treffen können. Sie hatten eben Ganja geraucht.

MARY: Lieber John, worüber du dich aufregst, ist doch nichts Neues. Was soll der ganze Wirbel, nur weil zwei indische Jungs Ganja geraucht und dann Unsinn gemacht haben?

JOHN: Aber es waren keine Inder! Es waren Jamaikaner: die Söhne ehrenwerter Bürger wie du und ich!

Die braven Bürger von Jamaika sahen in den Unruhen von 1938 die Bestätigung ihrer Ängste. Nach Angaben der Polizei benutzen die Rebellen das Ganja, um sich aufzuputschen. Die verdeckten Ermittler beobachteten, dass immer das Kraut mit im Spiel war, wenn in Portland Gewalt ausbrach. „Die Personen, die mit Ganja in der Tasche erwischt wurden, gaben zu Protokoll, nichts von der Droge probiert zu haben, und erklärten, unbekannte Typen hätten ihnen das Zeug einfach in die Hand gedrückt." Ein Ermittler indessen ist überzeugt, dass zwei Männer auf Fahrrädern das Kraut im ganzen Bezirk an die Leute verteilten". In einem anderen Bericht heißt es: „Bei zahlreichen Unruhestiftern wurde Ganja gefunden; sie nutzten diese gefährliche Pflanze anscheinend, um sich, bevor sie zur Tat schritten, den *french pluck* zu verpassen, wie sie es nannten; *french pluck* setzt sich zusammen aus *french fried,* was in der Gaunersprache so viel bedeutet wie durchgeknallt, und *pluck* steht für Kühnheit." Die Unruhen sind jetzt zwar vorbei, doch die Entwicklung lässt sich nicht mehr umkehren. Zwischen 1939 und 1940 – dem Zeitraum, wo man im Pinakel mit dem Anbau von Ganja beginnt – nimmt die Zahl der Gerichtsurteile wegen Ganjabesitz um vierzig Prozent zu!

Sind die Rastas dafür verantwortlich zu machen, dass sich das Kraut so rasant ausbreitet? Es scheint eher umgekehrt zu sein: Die Rasta-Bewegung hat sich erst im Gefolge von Ganja so richtig entwickelt; sie wurde getragen vom Ganja. Im Januar 1939 – dem Jahr, in dem Chang das Pinakel-Gelände erwirbt – steht die Gemeinde von St. Catherine, auf deren Grund und Boden sich die Domäne befindet, bereits ganz oben in der Statistik der Drogenurteile: Jeder Zehnte kommt hier wegen Ganjabesitzes mit dem Gesetz in Konflikt, landesweit nur jeder Dreiundzwanzigste. Hinzu kommt die vorzügliche Lage: Das Gebiet des Pinakels liegt an einem exponierten Hang von St. Catherine, wo angeblich noch heute das beste Kraut wächst ... Kann das wahr sein? ... Sollte man hier lieber nicht weiterbohren? ... Nein! Der edle Chang ist doch kein Drogendealer! Und Howell doch auch nicht. Noch nicht. Doch als er 1944 aus dem Knast kommt, ist es ihm gar nicht so unlieb, im Pinakel gleich etwas zum Rauchen vorzufinden. Seine Anhänger hatten sich gut um die Pflänzchen gekümmert.

Howell hat zu keiner Zeit einen Hehl daraus gemacht, dass er das „heilige Kraut" gern rauchte, und er rät seinen Rasta-Jüngern, es ebenso zu halten. Neben der Euphorie erzeugenden Wirkung hat Ganja noch eine andere Eigenschaft: Es ist eine hervorragende Einnahmequelle. Die Rasta-Gemeinde wird durch die vielen Ganjafelder immer wohlhabender. Howell selbst ist nicht direkt beteiligt, weder beim Anpflanzen noch beim Verkauf hilft er mit, doch wenn seine Getreuen ein gutes Geschäft gemacht haben, wird auch er nicht vergessen. Es gibt keinen festen Prozentsatz, den sie an ihn abliefern; im Übrigen macht Howell die Umschläge, die man ihm überreicht, niemals eigenhändig auf. Er will kein Geld anfassen, er hat einen instinktiven Horror davor. Zuweilen bittet er einen seiner Angehörigen, ihm ein paar Geldscheine mit Seifenlauge zu waschen und sie zum Trocknen in die Sonne zu hängen. Wenn der Wind sie wegbläst, sieht er seelenruhig zu, wie sie davonflattern. „Lass gut sein, Gott verteilt seine Gaben", sagt er zu seinem Neffen Lesford.

Für das Pinakel beginnen jetzt die Jahre freundlicher Duldung.

Innerhalb von zehn Jahren entwickelt sich das Pinakel zu einem wahren Eldorado für die Pflanzer. Anfang der Fünfzigerjahre besitzen die Rastas mehrere Fahrzeuge. Zwar immer noch kein fließend Wasser oder gar Strom – die Politiker haben ihnen zu verstehen gegeben, dass die Steuern, die sie bezahlen, nicht ausreichen, um einen Wasseranschluss zu finanzieren! –, doch sie können sich jetzt Träger leisten. Dreißig oder manchmal sogar vierzig Cent kostet der Eimer! Die Jungs unten aus dem Tal verdienen sich ihr Taschengeld damit und alle sind zufrieden. Selbst die Bauern kommen auf ihre Kosten: Sie müssen jetzt nicht mehr bis Spanish Town, um ihr Gemüse zu verkaufen; sie können sicher sein, dass sie ihre Produkte auch so loswerden. Die viertausenfünfhundert Pinakel-Bewohner haben es aufgegeben, oben auf dem Berg, ohne Wasser, Gemüse anzupflanzen. Sie haben sich ganz dem Anbau von Ganja verschrieben und das wächst und gedeiht hier hervorragend.

Es ist die gleiche Zeit, in der Onkel Hugh seinen Laden eröffnet. Von überall her strömen Kunden herbei. Des Öfteren kommt einer der Howell-Söhne im Lastwagen vorgefahren und holt Vorräte: einen halben Sack Mehl, Öl ... Das Geschäft läuft. Abends sieht man die Rastas an den Tresen der kleinen Bars, sie kommen, um Mädchen aufzureißen, und schmeißen dabei eine Lokalrunde nach der anderen. Das ganze Tal ist mittlerweile wirtschaftlich vom Pinakel abhängig. Folglich sind die Rastas gern gesehene Gäste. „Das waren sehr nette Leute geworden“, sagt Onkel Hugh. Solange man sich nicht an ihre Frauen heranmachte, wohlgemerkt.

Howell lebt nun allein. Nach dem Tod von Tyneth und dem Weggang von Miss L. zieht er es vor, seine Freiheit zu genießen. Er teilt sich das große Haus mit den beiden Söhnen Monty und Blade, die von ihm und Tyneth stammen und im Dorf die „Prinzen“ genannt werden. Er bringt auch viel Zeit in Kingston zu. Dort hatte er schon immer ein Büro unterhalten und zwei Sekretäre angestellt.

Der Gong hat nie gelernt, Auto zu fahren. Innerhalb des Pinakel-Geländes reitet er weiterhin auf seinem Esel Baby, ganz in der Art von Selassie. Will er in die Stadt, so lässt er einen Chauffeur kommen. Dieser ist sofort zur Stelle, wenn der gute „Doc“ Howell nach ihm schickt. „Okay, Doc! Stets zu Diensten, Doc!“ Es bekümmert ihn nur wenig, dass der „Doktor“ ihn zuweilen Stunden warten lässt: Er weiß ja, am Ende winkt eine fürstliche Bezahlung.

In seinem Pinakel ist Leonard Percival Howell wirklich König.

Kapitel 19

Sohn Gottes im Paradies

Im Mai 1998 erzählt mir William Howell:

Eines Tages, ich war gerade acht oder neun Jahre alt, sagte ein Spielkamerad zu mir, mein Vater sei Gott. Ich habe gelacht. Er protestierte: „Aber doch, Blade, dein Vater ist Gott, weißt du das etwa gar nicht?“ Als ich ihm antwortete, dass mir nichts in dieser Richtung bekannt sei, bekam er einen derartigen Lachanfall, dass er zu Boden stürzte. „Er weiß nicht, dass sein Vater Gott ist!“ Er wälzte sich im Sand und wollte sich gar nicht mehr beruhigen!

Ja, es stimmte schon, im Pinakel galt alles, was mein Vater sagte, so viel wie das Wort Gottes. Bei den Leuten hieß es dann: „Der Meister hat gesagt …“, und das genügte, es bedurfte keiner weiteren Diskussionen. „Der Meister hat gesagt, ich darf dieses Fleckchen Erde bepflanzen …“; „Der Meister hat gesagt, ich darf dieses Holz verkaufen …“ Für die gewöhnlichen Dinge setzte Dada (so nannten wir ihn) Leutnants ein. Lange Zeit übernahm Mr. Walker diese Rolle, dann gab Dada einem anderen den Vorzug – und zwar Brother Reid, der 1997 starb. Mr. Walker hat zu den Vorgängen nie etwas gesagt, aber ich glaube, dass er sich verletzt fühlte.

Ich weiß nicht, ob mein Vater Gott war, aber ganz gewiss war das Pinakel ein Paradies. Ich bin im Paradies geboren! Der Ort war wundervoll, es gab dort eine ungeheuer reiche Flora und Fauna. Keinerlei Sorge, keinerlei Druck lastete auf unserer Kindheit – wenigstens solange Dada nicht da war. In seiner Anwesenheit hingegen hatten wir nichts zu lachen. Er war sehr streng. Sobald er uns herumgieksen hörte, mahnte er: „Anstatt zu quieken, solltet ihr lieber lernen zu brüllen wie ein Löwe." Doch kaum hatte er uns den Rücken gekehrt, widmete ich mich wieder meinem Cricketschläger. Cricket – ich dachte an nichts anderes! Er stand oben an der Spitze des Hügels und rief nach uns oder er schickte jemanden, um uns zu holen; dann mussten wir eiligst hinaufkommen. Doch sobald er gerade nicht herschaute, rutschten wir flink wie die Hasen die hintere Abkürzung wieder hinunter; es handelte sich um einen sehr steilen Pfad mit vorspringenden, spitzen Felsen, dennoch legten wir diesen Weg vier-, fünfmal am Tag zurück!

Das Pinakel ist ein sehr altes Anwesen. Früher musste hier einmal eine reiche Familie gewohnt haben mit vielen Kindern. In den Ruinen fanden wir mehrfach die vier oder fünf Zentimeter hohen Köpfe von Keramikpuppen; ebenso Tonpfeifen mit einem langen Mundstück. Ich frage mich ernsthaft, wer mit diesen Dingern rauchen konnte! Wir entdeckten Scherben von allen möglichen Töpferwaren. Als die Spanier den Platz den Engländern überlassen mussten, vergruben sie ihre Schätze, weil sie dachten, sie kämen zurück und könnten dann alles wieder ausbuddeln, aber sie sind nicht zurückgekommen und gelegentlich macht man auch noch heute Funde, die auf ihre Hinterlassenschaft zurückzuführen sind. Eines Tages haben zwei Buben in der Nähe von Rio Cobre einen Topf ausgegraben, voller Goldstücke und alter Juwelen. Irgendjemand hat ihnen den Schatz für einen Spottpreis abgenommen und das Gold eingeschmolzen, um es zu verhökern! Die Jamaikaner haben eben keinen Sinn für Geschichte …

Als wir ins Pinakel kamen, war das *great house* (Herrenhaus) eine Ruine, doch die Backsteinüberreste von fünf Brückenjochs, die als Stützpfeiler gedient hatten, standen noch. Heute ist nur einer davon erhalten, der niedrigste. Mein Vater hat niemals versucht, das *great house* wieder aufzubauen, wie es einmal war; wir richteten uns in den Wohnungen der Dienstboten ein. Man konnte auf zwei verschiedene Weisen hineingelangen: von vorn durch das große Eingangsportal und von hinten über eine schmale, kleine Treppe.

Es gab zwei Vorbauten. In dem einen, zwischen unserem Haus und dem *great house*, befanden sich das Zimmer meines Vaters und der Salon, in dem anderen, einer über dem Abgrund schwebenden Holzveranda mit Blick auf Spanish Town, waren wir untergebracht – Monty und ich. Als die Veranda 1951 bei einem Wirbelsturm weggerissen wurde, sorgte mein Vater dafür, dass man sie stabil wieder aufbaute. Hiezu ließ er aus Kingston echten Mörtel und Stahlbetonträger herankarren. Von unserer Veranda aus konnten wir die ganze Ebene überblicken; wir vertrieben uns die Zeit damit, den Flugzeugen zuzuschauen, wie sie auf dem Airport von Kingston auf der Halbinsel Palisadoes landeten. Auch wenn ein Schiff ankam, entging uns das nicht. Vermutlich war dieser Ort für die Spanier einmal ein erstklassiger Aussichtsposten gewesen: Von hier aus hatten sie die ganze Bucht im Auge; und sie sahen noch weiter. Diese Brückenjochs aus Backsteinen entsprechen wohl kaum dem Baustil der Engländer. Und die Nische in der Mauer, wo sicherlich einmal eine Statue aufgestellt war oder eine Uhr, doch auch nicht …

Es gab tausende von spannenden Dingen, mit denen man sich beschäftigen konnte im Pinakel. Natürlich jagten wir Vögel – wie alle Jungs. Wir zielten mit Steinschleudern nach ihnen und stellten Fallen auf: ein kleiner Käfig in Form einer Pyramide, zusammengebastelt aus Reisig und auf halsbrecherischste Art über einem Köder platziert. Man kann die Vögel auch mit einer Schlinge einfangen, doch hiezu muss man stundenlang reglos dasitzen, das Schnurende in der Hand – und so viel Geduld hatten wir beileibe nicht! Anschließend hielten wir unseren Fang übers Feuer; und sobald die Tierchen gar waren, verspeisten wir sie. Die Fische, die wir vom Fluss heraufgeholt und in der Regenlache ausgesetzt hatten, vermehrten sich rasch, sodass wir vom Floß aus, das ich mir gebaut hatte, richtige Angelpartien veranstalten konnten.

Wir hatten alle möglichen Haustiere: Schafe, Kühe, Esel, Maultiere, Hunde, Hühner, von jedem etwas! Bis auf Schweine. Außerdem züchteten wir Papageien – nicht die kleinen grünen, die man auf

Jamaika häufig antrifft, nein, große mit buntem Gefieder, die von irgendwoher importiert worden waren. Als die Polizei das Pinakel stürmte, habe ich sie alle freigelassen. Ich frage mich, ob sie sich wohl mit den hiesigen Sorten gekreuzt haben ... Ich liebte es, zu experimentieren. Ich stellte „Fantasiegebilde" her; dazu pflanzte ich einem Baum ein Stück von einem anderen Baum ein und schon wuchsen aus ein und demselben Stamm zwei verschiedene Arten von Ästen. Ich habe mehrere solcher Zwittergewächse fabriziert. Wer weiß, vielleicht stehen sie ja heute noch an ihrem Ort.

Der Hügel, auf dem das Pinakel lag, wies eine reiche Flora auf, niemals mehr habe ich eine so große Vielfalt an Kräutern gesehen. Ich kannte sie alle. Man ging damals nicht zum Arzt. Wenn du krank warst, gab es da eine Frau, die sich mit den verschiedensten Pflanzen auskannte und dir sagte, was du einnehmen solltest. Auch mein Vater behandelte uns. Manchmal kochte er uns so einen Sud ab, doch das geschah eher selten. Er machte nicht viel Aufhebens darum und ich habe keinen blassen Schimmer, was er hineingetan hat.

Ganja? Man benutzte es für alles. Als Gewürz, zum Verfeinern von Suppen, für die Zubereitung von Tees ... und zum Rauchen. Es gab Zeiten, da rauchte Dada viel, und es gab welche, da hörte er ganz auf damit; doch die anderen im Pinakel ließ er stets machen, was sie wollten. Auf den Ganjafeldern sah man zuweilen Stauden einer speziellen Sorte des Krauts, es war fast schwarz und wirkte sehr stark; die Leute nannten es *macumba* oder *makoney,* ich kann mich nicht mehr so genau erinnern ... Diese Sorte war sehr selten und man konnte sie nicht nachzüchten; wenn man die Samen einpflanzte, entwickelte sich daraus ein ziemlich mittelmäßiges Kraut. Fanden die Rasta-Jünger ein solches Gewächs, so offerierten sie es meinem Vater als ein ganz besonderes Geschenk. Wir? Nein, die Kinder rauchten nicht! Sie werden es nicht glauben, wenn ich Ihnen jetzt sage, dass ich mein erstes Kraut in den Vereinigten Staaten geraucht habe! Als meiner Halbschwester Kathleen in England ein Joint angeboten wurde, fand sie das äußerst befremdlich. Bei uns wurde geraucht, um zu beten oder um zu genesen. Sie sagte abwehrend: „Aber ich bin doch nicht krank!"

Eines Tages fragte ich meinen Vater, warum er so viele Kinder hatte. Er antwortete: „Weißt du, wenn du gut zu den Frauen bist, wollen sie dich nicht mehr aus den Klauen lassen …" Er legte Wert darauf, dass man ihn mit Mister Honeyman ansprach. Wenn ihm jemand Geld vorbeibrachte, sagte er: „Bring das zur Bank und zahle es für mich ein. Sag einfach: Auf das Konto von Mister Honeyman! Leonard Percival Honeyman!" Übrigens hat er unter diesem Namen seinen letzten Pass beantragt; ich besitze noch das Formular davon.

Monty und mich nannten sie die „Prinzen". Sehr häufig kamen Leute bei uns vorbei, um ihre Dankbarkeit gegenüber unserer Mutter auszudrücken; sie hätte ihnen in der Anfangszeit unheimlich viel geholfen. Unsere Mutter starb kurz nach meiner Geburt und ich habe keine Erinnerung an sie, doch die Leute halten ihr Andenken in Ehren. Dies ist wahrscheinlich auch der Grund, warum sie uns so verwöhnten, Monty und mich.

Wir hatten im Pinakel jede Art von Musik. Ich besaß ein Grammofon mit Handkurbel, es hieß „La Voix de son maître", und wenn mein Vater nicht da war, nahm ich es mit hinunter nach East Avenue und feierte dort Partys, zusammen mit anderen Jungs in meinem Alter. Ich schleifte Platten aus Kingston an – Boo Mose Jackson, Joe Turner, Louie Jordan, Clarence Harry … Es gab auch viele Musiker, die dort lebten oder die zu Festivitäten herüberkamen – zum Fest der „neunten Nacht" zum Beispiel, der neunten Nacht nach einer Beerdigung. Eine Feier, bei der viele afrikanische Elemente erhalten geblieben sind. Ich kann mich erinnern, dass ich unten in East Avenue mehrere Flötenspieler kennen gelernt habe. Der eine von ihnen, Brother Hood, spielte sein Instrument mit der Nase! Er konnte sich durch den Mund einen dicken *spliff* reinziehen und dann den Rauch durch die Nase in die Flöte blasen, aus allen Löchern kam er wieder heraus! Sie können sich denken, dass keiner in seine Flöte blasen wollte! Ich kannte auch mehrere Gitarristen; einer von ihnen, Brother Barrett, war ein echtes Genie. Ich hatte bereits Ernest Ranglin und Chet

Atkins spielen hören, aber Barrett war einfach noch stärker. Er vermengte Picking und Strumming so perfekt, dass man hätte schwören können, mehrere Gitarren zu hören. Und diese Präzision! Ich habe nie etwas Vergleichbares gehört. Es ist verrückt – er ist gestorben, ohne dass jemand seine Musik aufgenommen hat! Er war ein großer Mann. Ich hätte gern so Gitarre gespielt wie er, aber ich konnte nicht. An meiner linken Hand waren die Sehnen durchtrennt …

Wie das passiert ist? Eines Tages hatte sich ein Wildschwein auf unser Gelände verirrt, es trampelte die Setzlinge nieder. Wir veranstalteten eine Treibjagd; alle Männer beteiligten sich und schließlich wurde das Tier eingekreist. Es musste getötet werden: Ich nahm eine lange Machete und stieß sie ihm senkrecht in den Körper. Die Machete besaß keinen guten Griff und als ich sie ins Fleisch des Wildschweins setzte, rutschte ich mit der Hand auf die Klinge; dabei schnitt ich mir so tief in die Finger, dass es mir die Sehnen durchtrennte. Die beiden Finger in der Mitte kann ich seither nicht mehr beugen.

Doch ich hätte ja immer noch bei den Trommlern mitmachen können. Sie spielten nicht die Rasta-Musik von heute; sie kamen aus St. Thomas und waren Kumina-Trommler. Ich habe danach mehrfach Kumina-Musik auf Platte gehört, doch was wir dort oben damals veranstalteten, war noch etwas anderes! Ich habe mir so oft gewünscht, die Kraft jener Trommeln noch einmal erleben zu können …

Dada hat nie zu uns gesagt, dass er Gott sei. Er war gläubig, er sprach vom Allmächtigen. Wenn wir zu manchen Gelegenheiten Gebete aufsagen sollten, dann war das immer das „King of Kings and Lord of Lords“ oder ein anderer Auszug aus dem *Promised Key.* Er war kein großer Bibelleser, doch er verschlang alle möglichen anderen Bücher und machte sich sehr viele Notizen. Da es damals noch keine Fotokopierer gab, schrieb er, wenn ihn etwas interessierte, das Ganze in extenso ab. Die meisten seiner Aufschriebe existieren nicht mehr. Sie waren in einer verschlossenen Truhe aufbewahrt; irgendwann muss sich dort Ungeziefer eingenistet haben und als ich nach Kingston zurückkam, hatte jemand alles verbrannt.

Dicke Enzyklopädien standen bei uns im Regal, überhaupt gab es haufenweise alte Schmöker. An einem der Bücher ist mir sehr viel gelegen, ich würde mich freuen, wenn ich es wieder fände: Es hieß *The Book of Knowledge.* Ein hervorragendes Werk, aus dem man etwas über die Geschichte Ägyptens und Afrikas erfahren konnte und über die Kolonisation ... Der Autor hatte keine Angst, bisher gültige Wahrheiten infrage zu stellen, das war zu jener Zeit schon etwas Besonderes! Die Polizei hat das Buch beschlagnahmt ... Ja, unsere ganze Bibliothek haben sie konfisziert ...

Dada hatte von so vielen Dingen eine Ahnung, weil er viel las. Eines Tages, als er wegen Ganjagenusses vor Gericht stand, machte er den Richter darauf aufmerksam, dass das Wort Ganja im Wörterbuch gar nicht existierte: „Die Vokabel ‚Ganja' taucht ein einziges Mal im Register auf und da bezeichnet sie einen in Ostafrika lebenden Vogel." Der Richter bekam einen Tobsuchtsanfall und schlug mit der Faust auf den Tisch ...

Es gibt eine Sache, die ich nie so richtig verstanden habe: Warum war es Dada, wo er doch selbst so viel las, nicht wichtiger, dass seine Kinder lesen und schreiben konnten? Manchmal kamen Leute ins Haus, um uns zu unterrichten, wie etwa jener Pfarrer Gobatto Jackson; aber dabei lernten wir nicht viel. Die Situation änderte sich erst, nachdem es in Mountmoreland eine Schule gab, die ein paar von uns besuchten. Dada wollte sich vermutlich keinen Spion ins Haus holen, jemanden, der uns das Gehirn voll pfropfte mit den Bildungsinhalten der Kolonialisten ...

Ich werde häufig gefragt, wie mein Vater dachte, doch ich kann nicht für ihn antworten. Ich fürchte, meine Darstellung wäre zu persönlich geprägt; und vielleicht ist es ja auch ganz gut, einen Teil des Rätselhaften, das ihn umgab, unangetastet zu lassen. Jeder braucht doch einen Traum ... Dada fesselte uns mit seinen Geschichten, doch was wir hörten, ging zum einen Ohr rein und zum anderen wieder raus. Wir waren eben Jungs! Ich erinnere mich, dass einmal jemand davon sprach, dass er nach Amerika auswandern wollte und Dada uns daraufhin eine lange Lektion erteilte: Jamaika und Amerika, das sei doch das Gleiche, es sei das gleiche Stück Erde, das sich unter dem Meer fortsetzte. Alles sei eins. Mit dem Wechsel des Landes würde sich an den Problemen nichts ändern. Damals verstand ich nicht, was er meinte.

Als ich größer wurde, erklärte ich mich zum Atheisten, aus Reaktion auf seinen Mystizismus, und Monty folgte mir auf diesem Weg. Seither ist viel Zeit vergangen und erst neulich haben wir wieder einmal über dieses Thema gesprochen. Wir kamen überein, dass Dada im Grunde wirklich eine Art Gott war, da Gott in allen Dingen wohnt. Es hängt davon ab, welche Vorstellung von Gott man hat. Wenn man sich ein Bild von Gott machen will, kann man alles darin unterbringen. Wie sollen wir denn etwas begreifen, was außerhalb unseres Vorstellungsvermögens liegt? Die Bakterie auf dem Blatt glaubt, die Welt sei auf dieses Blatt beschränkt. Die Raupe, die das Blatt frisst, sieht nicht den Vogel, der sich gerade auf sie herunterstürzen will. Der Vogel bemerkt die Raubkatze nicht, die schon auf dem Sprung ist, und die Raubkatze sieht den Jäger nicht ... Der Mensch denkt, er sei so groß! Wo ist Gott in diesem Kosmos, wenn nicht in uns?

Eines weiß ich indessen: An den Teufel glaube ich nicht. Nein, das entbehrt wirklich jeglicher Logik. Hätte Gott etwa dem Satan den Job übertragen, die Bösen zu bestrafen? Was würde dann am Tag des Jüngsten Gerichts mit ihm passieren: Würde er weiterhin zur Rechten Gottes sitzen? Hätte Gott wohl einen Stein erschaffen, der schwerer ist als das, was er tragen kann?

Kapitel 20

Spaziergang im Paradies

„Hast du das gesehen?“ Glady deutet zum Himmel. Ich blicke nach oben; dunkle Flecken tanzen im Azurblau, leicht wie Schmetterlinge; überall um uns setzen sie auf der Erde auf, ich kauere mich nieder und beobachte sie. Sie sind wie kleine Skulpturen, schwarze Flocken, die beim geringsten Kontakt auseinander fallen, kleinste Teilchen von Zuckerrohrpflanzen, die der Wind von den brennenden Feldern herübergetragen hat. Das Rohr wird abgefackelt; es ist Erntezeit.

In jener Nacht kommt das schwarze Schäfchen nieder. Die Jungen dürfen auf keinen Fall von Menschenhand berührt werden: Die Mutter lässt sie sonst im Stich. Ich muss mich hüten, nicht gegen das Verbot zu verstoßen; aber sieh doch, das Schaf liegt auf seinen Zitzen, so können die Jungen nicht saugen. „Sei unbesorgt“, sagt Glady, „ich sage gleich ‚hoch!‘, dann wird es sich erheben.“

Das Schaf vernimmt von weit her den Befehl und steht auf. Glady sieht mich bescheiden lächelnd an. Die Tiere zumindest gehorchen ihm. Obwohl dieses Schaf kein gezähmtes Tier war; der Hund hatte es zusammen mit seinem Zicklein in der freien Wildbahn aufgestöbert. „Er bellte und bellte, bis ich kam, um nachzusehen. Er hatte die beiden in einer Felsmulde eingekreist …“ Glady meint, diese Schafe seien noch ein Erbe der Spanier; Letztere ließen die Tiere in der Wildnis zurück, als sie im siebzehnten Jahrhundert vor den englischen Eroberern fliehen mussten. Denkbar auch, dass die Existenz der Schafe auf die Zeit zurückgeht, als das Pinakel aufflog …

Gut möglich, wenn das Hinterland nicht sehr frequentiert ist. Zuweilen sehe ich einen Bauern den Pfad in Richtung Hügel einschlagen, in der einen Hand die Machete. Wohin will er? Als Sharon und ihre Schwestern einmal diesen Weg entlanggehen wollen, um Mangos zu klauen, die an einem alten Bäumchen in einem verlassenen Garten wachsen, begleite ich sie. Die Mangos sind wurmig; ich lasse die von oben bis unten mit orangefarbenem Fruchtmark bekleckerten Kinder im Baum zurück und setze meinen Weg fort. Der Pfad, den ich entlangkomme, ist schmal, doch gut erhalten. Schon nach kurzer Zeit erreiche ich eine Weggabelung. Dann folgt die nächste und noch einmal eine; es handelt sich um ein regelrechtes Abzweigungsnetz. Mit jedem Schritt wird der Ausblick schöner. Ich setze mich einen Augenblick, um zu verschnaufen, wie betrunken von dem vielen Sauerstoff. Von hier aus hat man einen guten Blick auf das Pinakel, wie es sich oberhalb der Ebene entlangzieht …

Ich höre, wie Stimmen nach mir rufen. Sie kommen von unten, Kinderstimmen, dazwischen die von Erwachsenen … Ich steige den Hügel hinunter und auf halbem Weg begegnen mir Sharons Nichten, die mich gesucht hatten, sie hatten richtig Jagd auf mich gemacht! Ich bewege mich auf verbotenem Terrain – hier beginnt die Zone der Ganjaanbauer. Einer der Pfade führt bis zum Anwesen der Dealer hinauf, eine riesige weiße Villa auf dem Berg. Ich hätte niemals allein da hingehen dürfen; ein Hieb mit der Machete und aus wär's mit mir gewesen.

Deacon hat mir versprochen, mich zur Grotte mitzunehmen. Zu Fuß lege ich den Weg bis zur Länderei zurück, begleitet von Marc, Sharons Bruder. Er führt uns ins kleine Tal hinunter, dort stoßen wir auf Deacon, der gerade dabei ist, einen Stapel Holz aufzutürmen, um Holzkohle zu brennen. Howell hatte im Pinakel seinen Bruder Hansy mit der Produktion der Holzkohle betraut und dadurch die Holzarbeiter aus dem Tal zum Rückzug gezwungen; nachdem er weg war, kehrten sie zurück. Deacon schichtet abwechselnd Zweige von Sträuchern und junge Stämme zu einer Pyramide, die dünnen Teile kommen in die Mitte, die kleinen Zweige klemmt er zwischen die dicken Äste, damit die Löcher aufgefüllt sind – ein echtes Kunststück. Sobald die Pyramide Mannshöhe erreicht hat, kommt eine Schicht Erde darüber; dann zündet Deacon mit einem petroleumgetränkten Stück Watte das Stroh in der Mitte des Gebildes an. Über drei Tage hinweg wird er nun den Scheiterhaufen nicht aus den Augen lassen, hie und da wird er, damit das Ganze gleichmäßig herunterbrennt, kleine Öffnungen bohren oder Lücken zustopfen, sodass die Luft besser zirkulieren kann. Gleich müsste er fertig sein: Neulich hat er sich den Daumen unter einem Stamm eingequetscht und seine Hand schwoll mächtig an. Ich bin beeindruckt von der Quetschung. Deacon lacht.

Wir nehmen eine der alten grauen Straßen, die sich ins verwundete Herz des Pinakels bohren. In einer Kurve biegt Deacon in einen Weg ein, der an einer engen Schlucht entlangführt. Wir hangeln uns an einem bizarr gewundenen Felsen vorbei, der unter dem Urwald aus Lianen kaum zu sehen ist. „Wir sind da", sagt Deacon und zeigt auf den Felsen. Wo? Ich sehe nichts. Wir kämpfen uns weiter durch die Felslandschaft, biegen Dornenäste zur Seite und geben Obacht, dass wir nicht mit giftigem Efeu in Berührung kommen, denn das brennt. Plötzlich schaue ich auf und mir bleibt beinahe das Herz stehen: Nur ein paar Meter über mir zeigt ein spitzer Schnabel bedrohlich in meine Richtung. Ein Drachenkopf, ein prähistorisches Ungeheuer mit Echsenhaut und einem Maul voller Zähne. Als ich genauer hinschaue, ist es nur ein hervorstehender Kalkbrocken, dessen Silhouette sich vor dem schwarzen Hintergrund der Grotte abzeichnet, doch der Stein sieht aus, als ob er lebte! Für die Anhänger von Howell war die Grotte immer ein rätselumwitterter Ort, zu dem man nicht freiwillig hinging, und ich habe Gong im Verdacht, dass er diesen Stein absichtlich am Eingang platziert hat, um Neugierige abzuschrecken. „Da drinnen hielten sie ihr *obeah* ab", erklärt Deacon und lutscht dabei an seinen Zähnen. „Hier brachten sie ihre Opfer dar. Sie grillten kleine Kinder!"

Schrille Schreie dringen aus dem Innern der Grotte an unser Ohr. Plötzlich fliegt ein Schwarm Fledermäuse auf, auf dem Weg ans Tageslicht streifen sie uns. Marc hebt Steine vom Boden auf und wirft nach den Tierchen. Eines trifft er, es fällt herunter; mit einem Messerstich schlitzt er der Fledermaus den Bauch auf und trennt die Hoden heraus. „Was machst du?" Marc schwenkt mit glänzenden Augen das kleine blutige Ding durch die Luft und öffnet den Mund ganz weit. „Das macht stark!“ Und schon hat er die Beute verschlungen.

Die Grotte ist ziemlich geräumig; sie fasst bis zu hundert Personen. Gleich hinter dem Vorplatz am Eingang baut sich mannshoch ein abgerundeter Steinbrocken vor uns auf, umhüllt von einer hauchdünnen Schicht kleinster Kristalle. „Hierhin zog er sich zurück, um seine Predigten zu verfassen“, versichert Deacon. Nach hinten zu wird die Grotte breiter; die Decke ist sehr hoch und in der Mitte befindet sich eine kleine Wasserlache. Es herrscht ein eigenartiger Geruch. „Das kommt von dort drüben“, sagt Deacon und deutet auf den Fledermauskot. „Ein hervorragender Dünger. Die Leute aus Cross Pen kommen extra hierher, um ihn sich zu holen.“

Ganz in der Nähe des Eingangs, in der buckligen Seitenwand, zeigt uns Deacon einen Durchgang, der ungefähr Mannshöhe besitzt. „Er führt in einen anderen Raum, unterhalb von diesem hier. Ein gutes Versteck: Ein großer Stein genügt, um den Zugang zu versperren …“ Ich leuchte mit meiner Taschenlampe in die Maueröffnung hinein, doch außer Geröll und einem Haufen Abfall kann ich nichts erkennen. „Viele Jahre hat hier in der Grotte ein Verrückter gehaust“, erklärt mir Deacon. „Er ließ seinen ganzen Müll liegen, man kommt gar nicht mehr durch. Doch der Raum unten ist riesig! Diese Grotte ist bewohnt seit der Zeit der Arawak! Hier hat sich Howell versteckt gehalten, als die Polizei ihn suchte. Auch das Ganja haben sie hier versteckt …“

Als wir aus der Grotte kommen, wird es draußen schon so langsam dunkel. Wir ertappen die Kinder dabei, wie sie auf der Straße Fußball spielen; als sie mich sehen, beenden sie ihr Match und springen auf dem Pfad vor mir her. In den Händen halten sie Elektronikspiele, die ihnen ihr Vater aus Miami mitgebracht hat und mit denen sie alle möglichen gellenden Töne erzeugen können, um die Abendruhe zu stören. Im Schlepptau der Techno-Bande kämpfe ich mich auf dem Weg voran. Zuweilen versteckt sich einer der Jungen hinter einem Busch und wenn ich näher komme, springt er hervor, anschließend fängt er mir zur Versöhnung ein Glühwürmchen – ein kleines blassgrün leuchtendes Etwas, das er in seiner Handgrube hält …

Spanish Town. Ich mag sie nicht, diese Stadt. Nicht ihren Staub, nicht ihre ausgetretenen Trottoirs, nicht ihre Häuser mit den vergammelten Backsteinfassaden. Es gibt hier drei Gefängnisse sowie eine Strafanstalt – und eine ständig steigende Kriminalität. Doch als ich von weitem Miss Amys vertraute Gestalt wahrnehme – wie stets sitzt sie mit ihrem Korb an der Straßenecke –, bin ich beruhigt. Miss Amy ist immer da, jeden Tag platziert sie sich mit ihren Orangen, ihren Zigaretten und den Bonbons, die sie stückweise verkauft, hier am Krankenhauseingang. Sie rückt einen großen, verbeulten Farbeimer heran und lädt mich ein, Platz zu nehmen; so hocken wir dann viele Stunden lang am Straßenrand, sie erzählt und ich mache mir Notizen. Amy hat achtzehn Jahre im Pinakel verbracht und sie hat viel zu erzählen.

„Wir waren wie eine Familie. Wir halfen uns gegenseitig. Es gab keine Kriminalität, keinen Diebstahl, keine Gewalttaten ... Manchmal stritten sich zwei, doch es dauerte nie lange und sie versöhnten sich wieder."

„Ich kann mir vorstellen, Howell kam dann und beruhigte sie wieder?"

„O nein! Er brauchte gar nicht zu kommen. Auch wenn er nicht anwesend war, weilte er dennoch bei uns. Selbst jetzt ist er da ..."

Sie unterbricht sich: „Glaubst du mir?" Durchdringend schaut sie mich an, ihr schönes Gesicht zur Seite geneigt: „Ich frage mich, ob du mich liebst." Ich lächle sie an. „Ich habe gerade gedacht, dass du damals sehr schön gewesen sein musst." Amy verzieht kokett die Mundwinkel. War sie eventuell eine von Gongs Frauen? Ich sollte mich nie trauen, sie dies zu fragen ...

Schließlich kann ich sie überreden, mit mir zum Pinakel zu gehen. An einem schönen Sonntag darf ich sie an ihrer Wohnung abholen, in Tredegar Park. Pünktlich stehe ich vor ihrer Haustür, doch Amy ist noch längst nicht abmarschbereit; das kleine Bretterhaus scheint vorbildlich gepflegt, der Boden ist gewachst, das Glas der Öllampe geputzt. Zwei oder drei Kleider sind linksherum auf Bügeln aufgehängt, damit sie nicht einstauben. Sie sind grün und gelb, genau wie die Unterwäsche, die auf dem Ständer trocknet. Miss Amy ist nicht reich, doch alles an ihr strahlt eine gewisse Würde aus. Ihre Schwester Vinette und eine andere Frau begleiten uns – drei unzertrennliche Freundinnen aus Kindertagen.

Als uns das Taxi vor dem Pinakel absetzt, blicken die drei Frauen erstaunt um sich. Die Mauer am Eingang und die beiden Pfeiler sind verschwunden; wo einst Markt abgehalten wurde, erheben sich jetzt zwei oder drei halb fertige Häuser ... Ich spüre unwillkürlich, wie Trauer von den Frauen Besitz ergreift. Schweigend gehen wir weiter. Kurz darauf sagt Miss Vinette leise zu mir: „Ist es also wahr, sie haben verkauft ..." Dann stößt sie einen tiefen Seufzer aus: „Alles hat seinen Grund." Die beiden anderen schütteln den Kopf. Vermutlich hatten sie gar nicht geglaubt, dass das Gelände neu aufgeteilt worden war, hatten jene Gerichtsverfahren gar nicht für möglich gehalten, die dazu führten, dass sie das Paradies verlassen mussten; vermutlich hofften sie noch immer, das Pinakel gehöre weiterhin einem einzigen Mann, dem Meister, und sie lebten im Glauben, dass sich daran auch nichts ändern würde bis ans Ende aller Tage. An jenem Nachmittag 1958, als sie oben auf dem Hügel standen und sahen, wie unten ihre Hütten brannten, blieb für sie die Zeit stehen. „Am Morgen noch", sagt Amy, „hatte ich einen Korb voll *nisberries* gepflückt, um sie auf dem Markt zu verkaufen. Da sagte Ken Watt zu mir: ‚Diese Beeren gehören mir, ich könnte dich verhaften lassen ...'"

An der ersten Weggabelung biegen die Schwestern automatisch links ab: Sie wollen „zu sich", nach East Avenue. Doch von einer Siedlung ist hier nicht mehr viel zu sehen. Die Mauern sind eingestürzt, die Quelle ist ausgetrocknet, die Kinder haben alles bis auf das letzte Stück Holz mitgenommen.

„Schau! Hier stand einmal mein Haus", sagt Vinette. „Als sie anfingen, alles kaputtzuschlagen, flohen wir in die Hügel und von da oben schauten wir auf das brennende Dorf hinunter. Ich gab meiner Tochter damals noch die Brust, sie war gerade dreieinhalb Monate alt. Ein Haus nach dem anderen fiel in sich zusammen – wie ein Kartenhaus, plupp! Ein Polizist weinte, als er mich mit dem Baby auf dem Arm erblickte. Er sagte, das Unrecht, das wir gerade erfahren würden, sei allzu schlimm. Er fragte mich, was ich jetzt tun wolle …"

„Und was hast du getan?"

„Die Nacht brachten wir im Schutz der Felsen zu, am nächsten Tag ging ich zu einer Freundin nach Tredegar Park und bat sie, uns vorübergehend aufzunehmen … Das war's."

„Wart ihr hier glücklich gewesen?"

Die alte Dame senkt das Haupt, dann, nach einem kurzen Schweigen, schaut sie wieder auf, sie bebt am ganzen Körper: „Aber sicher waren wir glücklich. So ein Glück, wie wir es im Pinakel erlebten, haben wir seither nie mehr erfahren."

Kapitel 21

Howell und Bustamante

Die Ära, in der das Pinakel freundlich geduldet wird, geht 1954 nach zehn Jahren ihrem Ende entgegen. Die Razzien von 1954 und 1958 rücken näher und mit ihnen das Aus für das Pinakel. Etwas scheint hier unerklärlich: Über eine Dekade hatte man das Pinakel toleriert, warum wird es jetzt plötzlich zum Stein des Anstoßes? Und das, obwohl die Dinge, die das Gesundheitsamt beanstandet hatte, beseitigt sind; die Angestellten aus dem Ministerium zeigten sich bei ihrem letzten Besuch äußerst erstaunt, als sie „absolut saubere Toiletten“ vorfanden, „in denen sich keine Mücken mehr tummelten“. Auch Konflikte mit Nachbarn gab es so gut wie keine mehr: Die Leute aus dem Pinakel werden geachtet von der Bevölkerung im Tal. Nein, das Problem liegt anderswo. Es wird in Kingston gemacht, in der „Außenwelt“.

Für die paar tausend Mitglieder der Rasta-Gemeinde gibt es zwei Welten: die im Pinakel und die draußen; Zion und Babylon. Howell pendelt zwischen beiden hin und her und ändert dabei ständig sein Gesicht. Im Pinakel gilt er als die Inkarnation Gottes, als der Hohepriester der *chalice* (so heißt die Pfeife, in der das Ganjakraut geraucht wird). In Kingston spielt er eine andere Rolle, doch welche? Stets makellos gekleidet in seinem Dreiteiler, die Krawatte kunstvoll gebunden („Der Knoten darf nie tiefer sitzen als der dritte Knopf!“), so sieht man ihn im Wagen mit Chauffeur durch die Stadt fahren. Er unterhält Kontakte zu Menschen aus den unterschiedlichsten sozialen Schichten. Er betreibt ein Büro, hat zwei Sekretäre und vier Hausangestellte. Und wieder einmal typisch für ihn ist: Seine Niederlassung liegt genau gegenüber vom Polizeihauptquartier, mit Blick auf die East Queen Street. Sonntags schickt er seine Lastwagen ins Pinakel hoch, um die Rasta-Anhänger abzuholen, damit sie in Kingston die „Messe“ besuchen können. Er inszeniert diesen Auftritt mit großer Sorgfalt. Die Leute in den Ghettos lieben es, wenn sie die Männer und Frauen in ihren strahlend weißen Gewändern kommen sehen. Sie mischen sich unter sie, lauschen ihren Reden, hören ihre Musik. Die Rastas sind schwarz und arm wie sie selbst, doch sie tragen ihr Schicksal mit Würde, mit Stolz und sie haben eine eigene Kultur. Jedes Jahr verzeichnet das Pinakel mehrere hundert Neuzugänge. Das Leben da oben gefällt zwar nicht allen, doch für jedes Mitglied, das die Gemeinde verlässt, kommen zwei neue.

Seit 1939 besitzt Howell einen eingetragenen Verein, die Ethiopian Salvation Society. Ziel der Vereinigung ist es, „die christliche Religion zu propagieren und Gelder einzutreiben: durch Mitgliedsbeiträge, durch Zahlungen von Leuten, die für die Organisation zeichnen, durch Spenden, Kapitalien, Sammlungen und das Einfordern von Zahlungsrückständen“. Die Statuten lesen sich in der Tat wie die einer Beerdigungsgesellschaft – einer Versicherungskasse für Trauerfeierlichkeiten. Diese sind zahlreich auf Jamaika. Immer noch spuken den Leuten die schrecklichen Dinge aus der Zeit der Sklaverei in den Köpfen herum. Damals ließ man die Alten und Schwachen einsam vor sich hin sterben oder warf sie einfach nackt in einen Graben. In den traditionellen Gesellschaften sind Beerdigungen eine ernst zu nehmende Sache. Viele glauben, dass die Seelen der Toten, begleitet von bestimmten Ritualen, nach Afrika zurückwandern; und sie wünschen sich, im Tod endlich die Würde zu erlangen, die ihnen im Leben versagt blieb.

Howell hat für seinen Verein schlicht die Statuten eines Beerdigungsunternehmens abgeschrieben. Der Wortlaut des achtzehnseitigen Texts tut indes nur wenig zur Sache; er spiegelt kaum das wider, was wir über den Leader bereits wissen. In Absatz 51 heißt es beispielsweise: „Die weiblichen Mitglieder erhalten während der gesamten Zeit ihrer Schwangerschaft, während der Geburt eines Kindes und im ersten Monat danach kein Geld aus der Krankenversicherung." Nun weiß man aber, dass Howell großen Ehrgeiz entwickelt, allein stehenden Frauen unter die Arme zu greifen; hat er etwa nicht Tyneth damit beauftragt, schwangeren Frauen und Müttern zu helfen? Die Textstellen, in denen es um Alkoholmissbrauch geht, hätte der Leader hingegen mit Sicherheit blind unterschrieben, ebenso wie die Passagen, in denen dem Vorstand die uneingeschränkte Macht zugestanden wird. Die als Mitgliedsbeitrag geforderten zwei Shilling pro Monat entlocken den Anhängern allenfalls ein mildes Lächeln. „Wir haben nie gezahlt ...!" Doch mit diesen Statuten hatte Howell gegenüber dem Establishment etwas in der Hand.

Die politische Lage ist zwiespältig. 1944 ist Bustamante zwar durch allgemeine Wahlen in Amt und Würden gekommen, doch seine Befugnisse sind immer noch die eines *Chief Minister,* er besitzt weder exekutive Macht noch verfügt er über ein Haushaltsbudget. Polizei und Armee sind dem englischen Gouverneur unterstellt, in dessen Händen auch die Außenpolitik ruht. Doch Bustamante zieht alle Fäden im politischen Spiel und wird schließlich erster Mann im Staat – nämlich Premierminister eines Jamaika, das 1962 seine Unabhängigkeit erhält. Aber Bustamante war bereits seit 1944 er ein Mann, dem die Menschen zuhörten. Nachdenklich stimmt mich die Tatsache, dass die ersten offiziellen Wahlen mit dem Beginn der goldenen Zeit für das Pinakel zusammenfallen. Welches Spiel treiben Bustamante und Howell?

Sie reden beide mit fremdem Akzent, benutzen die gleichen Methoden und haben die gleiche Zuhörerschaft: die Analphabeten, die beeindruckt sind von ihren weiten Reisen und den „Doktor"-Titeln, die sie sich unterwegs erworben haben. Beide Männer kennen sich aus mit den kleinen Leuten auf Jamaika und wissen, was diese anspricht. Was wollen die Menschen? Liebe und Brot. Howell tat bei seinem Projekt anfangs nichts anderes, als die Bedürfnisse des einfachen Volks zu befriedigen: Das bisschen Geld, das ihm sein Vater 1932 gegeben hatte, teilte er mit den Armen von Red Lands. Während des Zweiten Weltkriegs griff er ihnen erneut unter die Arme. Seine Nichte Daphney erinnert sich, wie er in Red Lands ankam, säckeweise Mehl und getrockneten Fisch im Gepäck – seltene Güter in jener Zeit. „Sobald die Leute ihn die Straße hochkommen sahen, liefen sie von den Feldern herüber und umringten ihn. Das war ein Fest! Er besaß eine Liste, auf der alle Alten und Hilfsbedürftigen verzeichnet waren. Er gab uns bündelweise Scheine, die wir dann nächtelang in kleine braune Umschläge stecken mussten, sie waren für jene armen Leute bestimmt. Es müssen mehrere Millionen gewesen sein, die er an sie verteilte!"

Bustamante ging exakt in der gleichen Weise vor. Er verlieh Geld oder machte Geschenke. Als Jamaika bereits seine Unabhängigkeit erlangt hatte, war Bustas Partei immer noch ganz groß im *hand-out* von staatlichen Geldern, Ämtern, Privilegien und Verträgen ... Es herrschte Vetternwirtschaft. Einzelnen konnte mit dieser Art von Politik vielleicht geholfen werden, doch für die Gesellschaft insgesamt ließ sich nicht viel bewirken. Errungenschaften wie die Lohnerhöhungen von 1938, die Einführung des allgemeinen Wahlrechts 1944 sowie später die Unabhängigkeit gehen auf das Konto seines Cousins und späteren Gegners Norman Manley. Ein kleiner Teil der schwarzen Bevölkerung kapierte rasch, was Bustamante beabsichtigte, und wandte sich von ihm ab. Doch seit sich auf Jamaika ein Zweiparteiensystem herausgebildet hat, spielt die von Bustamante gegründete Gewerkschaft eine wichtige Rolle auf dem politischen Parkett. Es gilt die Devise: Wer nicht mitmacht, ist draußen. „Seit es 1938 zu den Aufständen kam, bin ich nicht mehr in der Lage, eine Arbeit zu finden", schreibt ein gewisser Frank Warren an den für die Kolonien zuständigen Minister. Ein anderer Arbeitsloser, Egbert Charles Smith, wendet sich mit folgenden Worten schriftlich an den Gouverneur: „Schon seit sechs Monaten werde ich dafür bestraft, dass ich die Diktatur der Industrial Union von Bustamante nicht unterstützen wollte ... Hat Jamaika jetzt zwei Gouverneure, Sie und Bustamante?" Wie zu Zeiten der Sklaverei hat der Einzelne, auch wenn er noch so gebildet ist, keine andere Wahl, als irgendwelchen Herren zu dienen. In dem Brief heißt es weiter: „Gerade gestern hat Bustamante in der Presse wieder geäußert, dass er in Erwägung ziehe, uns im Straßenbau zu beschäftigen und zu Kanalarbeiten heranzuziehen. Noch einmal Hacke und Schaufel!“ Die Gewerkschaftsführer, die ihre Organisation in den Dienst von Bustamante stellen, streichen alle möglichen Vorteile ein, doch die Basis hat das Nachsehen, hier teilt man sich die Krümel auf. „Der Sozialminister lebt in einem Palast, während wir in Hütten aus alten Kartons hausen!“

Was mögen sich die beiden Leader – Howell und Bustamante – wohl erzählt haben, wenn sie sich unter vier Augen trafen? Jeder durchschaut das Spiel des anderen. Busta sieht im Pinakel keine Bedrohung. Alles, was die Rastas wollen, ist ihre Ruhe. Sollen sie doch ihren Frieden haben! Das Einzige, was Busta als Gegenleistung von ihnen erwartet, ist, dass sie ihm bei der Wahl ihre Stimme geben. Howell und Bobby Alexander (ein Weißer, Howells einziger Freund in der Welt der Politik) diskutieren viele Stunden über diese Dinge. Hat Howell vielleicht einem Druck nachgegeben, damit das Pinakel für die folgenden zehn Jahre in Frieden gelassen wurde? Ist Gott etwa der JLP beigetreten?

Kapitel 22

Die Razzia von 1954

Frühling 1954. Im Pinakel reiben sich die Pflanzer die Hände: Die Ganjaernte verspricht diesmal außerordentlich hohe Erträge. Die blühenden oberen Enden sind riesig und duften wunderbar; seit Jahren schon hat man solche Pflanzen nicht mehr gesehen! Elijah Powell, einer der Pflanzer mit den größten Beständen, meint zum Gong, wenn alles glatt ginge und nichts Unvorhergesehenes dazwischenkäme, würden sie alle bald reich sein. „Wir werden nie mehr arbeiten müssen!" Alles, was er besaß, hat Powell in diese Ernte gesteckt ... Es ist Anfang April und die Pflanzen sind allmählich so weit, dass man sie abernten kann.

Am Dienstag, dem 6. April 1954, in der Stunde, zu der viele ihren Mittagsschlaf halten, sitzt der Gong im zweiten Stock seines Büros in Kingston, East Queen Street 60. Er ist gerade dabei, seinem Sekretär einen Brief zu diktieren, als ein Polizeitrupp in Zivil in sein Zimmer eindringt. Die Uniformierten durchwühlen alles und finden: eine Tasche voller Banknoten, im Kühlschrank ein Dutzend gegrillter Hühner und verschiedene Sorten Fleisch, des Weiteren zwei Flaschen, gefüllt mit einer ätzend riechenden Flüssigkeit, sowie acht Thermometer und zwei Stethoskope – doch nicht ein Gramm Ganja. In Ermangelung eines Besseren verhaften sie Howell wegen illegaler Anwendung medizinischer Praktiken. Verurteilt wird Howell am 13. April. Bei dieser Gelegenheit erklärt er, dass er in San Francisco in den Jahren 1920 bis 1924 Medizin studiert habe und beim Militär bereits als Arzt im Einsatz gewesen sei. Er räumt ein, dass er es versäumt habe, sich bei der Ärztekammer auf Jamaika als praktizierender Arzt eintragen zu lassen, doch er verspreche, dies sofort nachzuholen. Bis dahin wolle er nur in familiären Notfällen behandeln. Der Richter bittet ihn daraufhin, den Namen seiner Universität zu buchstabieren, doch Howell weigert sich: In Orthografie sei er noch nie so gut gewesen. „Sehr interessant", meint der Justizbeamte ironisch. „Ja, nicht wahr?", entgegnet Howell. Gegenüber seinen Anhängern wird er sagen, er habe den Namen von hinten buchstabiert und die anderen seien nur zu blöd gewesen, um den Witz zu kapieren! Sein Anwalt tischt eine andere Version auf: Howell stehe an der Spitze einer „Back to Africa"-Bewegung und die medizinischen Utensilien, die man bei ihm gefunden habe, seien für Afrika bestimmt gewesen. Selbst wenn er als Arzt auftrat, was wollte er mit acht Thermometern? Howell wird auf freien Fuß gesetzt, doch jetzt geht der Ärger erst richtig los.

Durch seine zahlreichen Aktivitäten in der „Außenwelt" ist Howell ziemlich abwesend; allzu häufig muss die Pinakel-Gemeinde ohne ihn auskommen und so lockert sich die Disziplin. Es kommen jetzt alle möglichen Leute und schon bald reicht der Grund und Boden nicht mehr aus. Da niemand so genau weiß, wo die Grenzsteine liegen, entschließen sich einige der Neuankömmlinge kurzerhand, jenseits der Straße von Sligoville, am Williamson's Run, zu siedeln. Der Boden dort ist nur schwer zu bearbeiten und alles ist verwildert. Niemand stört sich besonders an dieser Landnahme – bis zu dem Tag, als die Rasta-Anhänger erklären, die Straße gehöre auch noch zu ihrem Gebiet. Außer den Söhnen Ras Tafaris wollen sie niemanden mehr passieren lassen. An der schmalsten Stelle, ganz in der Nähe des Pinakel-Eingangs, fällen sie einen Baum. An jenem Tag ist ein Priester aus Sligoville unterwegs nach Spanish Town; an der Absperrung kommt er nicht weiter. Vergeblich versucht er, die Rastas zu überzeugen, ihn durchzulassen, doch was er auch vorbringt, es hilft nichts. Er ist gezwungen, den ganzen Weg zurückzugehen und eine andere Straße zu benutzen, die weiter hinten um das Bergmassiv herumführt. Als er schließlich in Spanish Town ankommt, vor Wut schäumend, marschiert er schnurstracks aufs Polizeirevier und erstattet Anzeige. Seine Zeugenaussage wird der Polizei als Rechtfertigung für eine Razzia dienen, die ohnehin seit langem geplant war.

Am 24. Mai fällt ein schwer bewaffneter Trupp im Pinakel ein. Mit dieser Razzia will man den Rastas endgültig den Garaus machen; einhundertvierzig Personen werden festgenommen. Blade hat versucht, die Traurigkeit jenes Augenblicks auf dem Papier festzuhalten: den Polizeikommissar, wie er in überheblicher Pose in einem Büro unter freiem Himmel thront, die langen Schlangen der Gefangenen, die einer nach dem anderen an ihm vorbeiziehen, die mit Maschinenpistolen bewaffneten Soldaten, die brennenden Hütten in der Ferne. Gleich am ersten Tag des Einsatzes brennen neuntausend Stauden nieder, mehr als acht Tonnen Ganja werden beschlagnahmt und tausende Pfund Sterling gepfändet. Es ist der größte Fang in der Geschichte Jamaikas, einer der bedeutendsten überhaupt. Die Reichtümer des Pinakels sind auf einen Schlag vernichtet.

Es herrschen wieder Ordnung und Gesetz. Wie es scheint. Doch ein paar Fragen bleiben noch offen. Warum haben die Gesetzeshüter genau zur Erntezeit eingegriffen – einer Periode, in der das Pinakel enorme Summen einstreicht? Warum gerade jetzt, am Vorabend zu so entscheidenden Wahlen? Hatten die Polizei und Bustamantes JLP nicht zwei Amtsperioden lang beide Augen zugedrückt? Kann es sein, dass das Pinakel bisher aufgrund von erpresserischen Machenschaften verschont geblieben war? Hatte sich Howell damit begnügt, einige Funktionäre in seiner näheren Umgebung zu schmieren; oder war er gar auf höherer Ebene tätig geworden?

Mein Freund Donovan Philips, ein Bewunderer Howells, überzeugte mich schließlich: Wenn es einen gab, der uns etwas sagen konnte über die Beziehungen des Gong zu den Politikern, dann war dies Mortimer Planno, jener Mann, der in der Rasta-Welt eine wichtige Rolle spielen sollte, nachdem der Gong abgetreten war. Mir fällt nichts Besseres ein und so beuge ich mich den Argumenten Donovans.

Bleibt nur noch, Mortimer zu finden: Sein Gesundheitszustand ist nicht mehr der beste und so hat er sich aufs Land zurückgezogen; diesen Schlupfwinkel verlässt er nur noch, um Vorträge zu halten oder um bei großen Meetings das Wort zu ergreifen. Ein paar Freunde kümmern sich um ihn, darunter ein Rasta-Doktor aus Britisch-

Guyana; Planno wird im Rollstuhl gefahren. Er nimmt nur wenig auf von dem, was man zu ihm sagt – und spricht selbst noch weniger. Ich mag ihn eigentlich gar nicht stören und bei der Vorstellung, mich auf einen so schwierigen Charakter wie ihn einlassen zu müssen, graust mir, ehrlich gesagt – ich erinnere mich an stürmische Auseinandersetzungen im Büro von Tuff Gong zu Zeiten Bob Marleys. Aber Donovan hat Recht: Planno ist der Einzige, der die ganze Geschichte von vorn bis hinten kennt.

Er ist in Trench Town aufgewachsen, in der Fünften Straße, in einem der übelsten Ghettos von Jamaika. Er kennt die Politiker und er kennt die Rastas. Er war es, der 1960 auf die Idee kam, den Direktor der University of the West Indies aufzusuchen und bei ihm eine wissenschaftliche Arbeit über die Rasta-Bewegung anzuregen. Er war der Anführer der Rasta-Gruppe bei ihrer besonderen Mission in Afrika (die in direktem Zusammenhang mit dem Bericht der Universität stand) und er war mehrere Male mit Selassie zusammengekommen. Er war es, der in der berühmten Fernsehdokumentation über den Besuch des Kaisers auf Jamaika an der Seite des Monarchen die Gangway hinunterschritt. Und wieder war es er, der Ende der Sechzigerjahre Bob Marley ermutigte, das Showbusiness zu nutzen, um die Botschaft einem größeren Publikum zugänglich zu machen.

Plannos Gedächtnis scheint schier unerschöpflich, seine Erinnerungen in *Strange Man, Rastaman* werfen ein völlig neues Licht auf die Bewegung – es gibt nur noch ein Exemplar davon und das befindet sich in seinem Besitz; selbst die Universität hat keines mehr. Planno ist unser Gewährsmann. Daher sitze ich eines Morgens, einen Stein in der Magengrube, zusammen mit Donovan im Bus nach Clarendon, unterwegs zu einem spannenden Interview.

Punkt zwölf Uhr mittags lässt uns der Fahrer vor einem kleinen blauen Haus im Tal des Milk River aussteigen. Wir schreiten einen langen Flur entlang und kommen schließlich in einen großen Raum mit mehreren Fenstern. Jetzt trennt uns nur noch ein Wust ungemachter Betten vom Meister; schweigend gehen wir darum herum, wohl wissend, dass wir unter scharfer Beobachtung stehen. Ein aufdringlicher Geruch steigert mein Unwohlsein noch. Donovan macht mich vollends verlegen, als er mich mit den Worten vorstellt, ich sei zwar eine Weiße, doch in meiner Seele sei ich schwarz. Schämte er sich etwa wegen meiner Hautfarbe? Morty unterzieht mich einem strengen Verhör und ich antworte wohl überlegt, denn ich weiß: Seinem Scharfsinn entgeht nichts. Endlich huscht ein Lächeln über sein Gesicht. „Ich verstehe dein Interesse. Leonard Percival ist eine faszinierende Persönlichkeit und die Geschichte der Rastas wäre ohne ihn undenkbar." Gleich darauf bestätigt er meine Vermutung hinsichtlich des Drogenhandels: „In den Dreißigerjahren war Ganja noch nicht verboten. Die Engländer hatten Britisch-Guyana den Anbau sogar ausdrücklich empfohlen, damit das Land seine Schulden beim Internationalen Währungsfonds zurückzahlen konnte. Erst 1953 beschloss Churchill, der 1951 erneut zum Premierminister gewählt worden war, dem Geschäft mit dem Kraut ein Ende zu bereiten. Manley rief mich an und sagte: ‚Morty, du musst deinen indischen Brüdern mitteilen, dass jetzt Schluss ist mit dem Ganjageschäft.'"

Morty beginnt in Papierstapeln herumzuwühlen. Er zieht ein Heft heraus mit Notizen aus dem Jahr 1976 und reicht es mir herüber. Unter der Überschrift „Leonard Howell" ist eine ganze Reihe von Fragen aufgelistet: „Welche Beziehungen unterhalten Howell und Bustamante zueinander?" – Genau das wollte ich eigentlich von Planno wissen. „Wo war Howell, als Garvey im Gefängnis saß? Welche Rolle spielt er beim Handel mit Ganja? Was hat er mit Lucky Gordon zu tun?"

Morty sieht mich an. Ein Ausbund an Hässlichkeit. Sein Gesicht wirkt wie eine unvollendete Skulptur, ein mit Moos bewachsener Felsen, aus dem riesige schwülstige Lippen herausragen; doch unter den wilden Rasta-Locken lugen blitzgescheite Augen hervor. Lucky Gordon! Eine heiße Spur. Doch was, wenn nun auch Morty mir hiezu nichts sagen kann? Wo soll ich mich dann hinwenden?

Ich kann mich an den Namen Lucky Gordon erinnern: ein kleiner jamaikanischer Gauner aus London, der irgendwie in die Profumo-Geschichte verwickelt war, eine Korruptions- und Spionageaffäre, die 1953 mit dem Selbstmord eines englischen Ministers endete. Gordon war, was Frauen und Ganja anbelangte, der absolute Star auf den freizügigen Partys einer Gruppe von Londoner Politikern. Die Tatsache, dass einige Volksvertreter offenbar persönliche Kontakte unterhielten zu einer kleinen Gang von Straßenjungen aus den Einwandererghettos, erregte in der englischen Öffentlichkeit großes Aufsehen. Die Presse weidete sich genüsslich an den Details einer Geschichte, die im Grunde nicht so viel Wirbel verdient gehabt hätte. Viele Leute, die vielleicht nur am Rand etwas mit der Sache zu tun hatten, wurden in den Dreck gezogen. Den Jamaikanern führte der Skandal vor Augen, welche immense Bedeutung dem Ganjageschäft zukam.

Ohne Übertreibung lässt sich sagen, dass den Menschen im Pinakel eine Pionierrolle zukam: Sie waren die Ersten, die in großem Stil Ganja anbauten und vermarkteten. Die Alten in Kingston erzählen noch heute, wie sie freitagmorgens auf Eselsrücken gemächlich zum Pinakel hinaufritten, um sich auf dem dortigen Wochenmarkt mit Ware einzudecken. Man kaufte das Ganja in großen Jutesäcken oder in den zugenähten Beinschlägen einer alten Hose. Blade erinnert sich, dass er bei großen Lieferungen geholfen hat: Der Käufer fuhr dann im Lastwagen vor, in Begleitung einer Polizeieskorte wohlgemerkt! Ab 1934 wird die jamaikanische Regierung gewahr, dass sich „die Landvögte auf den Gütern, die der königlichen Krone unterstehen, und die Gebietsaufseher längst mit den Ganjaanbauern kurzgeschlossen haben“. So ist es in dem *Memorandum on the Dangerous Drug Law* nachzulesen, das im Nationalarchiv von Jamaika lagert. Ab Anfang der Vierzigerjahre zirkuliert im Ghetto Ganja – in kleinen Päckchen, die alle gleich aussehen, was auf eine Serienproduktion schließen lässt. Der Vertrieb wird durch die Inder sichergestellt. Ihre Gang, die Kapatula, kontrolliert die Ghettos im Westen von Kingston (das Gebiet entlang der Spanish Town Road, die vom Stadtzentrum bis zur ehemaligen Hauptstadt führt); sie versorgt sich im Pinakel. Wie jede Mafia, die etwas auf sich hält, hat auch die Kapatula ihre Schutzherren und ihre Mittelsmänner.

In den Fünfzigerjahren heckt der Inder Coolie Boy, der in der Gegend als Dealer ganz groß im Geschäft ist, einen verdammt schlauen Plan aus. Seine Frau, Miss Lynn, arbeitet im *Hotel Normandy* in der Bond Street, unweit der Spanish Town Road. Dort lernt sie einen gewissen Goldburn kennen, er ist Pilot bei der ersten Hubschrauberstaffel Jamaikas. Coolie Boy und Goldburn werden Kumpane. Jedes Mal, wenn die Regierung einen Helikopter losschickt, um Ganjafelder ausfindig zu machen, informiert der Pilot seinen Spezi Coolie Boy, der daraufhin schnurstracks ins Pinakel marschiert und dort die Information im Tausch gegen einige randvoll gefüllte Jutesäcke weitergibt. Coolie Boy kann auch bei seinem Freund ein paar nette Worte verlieren, sodass dieser anschließend das eine oder andere Tal einfach links liegen lässt. „Damit wurde Coolie Boy sehr reich. Manley hat ihn schließlich in die Zange genommen und persönlich unter Druck gesetzt, von der Sache abzulassen – mit Erfolg. Das war Anfang der Fünfzigerjahre; heute lebt Coolie Boy nicht mehr."

Piloten, Polizisten, Politiker, alle möglichen Leute mischen auf ihre Art bei dem Geschäft mit. Bustamante verliert allmählich an Aura und seine Partei muss jetzt andere Kaliber auffahren, um zu überzeugen. Die PNP wiederum hatte schon immer Männer in der Verwaltung und im Polizeiapparat sitzen. Das Gleichgewicht zwischen den beiden politischen Kräften ist kurz davor, zu kippen. Im Ghetto sprechen jetzt die Waffen. Der internationale Ganjahandel wird den politischen Gangs jahrzehntelang als Rechtfertigung für Gewalt dienen. Das Kraut ist zum Gold Jamaikas geworden und nährt das schreckliche System, das sich gerade zu etablieren beginnt: Die Insel fällt in die Hände der *gunmen.*

Es ist ein offenes Geheimnis: Das Ganja diente als Vorwand, um in den Ghettos von Jamaika Waffen auszugeben. Dies lässt sich auch überall nachlesen, doch nie werden Namen genannt, nicht einmal die der untersten Schergen, die so dumm waren und sich erwischen ließen. Die beiden Parteien können hunderte von armen Kerlen in den Tod treiben, doch die großen Fische, die feinen Herren, gehen nie ins Netz, sie halten zusammen wie Pech und Schwefel. Manley und

Bustamante sind Cousins, vergessen wir das nicht. Als man das Green-Bay-Verfahren noch einmal aufrollen wollte – die Polizei hatte ein Dutzend Arbeiter bei einem Massaker getötet, das Urteil wurde unter dem Mandat der JLP gefällt –, erklärte die neue PNP-Regierung den Fall einfach für abgeschlossen. Reden kann auf Jamaika teuer zu stehen kommen. In einem Land, in dem in den Radio-Talkshows selbst über die brisantesten Themen erstaunlich frei parliert wird, verstummen die Journalisten sofort, sobald es sich um die krummen Machenschaften eines Politikers oder sonst eines hohen Tiers handelt. Die Protokolle zum Fall Howell verbrannten, als unbekannte Täter das Gericht von Spanish Town in Brand steckten und dabei das gesamte Beweismaterial vernichteten. Und heute, wer sollte sich heute trauen zu reden? Vermutlich werden wir nie genau erfahren, welche Rolle das Pinakel bei der Bewaffnung der Parteien spielte; doch man kann sich die Funktion der zentralen Kräfte in dieser Geschichte näher anschauen. Und an erster Stelle ist hier die Polizei zu nennen.

Auf den ersten Blick wirkt die Razzia wie ein routinemäßiger Einsatz mit dem Ziel, den Ganjahandel einzudämmen. Das ist jedenfalls die offizielle Erklärung und sie erscheint umso plausibler, da laut Mortimer Planno die britische Regierung in dieser Richtung Druck ausgeübt hat auf die Jamaikaner.

Über Jahre hinweg hatte sich die gleiche Polizei von Spanish Town indessen mit dem Pinakel ganz gut arrangiert. Den Uniformierten waren mit der Zeit die so genannten „Freelance-Razzien" (um den Ausdruck Blades zu verwenden) schon zur Gewohnheit geworden; sie kreuzten dann stets zu dritt oder zu viert auf und kassierten Bestechungsgelder. Ganz besondere Bitterkeit empfindet der Sohn des Gong bei der Erinnerung an einen Beamten, der regelmäßig im Haupthaus auftauchte, sich dort in den besten Sessel setzte und darauf wartete, bedient zu werden. „Er hatte einen fetten Wanst und liebte es, sich mit Essen voll zu stopfen. Wenn er kam, ließ mein Vater zumeist ein Lamm schlachten und kochte ihm ein Curry. An einem Tag hatte der Mann derartig viel gefressen, dass die Beine des Möbelstücks unter seinem Gewicht einsackten, als er sich behaglich zurücklehnte, um zu rülpsen. Er lag der Länge nach auf dem Fußboden! Jeder hasste ihn. Es gab da noch einen anderen Polizisten, Bogus Boy, er saß auf dem Revier in Spanish Town und war ein korrekter Beamter; er empfand sogar Sympathie für die Schwarzen und versuchte, seinen Job so unvoreingenommen wie möglich auszuüben. Doch seine Umgebung war derart korrupt, dass Bogus Boy eines Tages durchdrehte: Er nahm ein Gewehr von der Wand und schoss damit wild um sich. Es gab mehrere Tote – auch der besagte miese Typ war darunter."

Wenn mit dem Polizeieinsatz von 1954 nicht die örtliche Dienststelle betraut wird, sondern der für das gesamte Gebiet verantwortliche C. A. Mahon, dann geschieht dies sicherlich in der Absicht, die korrupten Beamten von Spanish Town außen vor zu lassen. Doch den kleinen Gaunern unter ihnen ist klar, dass dieser Einsatz der letzte sein könnte, und sie wollen sich noch einmal ein Stück von dem fetten Kuchen abschneiden. Einer kommt auf eine geradezu geniale Idee: Er nimmt die „Prinzen" fest – Monty und Blade – und lässt dem Gong eine Nachricht zukommen: Wenn dieser ihm nicht auf der Stelle ein Lösegeld von zweitausend Pfund (in der damaligen Zeit der Preis einer Luxusvilla) zahle, würde er die beiden Kinder wegen Ganjabesitzes belangen. Howell bezahlt. Die zwei Jungen werden dennoch dem Richter vorgeführt wegen Hehlerei im Zusammenhang mit goldenen Uhren. Die Anklage wird jedoch rasch fallen lassen, als Monty und Blade Rechnungen vorlegen (die Uhren waren ihnen als Geburtstagsgeschenke offeriert worden).

Auf allen Ebenen blüht die Korruption. Die Leute im Tal erinnern sich an Polizeibeamte, die abends nach Dienstschluss noch einmal wiederkamen, um Säcke, randvoll gefüllt mit Ganja, einzusammeln, die während der Razzia versteckt worden waren. Selbst wenn der Polizeichef vielleicht wirklich hart durchgreifen wollte, seine Untergebenen handelten an ihm vorbei. Und sobald Korruption im Spiel ist, wird keiner so naiv sein, zu glauben, die Politiker hätten da nicht kräftig mitgemischt.

Der Blick richtet sich jetzt auf den Abgeordneten von Spanish Town, L. W. Rose, einen alten Garvey-Anhänger, der zum Gewerkschafter geworden ist und als enger Vertrauter Bustamantes gilt. Rose profitiert von den Wählerstimmen der Pinakel-Bewohner: Er schuldet ihnen daher einen gewissen Schutz. Überdies ist der Ganjahandel auch für ihn ein prima Geschäft. Wenn er damit seine Wahlkampagnen finanzieren kann, warum sollte er sich dann den Ast absägen, auf dem er sitzt ...? Die JLP ist es also, die in Wirklichkeit mit dieser Razzia getroffen werden soll: Indem ihre Gegner den Ganjahandel unterbinden, graben sie ihr das Wasser ab.

Zweierlei Dinge darf man nicht vergessen: Zunächst einmal liegt die Exekutive immer noch in den Händen der Briten; ihnen, nicht Busta, ist die Polizei unterstellt. Dann muss man sehen, dass die Verwaltung insgesamt der PNP stets viel näher stand als der JLP. Am Vorabend zu Wahlen, die heiß zu werden versprachen, hat die PNP mit dem Angriff auf das Pinakel vielleicht versucht, die Position der JLP zu schwächen.

Welche Rolle kommt Manley zu? Zwei Zeitzeugen bestätigen, dass er unter dem Druck von Churchill 1953 persönlich Kontakt aufnahm mit den Dealern und ihnen unmissverständlich klarmachte, dass es an der Zeit sei, sich nach einem anderen Job umzusehen. Nun aber ist Manley 1953 lediglich Chef der Oppositionspartei auf Jamaika. Warum ist er es und nicht Busta, dem der englische Premierminister aufträgt, den Kampf gegen die Ganjadroge aufzunehmen? Vielleicht weiß er ja, dass der Klüngel um Bustamante irgendwie in den Handel verstrickt ist. Die JLP hatte man schließlich seit ihrem Wahlsieg von 1944 schon des Öfteren der Korruption bezichtigt. Seit 1947 schüttelten immer wieder Affären die Partei – mit der Konsequenz, dass schon zwei Minister zurücktreten mussten. Busta freute sich derweil an seinem dicken Bankkonto: „Man sagt, ich habe dieses Geld gestohlen, doch wenn das stimmen sollte, so bin ich doch so klug gewesen und habe mich dabei nicht erwischen lassen!"

Wenn es wahr ist, dass die JLP an den Gewinnen des Pinakels in irgendeiner Form partizipierte, dann dürfte Norman Manley der

Letzte gewesen sein, dem dies verborgen blieb. Sein Sohn Michael ist Journalist und kommt gerade frisch aus England zurück, mit diversen Ideen zum Sozialismus im Gepäck; Ende 1952 startet er eine Karriere als Gewerkschafter. Seine erste Bewährungsprobe besteht er just in Spanish Town, wo er über Monate hinweg die Streiks in der Textilfabrik von Ariguanabo mitverfolgt; seine Arbeit als Journalist stellt er hintan und kommt jeden Abend, um mit den Streikenden zu reden. Als Anfang 1953 in der Textilfabrik Wahlen abgehalten werden, heimst die PNP-nahe Gewerkschaft von Michael Manley alle Stimmen ein. Es ist der erste Sieg des jungen Politkämpfers über die BITU von Rose und Bustamante. Kein Wunder, dass er anfängt, den Drogenhandel ins Visier zu nehmen, wo er doch entdeckt hat, dass jener der gegnerischen Partei nutzt.

Indem Michaels Vater Norman 1953 den Drogendealern das Handwerk legt, macht er Bustamante einen Strich durch die Rechnung – gleichzeitig imponiert er damit Churchill. Schon 1952 will er sich bei den Engländern und dem Mittelstand beliebt machen, indem er die Marxisten aus seiner Partei verbannt. 1955 gewinnt er vor Bustamante die Wahlen und erringt schon zwei Jahre später für sein Land quasi die Autonomie. Der Journalist Hartley Neita beschreibt Bustamante als gerissen. Sein Cousin steht ihm darin in nichts nach.

Es gibt noch eine Hypothese. Sie wird am 24. August 1954 im *Star* formuliert:

„Offensichtlich läuft derzeit ein groß angelegter Ganjaexport; organisiert wird das Ganze von oberster Stelle. Es scheint erwiesen, dass die Plantagen von einer Gang Gelder erhalten. Wir könnten in dieser Sache noch viel mehr sagen, wenn wir nicht fürchten müssten, wegen übler Nachrede angezeigt zu werden. Im Augenblick können wir nur einen Bruchteil dessen weitergeben, was der Geheimdienst längst herausgefunden hat: und zwar, dass hinter dem Exportgeschäft mit Ganja angesehene Persönlichkeiten des öffentlichen Lebens stecken. Jene Leute haben ihren Aktionsradius erweitert, sie managen jetzt eine Spielhölle und ein Luxusbordell für amüsierfreudige Geschäftsmänner. Die Polizei kennt die Namen der Drahtzieher, doch es ist ihr noch nicht gelungen, die entsprechenden Personen auf frischer Tat zu ertappen; denn egal, was sie unternimmt, die Gang hat immer schon im Voraus Wind davon bekommen."

Welche Namen sind dem Geheimdienst bereits bekannt? Vielleicht zufälligerweise die von Politikern? Der Leitartikel vom 24. August wird keinerlei Folgen nach sich ziehen. Das sagt doch schon alles.

Ein Resultat hatten meine unfruchtbaren Recherchen indes: Ich habe eine positive Einstellung zu Mortimer Planno gewonnen. Der Besuch in Clarendon hat mich von der Integrität dieser Figur überzeugt. Als ich ihn in den Siebzigerjahren im Büro von Bob Marley getroffen hatte, war er mir gestresst und paranoid vorgekommen. Heute strahlt er, trotz seiner Krankheit, Wohlwollen aus. Als ich mich von ihm verabschiede, nehme ich instinktiv seine Hand, mit einem Knie auf dem Boden, zum Zeichen der Demut, die ich in diesem Moment empfinde. Ich frage ihn, ob er sich zuweilen nicht beraubt fühlt von all den Leuten, die an seiner Stelle über die Rasta-Bewegung schreiben. „Beraubt?" Er lächelt. „Welcher Dinge beraubt? Ich habe doch nie etwas besessen."

Kapitel 23

Die Ghettos

Beim Polizeieinsatz von 1954 werden einhundertvierzig Bewohner des Pinakels wegen Waffenbesitzes oder Ganjahandels verhaftet. In der Regel kommen sie mit Gefängnisstrafen zwischen ein und zwei Jahren davon oder werden zu öffentlichen Arbeiten herangezogen – das scheint verhältnismäßig milde, wenn man bedenkt, dass in der damaligen Zeit ein gewöhnlicher Dieb für das Stehlen von drei Kokosnüssen ein Jahr Knast bekam. Doch was viel schwerer wiegt: Die Existenz des Pinakels ist bedroht.

Die kleinen Gauner unter den Polizisten, die dem Pinakel immer mal wieder Besuche abstatteten, sind den Bewohnern längst vertraut, doch nun kommen richtige Gangster. In Kingston ist mittlerweile jeder bewaffnet und die kriminellen Typen aus der Hauptstadt fallen jetzt in regelmäßigen Abständen im Pinakel ein; um den Angreifern nicht wehrlos ausgeliefert zu sein, besorgen sich die Pflanzer nun ihrerseits Gewehre. „Ihr Meister hat ihnen geraten, keine Waffen anzurühren, doch sie haben nicht auf ihn gehört“, sagt Chi-Chi Boy, ein alter Howell-Anhänger aus Tredegar Park.

Im Anschluss an die Razzia, bei der die Polizei alle Waffen konfisziert hat, ist niemand mehr in der Lage, East Avenue zu verteidigen. Und in den Zeitungen ist Schreckliches zu lesen: Man spricht Howell die Rechte am Pinakel ab.

Albert Chang starb 1946, ohne vorher Howells Namen ins Grundbuch eintragen zu lassen. Es heißt, er habe die Länderei der Pfadfindervereinigung Jamaikas vermacht, die nun nach der Razzia ihre Rechte einfordert. Im Juli zieht der Abgeordnete L. W. Rose zusammen mit dem Agrarminister in Erwägung, das Pinakel wieder in Staatsbesitz zu nehmen, es zurückzukaufen. Vielleicht will sich Rose damit die Gunst tausender potenzieller Wähler im Pinakel sichern: Ist die Länderei erst einmal in den Händen der Krone, wäre es ein Leichtes, den Verbleib der Rastas auf dem Gelände zu sichern. Vielleicht haben die beiden Politiker aber auch aus ganz anderen Gründen ein Auge auf die Äcker geworfen. Es gibt mittlerweile immer mehr Freunde, merkt Mortimer Planno an, deren Wünsche erfüllt werden wollen …

Viele Rastas fühlen sich durch jene Gerüchte entmutigt. Nur wenige, die geflohen sind, trauen sich, zurückzukehren. Damit setzt der Auflösungsprozess ein. Eine neue Ära bricht an: Das Herz der Bewegung schlägt nun in den Ghettos im Westen von Kingston, dort wird sich schon bald eine neue Rasta-Kultur herausbilden.

Ghettos … Shanties … „Hier wohnen die Leute“, hat bei meiner ersten Reise hierher ein Taxifahrer zu mir gesagt. Die Aschanti sind ein Volksstamm aus Ghana; Shanty Town erstreckt sich praktisch über den gesamten unteren Teil der Stadt – hier leben die Afrikaner. Die Weißen meiden diesen Ort. Eines Tages bitte ich eine Dame aus der guten Gesellschaft, mich an der Haltestelle für den 59er-Bus abzusetzen, mit dem ich direkt zu meinem Hotel fahren kann. „Der 59er-Bus! Aber der fährt doch über die Spanish Town Road! Sie werden als durchlöchertes Sieb ankommen!“

Mich hat auf dieser Route nie eine Kugel getroffen. „In Kingston tötet keiner einfach so zum Spaß“, sagte einmal ein Freund zu mir. Man schießt hier, weil man den Auftrag hat, man schießt auf politische Gegner, auf Verräter, aber doch nicht auf Passanten – es sei denn, aus Versehen. Ich war bereit, dieses Risiko auf mich zu nehmen, um meine Freunde zu sehen.

Ghetto ist nicht gleich Ghetto. In Denham Town habe ich in einem so genannten *tenement yard* gewohnt – das ist ein kleiner Hof, umgeben von ein paar Häuschen aus Piseestein, in denen arme Familien zur Miete wohnen. In der Mitte stand ein alter, wackeliger Hühnerstall – und es gab einen Wasserhahn. Echt Luxus! Die Bewohner der *bidonvilles,* wie der Name schon sagt (*bidon* heißt Kanister), sind gezwungen, sich ihr Wasser an öffentlichen Brunnen zu holen; diese liegen manchmal mehrere hundert Meter von ihrer Behausung entfernt – zuweilen sind es sogar mehrere Kilometer.

Die *bidonvilles* (Slums) entwickeln sich mehr oder weniger alle gleich: von der einfachen Behausung, die lediglich aus ein paar alten Kartons besteht, zum kunstvollen Bau aus Kanistern, von der rostigen Wellblechbude und der Bretterhütte zum Bauwerk aus Beton – wenn nicht zwischenzeitlich irgendeine der politischen Gangs ihre Bulldozer vorbeischickt. Schmale Durchgänge führen im Zickzack zwischen rostigen Wellblechwänden hindurch. Die rosafarbenen Blütentrauben der Seroseepflanze – ein Klettergewächs, das sich hier überall entlangwindet – geben diesen Wegchen etwas Freundliches. Und all jenen, die ihr Frühstück sonst nur mit heißem Wasser bestreiten müssten, bieten sie die Möglichkeit, sich einen herb schmeckenden Tee zuzubereiten.

Zu Anfang des Jahrhunderts schossen an der Peripherie von Kingston die *bidonvilles* wie Pilze aus dem Boden. Ein Stück weit zogen sie sich die Hügel hinauf. Doch dann kamen die Weißen und errichteten dort oben ihre Enklaven – ihre Exklusivghettos. Den Armen blieb also nichts anderes übrig, als sich in der Ebene westlich des Stadtzentrums auszubreiten. Im Flachland, wo die Hitze herunterbrannte und wo es viel staubige Erde gab – wenn nicht gerade alles im Schlamm versank. Seit Beginn des Jahrhunderts kamen hier immer wieder regelrechte Flüchtlingswellen an: Jamaikaner, die von ihren Feldern flohen. Mit jedem Zyklon, der über Jamaika hinwegfegte, mit jedem neuen Flüchtlingsstrom, der Kingston erreichte, wuchs die Einwohnerzahl in Shanty Town – entlang der Spanish Town Road, immer weiter und weiter in Richtung Westen …

Die ersten Ghettos entstanden in den Zwanzigerjahren am Coronation Market im Westen der Stadt. Dann dehnten sie sich bis nach Smith Village aus, hinter dem Markt. Wer Ghetto sagt, meint afrikanische Bräuche und Propheten. Smith Village wandelte sich rasch zu einem Ort, an dem sich alle möglichen Heilsverkünder herumtrieben. Seit dem ausgehenden letzten Jahrhundert konnte man hier immer wieder Leuten wie dem feurigen Warrior Higgins begegnen, der für das Jahr 2000 den Weltuntergang prophezeite, mit Fanfarenzügen durch die Straßen zog und bedrohliche Hymnen anstimmte: „Es gibt einen Brunnen, aus dem das Blut fließt …" Wie wenig später Howell behauptet auch Higgins, in Afrika gewesen zu sein. Er beteuert sogar, gegen die Buren gekämpft zu haben! Er stellt ein Serum her, das gegen allerlei Wehwehchen helfen soll: „Krämpfe, Schmerzzustände, Rheuma, Nervosität und Appetitlosigkeit" – wie Ganja auch. Er sagt, er wolle eine weiße Frau heiraten, um die Weißen rasend zu machen. Er erklärt den Klerus und die Justiz für korrupt. Und er reitet hoch zu Ross umher, gefolgt von seinen mit Zuckerrohrstöcken bewaffneten Anhängern – das gleiche Bild boten später die Rastas. Auch er verbringt einige Zeit in der Psychiatrie. 1902 wird er ermordet – erschlagen von einer Art Bürgerwehr.

1914 kommt ein anderer Prophet, der aus Clarendon stammt, nach Smith Village: David Bell. Auch er gilt als Wunderheiler. Auf der Basis von Kräutern braut er die unterschiedlichsten Elixiere. Auf dem Banner am Eingang zu seinem Hof steht: „Hab keine Angst vor denen, die dir übel wollen"; auch er versucht also, die Leute von ihren Ängsten zu heilen. Seine Farben sind Grün, Gelb und Rot. Bell weiß, wie er die Menschen von der Last ihres Schicksals und von ihren schlechten Gedanken befreien kann: Er predigt die Apokalypse, spricht vom Zeichen des Tieres (666 – die Zahl, die für den Antichristen und bei den Rastas für den Papst steht). „Der Herrscher wird schon bald unter euch sein", verkündet er. „Feuer, Blut, Blitz und Erdbeben werden über die verkommenen Menschen hereinbrechen und sie uns unterwerfen, so steht es im Buch der Apokalypse." Man könnte meinen, Howell zu hören.

Auch in den Reden von Solomon „Sal" Hewitt, einem anderen Propheten aus Smith Village, erinnert so manches an Howell. „Wer bist du, dass ich dir zuhören muss?", fragt Bruder Sal einen angesehenen Bürger, der ihm soeben ins Wort gefallen ist. „Deine Ehrentitel kümmern mich einen Dreck, du bist für mich nichts weiter als ein kleiner vorlauter Weißer." Dann nimmt er eine Handvoll Staub vom Boden: „Selbst hiervor habe ich noch mehr Achtung als vor diesem Mann." Bruder Sal kommt aus Boca del Toro, einem Ort an der Karibikküste Costa Ricas. Er hat das Erdbeben von 1907 vorausgesagt und kündet nun eine weitere, noch viel stärkere Erderschütterung an, die alle bösen Menschen hinwegfegen wird. Einmal lässt er sich an ein Kreuz fesseln; so stellt er sich zur Schau als „gekreuzigter" schwarzer Messias. Bruder Sal singt: „Der Löwe von Juda wird alle Ketten lösen und wir werden siegen, immer und immer wieder" – eine Hymne, die später die Rastas oft anstimmen. Seine teils sozial, teils prophetisch gefärbte Sprache ist bereits jene der „kleinen Bande" um Athlyi. Die Bilder, die Analysen und sogar die Farben, mit denen sich die Propheten aus Smith Village schmücken, nehmen die Rasta-Bewegung vorweg.

Doch das Viertel beherbergt nicht nur Vorreiter der Rasta-Bewegung. Hier treffen sämtliche afrikanischen Kultbewegungen aufeinander. Abends schallen aus den Höfen Gebete, Gesänge und der Klang von Kumina-Trommeln – Kumina ist der Kult der Afrikaner aus St. Thomas. Nicht alle Bewohner schätzen den Lärm und das allabendliche Spektakel jener Wilden: Kultanhänger, die sich auf dem Boden wälzen und dabei heulen und grunzen wie die Tiere. Die braven Christen haben schon mehrere Versuche unternommen, diese abstoßenden Praktiken verbieten zu lassen, doch alles vergebens. Die Bewegung erhält immer mehr Zulauf und so bleibt den murrenden Kleinbürgern nichts anderes übrig, als in den Ostteil der Stadt zu ziehen, der nahezu ebenso ärmlich ist, wo es jedoch „anständiger" zugeht.

In den Zwanziger- und Dreißigerjahren verändert das Viertel kolossal sein Gesicht und der Name Smith Village tritt immer mehr hinter Jones Town zurück; so heißt das neue Zentrum des Quartiers. Viele zieht es hierher: Kriegsveteranen, Garvey-Anhänger, frustrierte Verwaltungsangestellte und Jamaikaner, die aus New York vertrieben wurden. Hier denkt und handelt man politischer als anderswo. In Smith Village, an der Elgin Street am Rand der Dungle-Siedlung, legten die Athlikaner den Grundstein für ihre Kirche, die nie gebaut wurde. Ebenfalls in Smith Village, an der Asquith Street, finden wir Radway; er ist Mitglied im *Reform-Klub*. Dieser 1923 von zwei unorthodoxen Ärzten, einem Homöopathen und einem Radiologen, gegründete Klub ist in Kingston zum Auffangbecken für den kleinen Kreis schwarzer Intellektueller geworden.

Die beiden Gründer, Alfred Mends und Samuel Radway gehören auch zu jenen Weltenbummlern, die sowohl die Karibik als auch New York bereist und sich dort auf recht zweifelhaftem Weg Doktortitel erworben haben; sie bringen von ihren Reisen Theorien mit, die alles andere als orthodox sind. Nachdem sie lange Zeit vergeblich für die Anerkennung der sanften Medizin auf Jamaika kämpften, versuchen sie nun, den Hauptschuldigen zur Rechenschaft zu ziehen: den Kolonialstaat, der ihnen versagt, was er den Engländern gestattet (in England ist Homöopathie zugelassen). Doch schon bald stellt sich heraus, dass dem hiesigen System nicht beizukommen ist, und so richtet auch Samuel Radway – Verfechter der Alternativmedizin und der Religionsfreiheit und einer der ersten Ökologen – sein Augenmerk auf Afrika. 1949 lässt sich sein Universal African Nationalist Movement in Jones Town nieder. Von hier aus versucht er, Charterflüge nach Liberia zu organisieren. Radway hat vermutlich sehr stark dazu beigetragen, dass die Rastas jetzt glauben, mit politischen Mitteln ließe sich vor Ort nicht mehr viel bewirken. Auch seine Zweifel an der klassischen Medizin und so manch andere Doktrin hat er an sie weitergegeben: die ablehnende Haltung gegenüber Impfpflicht, Empfängnisverhütung und Chemie. In der gleichen Straße wohnt ein junger Mann, der Radways Theorien wie ein Schwamm in sich aufsaugt, um sie später in die Praxis umzusetzen: Prince Emmanuel Charles Edward Ras Mong Abriam, der Gründer der Emmanueliten, die heute unter dem Namen Bobos berühmt sind.

Doch das Ghetto hat sich bereits ausgedehnt in Richtung Westen, entlang der aufgeschütteten Wege, die über die Sümpfe führen. Das explosionsartige Ausbreiten der Rasta-Bewegung in den Ghettos von

Kingston nach dem Sturm auf das Pinakel geht einher mit der Erschließung von Trench Pen – einem weiten, grasbewachsenen Gebiet (*pen* heißt Wiese, Weide) nördlich der Spanish Town Road. 1940 errichtet die Regierung dort für die Kriegsveteranen mehrstöckige Reihenhäuser, die Government Yards. Gekocht wird draußen unter einem Wellblechdach. In langen Regennächten beziehen hier die jungen Obdachlosen Quartier. Auch Bob Marley sollte, nachdem seine Mutter in die Vereinigten Staaten gegangen war, bei einer jener Freiluftküchen Zuflucht finden. Trench Pen, umgetauft in Trench Town, ist auf dem Weg zum Ruhm. Ein bitterer Ruhm – der von verhärteten ehemaligen Kriegern, Bauern ohne Land und jungen Menschen ohne Zukunft.

Die ersten Flüchtlinge nach der Razzia von 1941 haben sich bis zur Salt Lane und zum Ackee Walk im Süden der Spanish Town Road durchgeschlagen sowie bis nach Smith Village und Trench Town nördlich dieser Linie. Andere gründen kleine Gemeinden entlang des Sandy Gully. Dies ist ein Wasserlauf, an dem die Menschen ständig bedroht sind durch plötzlich auftretende Hochwasser, von denen in der trockenen Jahreszeit nicht viel mehr als ein Rinnsal übrig bleibt. 1941 legt die Regierung dieses Gebiet trocken, indem sie einen Kanal bauen lässt.

Entlang des Friedhofs verläuft ein großes, vage begrenztes Terrain, das der Stadt zwischen Bahnlinie und Spanish Town Road als Rieselfeld dient. Man nennt es den Dung Hill (Misthaufen) oder Dungle. Da die Jamaikaner Angst vor Friedhöfen haben, ist es nur das letzte Gesindel, das sich hier seine Kartonbehausungen aufstellt. Doch bei den Rastas ist die Furcht vor der Polizei stärker als die vor den Geistern. Sie richten sich in diesem Niemandsland regelrechte Enklaven ein und gründen kleine Gemeinden. Daraus entwickelt sich das Ghetto von Back O'Wall („hinter der Mauer" des Friedhofs). Mit den Rastas kehrt in der Gegend etwas Frieden ein. Sie reden von Liebe, Selbstgenügsamkeit, zwischenmenschlicher Hilfe. Das Ganja tut sein Übriges, es hilft gegen die Angst. Die Friedfertigkeit der Rastas macht Schule; man übt sich in gegenseitigem Respekt und zeigt damit den anderen Bewohnern – den Ärmsten unter den Armen –, dass Würde keine Frage des Geldes ist. Die jungen Leute geraten in den Bannkreis des Rasta-Kults, der erneut einen Aufschwung nimmt.

Die neue Rasta-Generation unterscheidet sich von der alten ziemlich stark. Zumeist sind es nun junge Leute vom Land, die sich angezogen fühlen; sie können nicht auf weite Reisen zurückblicken, haben keinen Krieg erlebt, Garvey nie kennen gelernt, New York und Panama nie gesehen. Doch sie stehen in Kontakt mit der Generation der weit gereisten Rastas und Kriegskämpfer; sie streifen umher, um Wunderheiler, Propheten, indische Gurus und die ehemaligen Pinakel-Bewohner persönlich zu erleben.

In Trench Town wirkt Joseph Nathaniel Hibbert, der alte Freimaurer aus Panama und ehemalige Weggefährte Howells. Als der Gong in St. Thomas weilte, war es Hibbert gewesen, der seine Anhänger unter dem Banner der Ethiopian Coptic Church neu gruppierte. Howell missbilligte dies und Hibbert machte allein weiter. Bald hatte er sich einen Ruf als Okkultist erworben. Hibbert ist eine Persönlichkeit mit starken prophetischen Fähigkeiten, ein Mensch, der Würde ausstrahlt; auch der amerikanische Ethnologe G. E. Simpson, der ihn 1953 in Trench Town besucht, ist beeindruckt von ihm; er fotografiert Hibbert in seinem zeremoniellen Aufzug: der roten Tunika voller geheimnisvoller Zeichen, mit Krone und Schwert – ein weiteres Freimaurersymbol.

Im Umfeld von Hibbert begegnen wir Joseph Myers, auch er hat ehemals Panama bereist und steht der „kleinen Bande“ um Athlyi sehr nahe. Seine „King of King“-Organisation operiert 1947 in Denham Town. 1950 bezieht sie in der West Road, im Herzen von Trench Town, ein Büro: Sie nennt sich förderhin United Ethiopian Body. Dafür hat Altamont Reid, der 1936 die Ethiopian King of King Salvation in Jones Pen gründete, nun das Ghetto verlassen: Er war irgendwie in die Unruhen von 1938 verstrickt und verabschiedete sich daraufhin 1940 von der Bewegung, um Leibwächter bei Norman Washington Manley zu werden.

Was ist eigentlich aus Archibald Dunkley geworden, dem Seefahrer und Bibelkundler, der die Heilige Schrift nach Hinweisen auf den König der Könige und auf Äthiopien durchforstete? Er wird gleich mehrmals verhaftet, einmal 1934 und einmal 1935, schließlich steckt man ihn ins psychiatrische Krankenhaus, wo er sechs Monate verbleibt. 1938 tut er sich mit Hibbert und Paul Earlington zusammen, um in Kingston die erste Niederlassung der Ethiopian World Federation (EWF) einzurichten, den berühmten Raum 17 in der Bond Street 22 in Smith Village.

Die EWF zieht sich wie ein roter Faden durch die Geschichte der Rastas. Gegründet wird sie 1937 in New York unter der Schirmherrschaft von Selassie, sie soll die Äthiopier im Kampf gegen die Eroberer unterstützen. Im Jahr darauf schließen sich die Jamaikaner der Organisation an. Der Vorsitzende ist ein gewisser „Doktor" L. F. C. Mantle, ein eigenartiger Typ, der 1935 durch eine Reihe leidenschaftlicher Briefe über Äthiopien von sich reden macht, die das Blatt *Plain Talk* veröffentlicht. Am Ende stellt sich heraus: „Doktor" Mantle war ein umherreisender Eishändler, der auf Kuba gearbeitet hatte; in Afrika war er niemals gewesen, doch er weiß eine Menge über Äthiopien – vermutlich hat er minutiös die Sonderausgaben des *National Geographic* von 1928 und 1931 durchforstet und alles gelesen, was darin über das Land berichtet wurde. Die EWF versucht, alle Äthiopien-bewegten Splittergrüppchen zu einer Organisation zusammenzuziehen, doch das Unterfangen scheitert: Es kommt zu Personalstreitigkeiten und der Raum 17 wird geschlossen. Erst 1955 eröffnet der amerikanische Delegierte Maymie Richardson bei seinem Besuch auf Jamaika offiziell ein Büro der Ethiopian World Federation; es folgen zahlreiche Niederlassungen.

Es gibt in Trench Town aber noch andere Organisationen mit weitaus politischeren Konzepten, die nicht an Äthiopien ausgerichtet sind, sondern an Liberia, wo Garvey bereits versucht hatte, eine afroamerikanische Kolonie aufzubauen. Eine dieser Vereinigungen ist beispielsweise die Afro-West Indian Welfare League von Claudius Barnes und Scarlett Monroe in Whitfield Town. Doch all diese Gruppierungen werden geboren, sterben wieder und spalten sich auf in

Kleinstgruppen, die sich dann ebenfalls auflösen aufgrund von Machtkonflikten (jeder will sein eigener „König“ sein). Auch gibt es unendliche Streitereien über die unterschiedlichen Doktrinen: Ist nun diese oder jene Bibelauslegung die richtige, soll man samstags oder sonntags ruhen, ist Selassie die Inkarnation von Christus oder nicht? ... Im Zentrum der Debatten steht indes Jamaika selbst: Gibt es noch Hoffnung, die Dinge hier voranzubringen, oder soll man den Ort verlassen und seine Gedanken nur noch Zion opfern? Bis die Bärte lang genug sein würden, um damit die Fluten teilen und nach Äthiopien gelangen zu können, hatte unser lieber Howell die Wartezeit ja damit überbrückt, dass er den Menschen auf Jamaika schon einmal einen Vorgeschmack aufs Paradies gab. Doch das Leben jetzt, in den Ghettos von Kingston, ist die reinste Hölle. Der Fall des Pinakels gibt all jenen Recht, die an ihrem Platz keine Chance mehr auf ein besseres Leben sehen.

Die Arbeitslosen können es drehen und wenden, wie sie wollen, ihnen tut sich kein Ausweg auf. Die beiden ersten allgemeinen Wahlen – die von 1944 und von 1949 – haben für die Situation in den Ghettos überhaupt nichts gebracht. Die Gewerkschaftsbewegung hat lediglich eine neue Mafia hervorgebracht: Zukünftig bestimmen die Gewerkschaften über die Schön- und Schlechtwetterlagen auf dem Arbeitsmarkt. Die Ghettobewohner sind in diesem System, in dem die Vetternwirtschaft blüht, nur als Stimmvieh interessant: „Wählst du mich, dann verschaffe ich dir, falls ich die Wahlen gewinne, einen Job auf einer der städtischen Baustellen.“ Die Rastas sind viel zu starke Individualisten, um sich auf einen derartigen Kuhhandel einzulassen. Sie haben ihr Lehrgeld schon bezahlt, damals mit dem Gong, sie haben erlebt, was es bedeuten kann, wenn man ins Kreuzfeuer der Politik gerät. Seit 1954 gehen sie nicht mehr zur Wahl; sie können sich an fünf Fingern abzählen, was ihnen ein Bustamante bringt – Norman Manley hat Berechnungen angestellt, wonach sich die Kaufkraft der Arbeiter innerhalb von zehn Jahren gerade mal so weit erhöht hat, dass sich jeder einmal pro Woche eine Schachtel Zigaretten extra leisten kann. Die Bevölkerung wächst so rasant wie die Geburtenrate. Ein gewisser G. Robinson (ein Typ namens George Robinson war einst zweiter Mann in der Vereinigung Howells im Jahr 1939; sollte dies etwa der gleiche Robinson sein?) fasst die Lage in einem Brief zusammen, den er 1950 an das Kolonialbüro schickt: „Die Bevölkerung auf Jamaika nimmt täglich zu, doch das Land wird nicht größer. Jedes Jahr gibt es mehr Arbeitslose. Glauben Sie wirklich, an der Unzufriedenheit der Menschen mit Tränengas und Kugelhagel etwas ändern zu können?“ Es bleibt nur noch ein Weg: die Rückkehr nach Afrika.

Kapitel 24

Das Ende des Pinakels

Der Tag bricht an. Es ist der 19. März 1958. Miss Amy steht an jenem Morgen sehr zeitig auf, sie will *nisberries* pflücken und diese später auf dem Markt verkaufen. Als sie die Straße unten im Tal erreicht, den Korb auf dem Kopf, kommt ihr ein Weißer entgegen, in Begleitung von zwei Männern, deren Mienen nichts Gutes verheißen. „Du weißt, dass diese *nisberries* mir gehören? Alles, was du hier siehst, gehört mir! Ich könnte dich auf der Stelle verhaften lassen!" Der Weiße winkt seine Schergen weiter, sie ziehen in Richtung Dorf. Wenig später erhalten die drei Verstärkung durch einen Polizeitrupp. Es handelt sich um eine neue Art von „Freelance-Razzia", offiziell angekündigt zwar, doch an Grausamkeit nicht mehr zu überbieten. Dies ist keine Durchsuchung; es wird einfach nur geplündert, blind zerstört, in Brand gesteckt. Oben vom Hügel herunter, wohin sie sich geflüchtet haben, beobachten Amy, Vinette und ihre Freundin, wie ein Gebäude nach dem anderen in Flammen aufgeht und in sich zusammenfällt. Das Haus des Gong liegt da wie eine offene Wunde. In den folgenden Tagen sieht man im Tal von Bog Walk, unterhalb des Pinakel-Geländes, Rastas durch die Gegend ziehen; wild fluchend auf das System, lassen sie ihre Wut an Autos aus, nicht eine Windschutzscheibe bleibt ganz. Das war's dann endgültig mit dem Pinakel. Und schnell verbreitet sich die Kunde: Das Pinakel ist tatsächlich verkauft worden.

Wie konnte das geschehen? Hunderte Male haben mir die Rastas alles über den Kauf der Länderei erzählt. Und Miss Gertrude Campbell, Sekretärin auf Lebenszeit beim Gong und Dienstälteste unter den Howell-Angestellten, insistiert: „Der Meister hat bezahlt, was sie verlangten. Er hat das Pinakel sogar zweimal gekauft! Er hatte das Geld ja bereits an einen Chinesen in New York überwiesen, als ein anderer Chinese auftauchte und behauptete, das Grundstück gehöre ihm; da blätterte der Gong die Summe ein zweites Mal hin. Also hat er sogar doppelt bezahlt! Es gibt nur einen wahren Besitzer des Pinakels und es wird auch in Zukunft nur einen geben."

Blade wundert es gar nicht besonders, dass man Howell das Grundstück streitig machte: „Mein Vater traute den Leuten. Wenn er ihr Wort hatte, dann waren ihm Verträge völlig egal, und sein Vertrauen war schon mehr als einmal missbraucht worden. Einmal hatte er in Kingston ein wunderschönes Haus gekauft und Millionen ausgegeben, um es zu renovieren. Als die Bauarbeiten abgeschlossen waren, meldeten sich die rechtmäßigen Besitzer und forderten das Anwesen zurück. Erst nachdem bereits alle Renovierungsmaßnahmen ausgeführt waren, kamen sie und erklärten ihm, dass sein Kaufvertrag keine Gültigkeit besaß."

Wenn der Gong nicht im Besitz gewisser Papiere gewesen wäre, die ihm ein Nutzungsrecht zusprachen, wäre das Pinakel vermutlich schon viel eher von der Bildfläche verschwunden. Das Establishment, das sich jeden Vorwand zunutze machte, um das Pinakel zerstören zu können, hätte sich gewiss diese Gelegenheit nicht entgehen lassen. In den Archiven von Spanish Town ist amtlich festgehalten, dass Howell in den Jahren 1943 bis 1946 für das Anwesen eine jährliche Grundsteuer über zwölf Pfund entrichtete. Doch zuweilen werden diese Steuern auch von den Pächtern übernommen, nicht immer sind es die Grundstückseigner selbst, die sie bezahlen. Wenn wir also mehr wissen wollen, müssen wir zum Liegenschaftsamt in Kingston gehen.

Dort ist die Existenz der Länderei erst ab 1932 belegt, als die englische Krone das Grundstück zum Verkauf ausschrieb. Wir werden wohl nie etwas erfahren über die Person, die dem Ort seinen mystischen Namen verliehen hat – das „Pinakel", die Dachkammer des Tempels von Jerusalem, wo Christus hingebracht wurde, nachdem ihn der Teufel in Versuchung geführt hatte. Man erzählt sich, Sir John

Peter Grant, der berühmte Gouverneur, der nach dem Blutbad von Morant Bay E. J. Eyre ersetzen musste, habe im Pinakel residiert – in eben jenem *great house,* das 1907 bei einem Erdbeben beschädigt wurde und heute völlig zerstört ist; dort soll ihn seine Vision eines modernen Jamaika ereilt haben, die er dann in die Realität umzusetzen versuchte …

1932 nun steht das Pinakel zum Verkauf. Albert Chang erwirbt es laut Grundbucheintrag im Jahr 1939 zu einem Preis von neunhundert Pfund; in den dazwischenliegenden sieben Jahren hatte das Grundstück gleich mehrmals den Besitzer gewechselt. Als Chang 1946 stirbt, wird es dem obersten Verwaltungschef von Jamaika „überschrieben". Doch im Februar 1947 ist das Besitztum plötzlich auf die Namen zweier reicher libanesischer Kaufmänner aus Kingston – Honan Fletcher und Edward Rasheed Hanna – mit folgendem Vermerk eingetragen: „Testament des verstorbenen Albert Chang." Ihnen soll also zu der Zeit, als der Handel mit Ganja blühte, das Pinakel gehört haben! Edward Rasheed Hanna! Der Baron der libanesischen Drogenszene!

Ich fühle mich an den Libanesen in Perry Henzells Roman *Power Game* erinnert – Eddie Azani, ein genusssüchtiger, durchtriebener Machtmensch, herrscht dort über ein riesiges Imperium: Ihm gehören Boutiquen und Bordelle, er besitzt einen Spielsalon und eine Verleihanstalt. Wenn es ums nackte Überleben geht – und einer Gruppe von Rastas steht das Wasser bis zum Hals –, dann ist er es, der das Geld vorschießt. Er macht aus der Rasta-Gemeinde eine Ganjaplantage und stellt die Flugzeuge für den Transport der Droge ins Ausland; bei seiner letzten Tour hat er einen ganzen Container von dem Zeug nach Miami gebracht!

Der Spielsalon … Die Nutten … Die Rasta-Gemeinde … Der Handel mit Ganja … Plötzlich fällt mir wieder der Leitartikel des *Star* vom August 1954 ein: Hier wird genau jenes Szenario geschildert, wie es auch Henzell in seinem Buch beschreibt! Doch damit wissen wir immer noch nicht, ob der Name Hanna sich unter jenen befunden hat, „die dem Geheimdienst bekannt waren“, wie im Artikel angedeutet wird.

Edward Rasheed Hanna hat in New York gelebt und war während des Ersten Weltkriegs bei der amerikanischen Marine – dort könnte ihm Howell über den Weg gelaufen sein. 1919 geht Hanna nach Jamaika zurück, wo er in die Fußstapfen seines berühmten Vaters, des Gründers der florierenden Hanna-Unternehmen, tritt. Ab den Dreißigerjahren ist er zweiter Vorsitzender des Pfadfindervereins und tritt dort als einer der Hauptmäzene auf – ein Ehrenamt, das er sich mit Chang teilt. Warum hat ihm der Chinese das Pinakel überschrieben? Aus purer Menschenliebe etwa? Lag es dem Geschäftsmann im Alter wirklich so sehr am Herzen, dass ein paar Pfadfinder einen Platz haben, wo sie ihre Lagerfeuerchen machen können – auch wenn er damit einer Gemeinde von viertausend Menschen die Lebensgrundlage entzog? Oder bietet er Hanna vielleicht – im Tausch gegen was auch immer – eine Ganjaplantage an? Merkwürdig, dass die beiden libanesischen Besitzer während zehn Jahren nie von ihrem Besitzrecht Gebrauch gemacht haben und ausgerechnet 1957, als dem Drogenhandel das Handwerk gelegt wird, das Pinakel veräußern wollen. Hanna zählt in Kingston zu den reichsten Männern. Nur einer von seinem Format kann es sich leisten, bezahlte Motorradfahrer anzuheuern, die seinen Lastwagen auf dem Weg ins Pinakel Geleitschutz geben. Er verfügt über die finanziellen Mittel, um Regierungsmitglieder zu bestechen. Er ist in der Lage, den Leuten Geld anzubieten, damit sie den Mund halten. Und an Unterstützung aus der Politik mangelt es ihm auch nicht: Ist nicht Bustamante selbst ein ehemaliger Wucherer und seine Partei die der libanesischen und chinesischen Geschäftsleute? Chang, Rose, Hanna, Busta … Dienen die Pfadfinder nur als Deckmantel für den Drogenhandel, durch den sich die JLP finanziert? Sind diese Leute vielleicht verantwortlich dafür, dass in den Ghettos Waffen ausgeteilt werden?

Ich glaube nicht, dass wir hierauf je eine Antwort bekommen. Wer auch immer die Drahtzieher des Drogenhandels sein mögen, wir haben es jedenfalls mit einer mächtigen Mafia zu tun, die jedes Mal, wenn eine Durchsuchung angesetzt wird, schon im Vorfeld bestens unterrichtet ist. Doch als die kleinen Gauner von Kingston ihrerseits dem Pinakel regelmäßige Besuche abstatten und „Freelance-Razzien" durchführen, wird den großen Bossen der Boden allmählich zu heiß. Am 17. Juli 1957 verkauft Hanna das Pinakel an Joseph Linton Watt.

Watt fällt eine andere legendäre Rolle zu in der Geschichte des Pinakels: Er ist für Howell die Nemesis (wie Blade sich ausdrückt) – sein Todesengel. Joseph L. Watt hat zwei Söhne und zwei Töchter. Die Mädchen wandern nach Kanada aus. Der ältere Sohn ist tot, doch der jüngere, Joe, ist einverstanden, dass ich ihn in seiner wunderschönen Villa in Red Hills besuche. Im ersten Moment zögert er, so scheint mir. Doch schließlich hat er sich, ganz Gentleman, entschlossen, mir seine Sicht der Wahrheit zu präsentieren.

Seinen Vater beschreibt Joe anerkennend als eine „Persönlichkeit". Jener war der Sohn eines schottischen Plantagenbauern, der gegen Ende des letzten Jahrhunderts nach Jamaika gekommen war, und eines Dienstmädchens gewesen. Joseph besaß eine tiefe Religiosität. Er gehörte den Plymouth-Fratres an, einem klösterlichen Orden. Seine vier Kinder wurden nach den strengen Regeln erzogen, die der Orden vorgab: In den eigenen vier Wänden gab es keine Musik, für die Mädchen herrschte absolutes Schminkverbot, viermal pro Woche musste der Gottesdienst besucht werden, sonntags gleich zweimal ... und so weiter. Joseph L. Watt arbeitete mit eiserner Disziplin. Eine ganze Reihe von Unternehmensgründungen in den verschiedensten Bereichen geht auf ihn zurück: die bekannte Molkerei Watt, mehrere Viehzuchtställe, Steingruben, ein Fuhrpark für Planierraupen. Doch sein bevorzugtes Tätigkeitsfeld war die Bodenspekulation. In Kingston gehörte ihm Forrest Hill sowie ein Teil von Red Hills, wo sich später der Jetset niederließ. Er machte ein Vermögen mit jenen beiden Hügeln. In Spanish Town hatte er nach und nach sämtliche Farmgelände aufgekauft, die an das Pinakel grenzten: zuerst Orange Grove oben auf dem Hügel, dann Tredegar Park und Waterloo unten in der Ebene, ebenso Hillview und Crosspen, kurzum alle Nachbargrundstücke. Doch was mit dem Pinakel anstellen? „Der Boden ist schlecht zu bewirtschaften“, gesteht Joe Watt, „und für eine Viehzucht ist das Gelände viel zu abschüssig. Ich war damals schon auf Distanz zu meinem Vater gegangen und ich wusste nicht über alles Bescheid, doch ab und zu schaute ich bei ihm vorbei und dann erzählte er mir von seinen neuesten Plänen. Ich denke, er hat das Pinakel wegen der Gesteinsvorkommen gekauft. Stein gab es hier in Hülle und Fülle, man brauchte nicht einmal Sprengungen durchzuführen, es mussten lediglich Zufahrtswege angelegt werden, damit die Lastwagen passieren konnten.“ Der Plymouth-Bruder baute für die Ewigkeit. Es gibt sie noch immer, jene Straßen – lediglich die Fahrstreifen sind mittlerweile etwas ausgeblichen.

Hatte Joseph Watt etwas übrig für Politik? Sein Sohn wehrt energisch ab: „Nein!“ Welches Verhältnis hatte sein Vater zu Howell? „Ich glaube, er war der Mann, von dem mein Vater das Pinakel kaufte, aber mit Sicherheit kann ich es nicht sagen. Ich bin Howell einmal begegnet. Sie nannten ihn Gong; man sah ihn auf seinem Esel den Hügel hinabreiten, drei oder vier andere ‚Gentlemen‘ begleiteten ihn … Es war ein sonderbarer Anblick, den dieser Mann in seinem Dreiteiler bot, wie er erhobenen Hauptes auf seinem Esel saß und zusammen mit seinen Leibwächtern den Berg hinunterschaukelte in Richtung Fluss. Wahrlich ein imposantes Bild! … Howell besaß sehr viel Charme, er wirkte sehr freundlich. Und dennoch: Als wir die Ländereі beziehen wollten, mussten wir feststellen, dass es in dem Haus, das er bewohnt hatte, unglaublich stank – wir mussten das Dach abreißen. Sofort stürzten Geier herab. Ich weiß nicht, ob er da drinnen Leute umgebracht hat, doch der Geruch war furchtbar, glauben Sie mir.“

Joseph Watt hat, als er starb, alles seinen Töchtern vermacht; seine Söhne gingen leer aus. Doch Ken, der Ältere der beiden, hatte ihm bereits die Waterloo-Farm abgeluchst und Joe hatte schon sein eigenes Planierraupen-Unternehmen gegründet, die Firma Earth Movers, „Erdaufwühler“. Joseph L. Watt wollte auf seine alten Tage noch einmal nach England, doch als er dort war, vertrug er das Klima nicht und kehrte alsbald wieder nach Jamaika zurück, wo er schließlich starb. Die Howell-Jünger sagen, ein Fluch habe dafür gesorgt, dass er den Ort seiner „Verbrechen" niemals verlassen konnte. Den Tod von Ken, seinem Erstgeborenen, der die Razzia von 1958 leitete, schreiben sie dem gleichen Fluch zu.

Was die Howell-Anhänger anging, so habe sein Vater, sagt Joe, einige von ihnen auf seinen Äckern arbeiten lassen. Diese Männer durften dann auch im Pinakel wohnen bleiben. Andere wiederum – Kuhhirten, Maurer, Steinmetze – fanden eine Anstellung in Caymanas, der riesigen Nachbarfarm, die damals der Vater von Perry Henzell verwaltete. Perry erinnert sich noch gut an den Nachtwächter, der sich jeden Abend unter seinem Fenster platzierte und ihm Geschichten aus der Bibel erzählte. Seit jener Zeit hat er große Achtung vor den Rastas. Mit seinem legendären Film *The Harder They Come* machte er sie schließlich in der ganzen Welt bekannt.

Bis ins Jahr 1980 hinein konnte man im Pinakel noch Howell-Anhänger antreffen. 1980 kam es dann erneut zu einem Gerichtsverfahren, bei dem sich mehrere vermeintliche Besitzer um die Länderei stritten. Wurde der Prozess erneut aufgerollt wegen eines gewissen Ricketts – oder Rickards oder Henriquez, die Meinungen gehen da auseinander –, der das Pinakel angeblich illegal verkauft hatte? Die Prozessakten von 1980 sind jedenfalls nicht mehr einsehbar; sie wurden vernichtet, als das Gericht von Spanish Town niederbrannte. Doch noch immer kommt es vor, dass Leute auf dem Liegenschaftsamt auftauchen und Kaufverträge in der Hand schwenken, in denen sie als die Besitzer des Geländes ausgewiesen sind.

November 1958. Leonard Howell wohnt nicht mehr im Pinakel; er hat in Kingston eine Wohnung bezogen, in der South Camp Road. Seine beiden Söhne studieren bereits seit einigen Jahren in der Hauptstadt; der eine ist an der Fakultät für bildende Kunst eingeschrieben, der andere belegt Seminare am Technischen Institut. Onkel Hugh vergleicht die beiden Jungs mit Harry Belafonte: 1,80 Meter groß, breite Schultern, ebenmäßige Gesichtszüge, goldener Teint. Einige Studenten wollen sich über die „Söhne Gottes" mokieren, doch die Howell-Buben wissen, wie man sich Respekt verschafft. „Sie prügelten sich nie; wenn man sie auf ihren Vater ansprach, dann lächelten sie einfach nur und gaben keine Antwort. Wie Mystiker." So drückt sich jedenfalls einer ihrer Studienkameraden aus: Brother Sam Clayton, ein Anhänger der Mystic Revelation of Rastafari.

Doch auch wenn sie sich nicht gern „Söhne Gottes" rufen lassen – gegen die Bezeichnung „Prinzen" haben Monty und Blade nichts einzuwenden. Und Prinzen werden sie auch bleiben, während ihrer ganzen Studienzeit. Blade erzählt: „Eines Tages meinte einer meiner Profs von der Kunstakademie zu mir: ‚Findest du es nicht etwas eigenartig, dass du mit dem Auto zu den Vorlesungen vorfährst, während ich im Bus komme?' Und das, obwohl es nur ein kleines Auto war, das ich mir von meinem Taschengeld zusammengespart hatte." Monty dagegen stand auf Motorräder. Zu seiner ersten richtigen Maschine brachte er es 1956. „Mein Vater war nach seiner Verhaftung 1954 schwer verschuldet und so wurden die vier Autos, die dem Pinakel gehörten, beschlagnahmt. Als ich sah, für wie viel Geld die Autos weiterverkauft wurden, stellte ich fest, dass die Summe höher lag als der Schuldbetrag. Ich ging zu Dayes, dem Anwalt. Er gab zu, dass in der Tat noch etwas Geld übrig war, und meinte, ich könne mir ein Motorrad davon kaufen. Natürlich nahm ich das allergrößte, das ich kriegen konnte …" Blade lacht von Herzen: „Es war schneller als die Motorräder der Polizei! Monty fuhr in Schlangenlinien vor den Uniformierten her, um sie zu foppen, dann gab er Gas und raste ihnen davon – in den nächsten Distrikt. Hier konnten ihm die Bullen nichts mehr anhaben; sie mussten ihn schon an Ort und Stelle festnehmen, um ihn verurteilen zu können." Doch eines Tages fuhr Monty in den Straßengraben. Blade, der auf dem Rücksitz saß, lag vier Tage lang im Koma …

Sie sind schillernde Persönlichkeiten und werden umschwärmt („Ich wechselte meine Freundinnen so oft wie mein Hemd", gesteht Monty), doch die beiden Studenten achten auf Abstand; nur wenige wissen, wer sie sind. Sie wollen sich nicht andauernd erklären müssen. Wie ihr Vater umgeben sie sich mit einer gewissen Aura und strahlen eine natürliche Autorität aus; doch vermutlich kaschieren sie mit diesem stolzen Gehabe die Einsamkeit unverstandener Menschen. Es ist eben nicht einfach, ein „Sohn Gottes“ zu sein.

1958 wird überall im Land eine neue Rumba geträllert: „Es war noch nicht einmal ganz Tag in Sligoville, da griffen sie das Pinakel an ...“ Für den Gong beginnt ein finsteres Jahr. Chang hat ihn verraten. Die schönen Tage sind nun vorüber. Spürt Howell, dass ihm die Rasta-Bewegung immer mehr aus den Händen gleitet? Beinahe in jedem Ghetto schießen jetzt Rasta-Enklaven wie Pilze aus dem Boden: Die Rasta-Splittergrüppchen, die schon seit Jahrzehnten auf ihren schwarzen Messias warten und davon träumen, eines Tages nach Afrika zurückzukehren, die den Fall Babylons vorhersagen, haben sich nun *seines* Königs bemächtigt – des Königs der Könige. Wie könnte er etwas dagegen haben? War es nicht er selbst gewesen, der Ras Tafari als den König aller Äthiopier bezeichnet hatte? Anfangs hatte er versucht, sich bei den Menschen auf Jamaika als Alleinvertreter des königlichen Herrschers darzustellen, und seine Jünger in St. Thomas nannten sich in den Dreißigerjahren ja auch „Anhänger Ras Tafaris“; doch die Verfolgungen trugen dazu bei, dass sich andere Kultgemeinschaften mit dem Namen und der Märtyrer-Aura, die ihn umgibt, ebenfalls schmückten. Nach und nach wurde das Wort „Rastafarite“ ersetzt durch „Rastafarian“; die Medien kreierten sogar eigens ein Substantiv: „Rastafarismus“. Hier standen nun den Rastas wirklich die Haare zu Berge, da sie mit allen Arten von „-ismen“ und (vor allem) den Schismen nichts zu tun haben wollten.

Die kleine Gemeinde aus den Anfangstagen, deren Mitglieder zumeist Frauen oder einfache Leute vom Land waren, sieht sich nun überrollt von einer Rasta-Bewegung, die in der Stadt aufkeimt. Im März organisiert Prince Edwards Emmanuel, ein junger Rasta aus einem der Ghettos im Westen, ein großes Rasta-Treffen. Es gibt Leute, die behaupten, er habe Howell nicht eingeladen, andere sagen, der Gong habe sich entschuldigen lassen, weil ihm nicht gut war. Drei Wochen lang wird getagt, drei Wochen, in denen sich dreitausend „Bärtige“ (wie man sie auch nennt) die Nächte um die Ohren schlagen. Sie üben sich „im Nachdenken", sitzen trommelnd um aufgestapelte alte Autoreifen herum. Howell glänzt durch Abwesenheit. Von da an stehen die Gong-treuen Rasta-Anhänger im Abseits, sie sind vom Rest der Bewegung abgeschnitten. Doch in Back O'Wall und in Trench Town ist jedes „Camp" wie ein Pinakel in Miniaturform und die ganze Jugend Jamaikas versammelt sich dort. An der Second Street lauscht ein zwölfjähriger Junge, der aus einem Dorf im Innern der Insel angereist ist, den Erzählungen der alten Rastas. Auch dieses Kind träumt davon, einmal das Paradies auf Erden zu errichten, doch es nimmt sich hoch und heilig vor, dabei nicht zu scheitern: *„I'm tougher than Gong"*, sagt der Bub („Ich bin zäher als der Gong"). Später wird er daraus einen Song machen, der ihm seinen Spitznamen einträgt – Tuff Gong. Wir kennen diesen Jungen allerdings besser unter dem Namen Bob Marley.

Kapitel 25

Gott oder der Teufel?

Ein letztes Mal mache ich mich auf den Weg zum Pinakel hinauf. Viele Spuren sind mittlerweile verwischt. Vergeblich suche ich zwischen den Steinen den steilen Hang ab, in der Hoffnung, noch Überreste jenes Pfeilers zu finden, der am Eingang stand und an dem wohl ein Schild befestigt war, das den Namen „Pinakel" trug. Anstelle des schmalen, von Dornengestrüpp überwucherten Pfads, der sich einst den Hügel hinaufschlängelte, finde ich einen eilig aufgeschütteten Schotterweg vor – das Werk einer Planierraupe. Die feine Gesteinsstruktur wurde einfach eingeebnet. Die riesigen Aloen oben auf dem Hügel hat man abgesägt. Die schleichende Erosion geht weiter. Etwas zuversichtlicher werde ich, als ich erfahre, dass die neue Besitzerin, Loas Sherwood, in ihrer Jugend Schauspielerin war; frohen Mutes mache ich mich auf den Weg zu ihrem Büro in der Hope Road. Miss Sherwood ist eine gut aussehende Frau mit goldfarbenem Teint, die weiß, was sie will. Ihr gehört ein Teil der *Burger King*-Kette auf Jamaika, wie mir jemand erzählte. Sie hat das Grundstück von Watts Tochter Dorothy Louise Ramsden gekauft, die jetzt in Kanada lebt; Miss Sherwood wusste gar nicht, dass es sich um das berühmte Pinakel-Gelände handelte: Der Name war abgeändert worden in De La Vega Heights. So taucht ein „Pinakel" in den Grundbüchern gar nicht mehr auf. Nur schnell alle Spuren verwischen, auslöschen, was war, nicht einmal der Name soll in Erinnerung bleiben, obwohl es sich doch um einen historisch wertvollen Ort handelt ... Erst kürzlich erfuhr Miss Sherwood durch einen Freund, der Rasta ist, von der Geschichte des Pinakels. Daraufhin beschloss die Geschäftsfrau, sich für die Erhaltung der Ruinen einzusetzen – vielleicht ließe sich ja eine

Touristenattraktion aus dem Gelände machen. Aber so ganz sicher ist sie sich da noch nicht. Fürchtet sie eventuell, dass sämtliche Rastas dieser Erde mit ihren Haschpfeifchen anrücken? Oder hat sie Angst, das Pinakel könnte unter Denkmalschutz fallen? Das würde ihre Bauvorhaben zunichte machen. Doch von dieser Seite hat sie vermutlich wenig zu befürchten. Den Jamaikanern liegt nicht viel an geschichtsträchtigen Lokalitäten.

Das Pinakel, die abendliche Stille. Unter uns das weite Land. Zusammen mit meinem Freund Donovan sitze ich auf der Veranda von Monty und Blade und lasse alles noch einmal Revue passieren. Donovan redet unter dem Eindruck des Orts, an dem er sich befindet, wie ein Wasserfall. Er erzählt mir noch einmal von dem Arawak-Indianer, der in die Grotten geflüchtet war, von dem spanischen Späher auf seinem Felsspitz hoch oben im „Dachstuhl des Tempels". Er spricht von John Peter Grant, dem Gouverneur und Mann mit Visionen, der zu Beginn seiner Amtszeit ein Gefängnis schließen ließ und erklärte, es werde von nun an nicht mehr benötigt, da er jetzt dafür sorgen wolle, dass keiner mehr unzufrieden sein müsse. Was für eine gute Ortswahl der erste Rasta doch getroffen hatte! Howell besaß nämlich sehr wohl ein Gespür für Geschichte. Donovan zeigt mir in der Ebene einen alten Weg; hier mussten die Soldaten aus Spanish Town heraufgekommen sein. „Kein Wunder, dass Howell ihnen immer entwischt ist! Er hat sie schon eine Stunde im Voraus kommen sehen ..." Links drüben erstrecken sich Zuckerrohrfelder, grünblau schimmernd. Von seinem Platz aus konnte Howell die Ghettos von Kingston und Spanish Town überblicken, die sich immer mehr aufeinander zu bewegten – wie zwei Hände, die kurz davor waren, sich zu berühren ... Direkt unter uns liegt eine Siedlung, Spencer's Pen. Sie wirkt, als könne sie jederzeit abstürzen. In einem Gebirgseinschnitt sehen wir ein Stückchen vom Rio Cobre, dessen Wasser im Abendlicht glitzert. „Howell hatte die gesamte Geopolitik Jamaikas direkt zu seinen Füßen liegen. Wie hätte er sich denn da heraushalten sollen aus allem?"

Donovan kommt immer wieder auf die Politik zu sprechen. Er entwirrt für mich das Geflecht der Gefälligkeiten und Eigeninteressen. Er hegt nicht den geringsten Zweifel daran, dass das Pinakel fallen musste, weil es in die Einflusssphäre der JLP geraten war – und auch nicht daran, dass die Gelder, die mit dem Ganja gemacht wurden, der Bewaffnung der JLP-*gunmen* dienten. Ich protestiere. „Nein, der Gong doch nicht, niemals. Er hat doch immer abgelehnt, zur Wahl zu gehen! Gut, vielleicht sind ja die kleinen Ganjapflanzer der Politik ins Netz gegangen. Doch als der Gong merkte, was da im Gange war, hat er doch gleich versucht, sie vor dem Schlimmsten zu bewahren, indem er Waffen verbot. Erinnerst du dich noch, was Chi-Chi Boy gesagt hat? Die Pflanzer sind schuld, sie haben nicht auf ihn gehört, sie haben trotz seines Verdikts Waffen ins Pinakel gebracht. Nein, der Gong hätte niemals ...“

Donovan neigt den Kopf zur Seite und schaut mich spöttisch an: „Denk doch nur mal daran, wie er seine kleine Frau hat schuften lassen!“

Ich stehe auf und schreite über die im Schachbrettmuster angeordneten schwarzweißen Fliesen, mit denen die Veranda ausgelegt ist. Dürres Laub knirscht unter meinen Füßen. Eine Stufe aus ziegelrotem Stein; rechts und links von mir waren einmal die Zimmer von Monty und Blade, doch die Zwischenwände stehen nicht mehr, schwere Äste haben sie zum Einstürzen gebracht. Im hinteren Teil befand sich das Zimmer des Gong. Ein bescheidener Raum, einfach weiß getüncht. Gerade mal groß genug für ein Bett und eine Kommode: So wohnten die jamaikanischen Bauern. Die Tafelrunden mit den kleinen Ganoven von der Polizei mussten mit Sicherheit stets in der Vorhalle stattfinden.

Ich gehe in die Hocke und lehne mich in der einen Ecke des Zimmers gegen die Wand. Stellenweise hat der Regen den Farbbelag ausgewaschen und der ziegelrote Backstein scheint durch. Wo mag wohl das Bett gestanden haben? In der Nähe des kleinen Fensters? Was wäre wohl geschehen, wenn ich dem Meister hier persönlich begegnet wäre? Hätte ich mich auf dieses Bett gesetzt wie so viele andere?

Hätte ich vielleicht die Licht- und Schattenspiele auf seinem breiten Rücken beobachtet? Hätte er sich wohl umgedreht? Müsste er mir nicht jetzt gleich ins Gesicht schauen? Ich stehe so sehr unter Spannung, dass meine Vision plötzlich zerplatzt wie eine Seifenblase. Die feuchte Kälte der Wand kriecht mir in den Rücken.

Sein Blick. Derart viele Bilder steigen in mir auf, dass ich manchmal zu zweifeln beginne. „Gott oder der Teufel?“, hat Onkel Hugh gesagt. Ihm einmal für ein paar Sekunden in die Augen geschaut, und ich hätte Bescheid gewusst. Aber nun fühle ich mich entmutigt. Diese ewigen Bruchstücke, die ich sammle, wollen sich mir einfach nicht zu einem Ganzen fügen, sein fesselndes Wesen lässt sich damit niemals fassen. Ich meine, ihn beinahe am Arm packen zu können, nein, er ist es, der mich packt. Er hat mich verführt und ich bin ihm gefolgt – Donovan kann lachen, solange er will. Und ich habe mich damit begnügt, posthum überhaupt etwas vom *divine lover* zu erhaschen.

„Die Rastas sagen, die Frauen könnten über die Männer Gott erleben“, spöttelt Donovan von der Veranda herüber. Ohne lange nachzudenken, gebe ich ihm zur Antwort: „Es ist an der Zeit, dass sie den direkten Weg zu Gott einschlagen.“ Donovan setzt sein bestechendes Lächeln auf. „Ja, aber schau doch mal dich an, treu ergeben folgst du der Spur eines offenkundigen Machos! Und dann all diese Frauen, das hättest du nie ausgehalten.“ Ich denke an Tyneth. Es gab schon Leute, die behaupteten, ich sähe ihr ähnlich. Hätte ich wohl lieber meinen Körper den Geiern zum Fraß vorgeworfen, als meinen König mit anderen zu teilen? Howells Verehrerinnen machte das Teilen anscheinend nichts aus. Lieber einen freien Mann zum Teil besitzen als einen Sklaven ganz. Der Meister war einfach einmalig. Nie zuvor hatten diese Frauen einen Mann kennen gelernt, der so viel Mut besaß und so überzeugt war von sich selbst. Und so frei. Sie liebten ihn, auch in seinem Freiheitsdrang. Das gilt selbst für Miss L., die am Ende ihrer Tage sehr widersprüchliche Gefühle überfielen: Mit Howell war für sie, das ist ihr ganz deutlich anzumerken, ein Drama verbunden. Was hat sie ihm nach so vielen Jahren noch vorzuwerfen?

„Dass er gesagt hat, Christus sei ein Schwarzer", antwortet die alte Dame. „Christus hat keine bestimmte Hautfarbe." Ich betrachte die tiefen Furchen auf ihren faltigen Händen, den leicht verschleierten Blick, die spöttischen Falten um ihre Mundwinkel. Auch sie hat sich einfangen lassen. Auch sie hat geglaubt, dass er selbst Christus sei.

Die Regentschaft Howells dauerte fünfundzwanzig Jahre – von 1933 bis 1958. Als das Pinakel fällt, steht er plötzlich im Abseits und in der Rasta-Bewegung nehmen andere Anführer seinen Platz ein. Man macht ihm zum Vorwurf, er habe sich für Gott gehalten. Vielleicht hat er ja, wie Alpha Blondy, „gesehen, dass der Stuhl Gottes leer war, und sich einfach darauf gesetzt". Doch die Hauptschuld tragen seine Anhänger. Was er wollte, war nichts weiter als ein „Leben in der Gemeinschaft", sie aber wünschten sich einen Messias. Ich sehe ihn vor mir in seinen besten Tagen: Seine Stimme klingt leidenschaftlich, was er sagt, duldet keinen Widerspruch. Die Aura, die ihn umgibt, weist ihn als einen Menschen aus, der sich vor die Schwachen stellt. Er hält seinen breiten Rücken hin und sein mächtiger Schatten wacht hoch oben auf dem Hügel, während unten in East Avenue die Menschen friedlich ihr Dasein fristen. Er hat das Leben tausender Leute grundlegend verändert, wie allein Gott es wohl vermocht hätte.

Doch wenn Gott in allen Dingen ist, woher rührt dann dieses Bedürfnis, ihn in einem Menschen verkörpert zu sehen? „Weil es, wenn wir in Not sind, meist ein Mensch ist, der uns hilft", erklärt mir Bongo Sheffan. Howell ließ keinen Ruf unerhört; er stand den verlassenen Frauen zur Seite, den Arbeitern ohne Job, den Bauern ohne Land. Im Pinakel konnten sie achtzehn Jahre in Würde leben. Achtzehn Jahre sind lange genug, um eine Generation freier Menschen heranzuziehen. Es ist eben jene Generation, die ihn ablösen wird. Die Reggae-Generation.

Bevor ich mich wieder in das staubige Kingston begebe, geplagt von allerhand Zweifeln, beschließe ich, ans Meer zu fahren, nach Runaway

Bay, und meinem Freund David einen Besuch abzustatten. Er hat einen Christus in Originalgröße gemalt. Das Gemälde zeigt den Gottessohn in klassischer Pose: in weißem Gewand und mit brennendem Herzen. Doch wo sonst Gesicht und Hände sind, hat David weiße Flächen gelassen; Jesu Augen malte er in den Himmel, die Hand auf das entflammte Herz. David meint es ernst mit seinem Glauben: Schon lange hat er einen direkten Draht zu Jesus. Er kennt seine Handynummer.

Am Abend strecke ich auf der Dachterrasse alle viere von mir und lausche dem Froschkonzert in den Bäumen, der Symphonie der Wellen und des Windes. Da plötzlich dringt aus der Ferne eine Lautsprecherstimme an mein Ohr. Den Wortlaut kann ich nicht verstehen, doch die tiefen, melodischen Töne sehr wohl; der Sprecher scheint in langen, lyrischen Sätzen zu reden. Ruck, zuck bin ich auf den Beinen, völlig aufgemischt. Ich folge dem Klang der Stimme zum Dorf hinaus, über eine Kuhweide und weiter auf die Straße nach Brownstown. Allmählich verstehe ich einige Wortfetzen, vom Weltuntergang ist die Rede. Der Rhythmus der Stimme beschleunigt sich. Ich renne eine Allee entlang und stehe plötzlich vor einer Kirche: Die Türen sind sperrangelweit offen, das Innere ist hell erleuchtet. Zunächst sehe ich nichts als Hüte – Organdyseide, Bänder, Spitzen –, durch die ein leichtes Beben geht, als streiche ein Windhauch an ihnen vorbei. Ich entdecke nur wenige Männer, dafür jede Menge jungfräuliche Mädchen in voller Ergriffenheit. Die Frömmler trampeln, wimmern, stampfen mit den Füßen. Ganz hinten, auf einem Podest, steht ein feiner Herr mit überkreuzten Armen, er läuft hochrot an vor Erregung und seine Worte überschlagen sich schier: „Und jetzt, seid ihr bereit für Ihn?“ („Ahhh!“, geht ein Seufzen durch die Reihen.) „Er ist da, Er kommt näher, ich spüre Ihn ...“ („Ahhh!“, ertönt es wieder wie aus einer Brust.) „Er kommt! Er kommt! Er dringt in euch ein! Er steigt in euch auf! Spürt ihr, wie Er in euch aufsteigt? Spürt ihr es?“ Die Stimme wird lauter, bis sie schließlich in ein immer schrilleres Kreischen übergeht. „Er ist in euch!! Ahhh!!“

Die Zuhörer sind wie außer sich.

Gemeint ist der Heilige Geist, wer sonst?

Kapitel 26

Die neue Kultur

Wir schreiben das Jahr 1958. Zwei Jungen, der eine sechzehn, der andere siebzehn Jahre alt, schlendern die Molynes Avenue in Richtung Trench Town hinunter. Sie tänzeln mehr, als sie gehen, so sehr freuen sie sich darauf, den Sabbat im Camp eines Mannes zu verbringen, den sie schon seit langem verehren: Brother Ira. Es ist gerade eine Woche her, dass die Jungs zum ersten Mal von der Rasta-Bewegung gehört haben; jetzt wollen auch sie an einem Fastensamstag im Rasta-Camp von Fire Key teilnehmen. Hier sind sie nun also, stehen vor der Wellblecheinfriedung, hinter der fünf Häuschen mehrere Paare nebst Kindern beherbergen. Einer der Jugendlichen, Jah Bones, wird seine Erinnerungen an jenen denkwürdigen Morgen später einmal zu Papier bringen. Das Ritual beginnt mit einem langen Gebet, gesprochen von Brother Ira, der die neuen Rasta-Anhänger völlig begeistert, wie Bones in seinem 1985 in London erschienenen Büchlein *One Love* zu berichten weiß: „Sobald der Mann den Mund aufmacht, sprudeln die Worte förmlich aus ihm heraus. Es ist das erste Mal, dass ich einen Schwarzen so positiv und wirklichkeitsnah beten höre … Er kommt auf die Apokalypse zu sprechen, erwähnt *The Promised Key,* lässt sich über Marcus Garvey und über Selassie aus … Jeder darf dazwischenrufen, was immer ihm gerade in den Sinn kommt: ‚Die Flamme möge weiterbrennen!‘, ‚Ras Tafari!‘, ‚Selassie I!‘, ‚Donner, Blitz, Feuer und Blut!‘, ‚Erdbeben!‘. Worte, die Kraft ausstrahlen und deren Klang förmlich vibriert. Das Wort, der Klang und die Kraft: drei sehr wichtige Dinge bei den Rastas, neben dem Gebet und dem Gespräch *(reasoning).*“

Wenn Brother Ira mit der Litanei zu Ende ist, wird aus der Bibel (insbesondere aus dem Alten Testament) vorgelesen, anschließend werden Hymnen gesungen. Jeder kann mitmachen, je nach Lust und Laune, kann einen Vers lesen oder ein Gebet sprechen. Während Psalm 18 deklamiert wird, bereitet jemand schon mal die *chalice* vor und positioniert sie gut sichtbar. Derjenige, der sie anzündet, muss sie auch segnen, dies geschieht, indem er entweder einen Textauszug aus der Apokalypse liest oder ein Gebet aufsagt. Die Frauen trällern nun ununterbrochen Hymnen, während die *chalice* durch die Reihen wandert und Trommeln erklingen. „Nach fünf Stunden", erinnert sich Jah Bones, „ist hier jeder ‚schwarz'. Jah hat bei allem voll mitgemacht, seine körperlichen Grenzen erfahren ..."

Die sechste Stunde bricht an, das Ende des Fastentages rückt näher. Ein Psalm soll noch gelesen werden, doch dazu muss man sich erheben. Kommt gar nicht in Frage, dass du da hocken bleibst wie ein Häufchen Elend! „Da du seit dem Abend zuvor nichts mehr gegessen hast, ist das leichter gesagt als getan, doch es heißt durchhalten, du kannst dich ja immer noch mit dem Knie auf deinem Stuhl aufstützen! Der ganze Raum ist jetzt erfüllt von Psalm 91, alle singen lauthals mit. Bei Vers 13 – ‚Mit deinem Absatz wirst du den Löwen und die Giftnatter zertreten, mit deinem Fuß der Raubkatze und dem Drachen einen Tritt versetzen' – stampft jeder symbolisch mit dem Fuß auf: die Vernichtung Babylons, der Wunsch eines jeden Rastas. Jah! Ras Tafari ... Haile I, Selassie I! Manche verabschieden sich jetzt, wer gehen will, geht, die anderen bereiten etwas zu essen."

Jah Bones merkt an: „Bra P., einer aus dem Kreis der Rasta-Ältesten, hat mein jugendliches Ghettoleben behutsam, doch nachhaltig verändert. Er arbeitet hart – er besitzt eine Gießereiwerkstatt, in der Aluminiumkochtöpfe gefertigt werden –, er ist ehrlich und ehrgeizig und stellt seine Fähigkeiten auf einfache und natürliche Art im täglichen Leben unter Beweis. Bra P. beeinflusst dich mehr durch das, was er tut, als durch das, was er sagt."

Durch die Séancen mit den Ältesten, bei denen rege diskutiert wird, lernen die jungen Kultanhänger, ihre Sinne zu schärfen: „Bra P. wiederholt sich nie. Er erwartet von seinem Auditorium in einer Diskussion äußerste Konzentration; Augen, Ohren – schlichtweg der komplette Wahrnehmungsapparat – müssen im Einsatz sein; auch die Vorstellungskraft wird gefordert ..."

Aus dieser Fantasie geht kurz darauf eine neue Kultur hervor. Die Generation von Jah Bones – die der um 1940 Geborenen – prägte einen Stil, der heute gemeinhin als Rasta-„Folklore" bekannt ist.

Die Locken zum Beispiel. Bis Ende der Fünfzigerjahre trugen die meisten Rastas zwar lange Bärte, doch ihre Haare waren kurz geschnitten. Einige wenige liefen auch damals schon mit Rasta-Locken herum; sie hatten sie den alten hinduistischen Weisen in Trench Town abgeschaut oder bestimmten afrikanischen Stämmen, doch als allgemeine Mode waren sie noch nicht sehr verbreitet. Howell ist kein großer Befürworter dieser äußeren Zeichen der Rebellion, er befürchtet eine Stigmatisierung seiner Anhänger; im Pinakel hat er jedoch drei „Lockenmänner" als Wächter angestellt, wegen ihres Furcht erregenden Aussehens; man nennt sie *Mountain Lions,* wie die äthiopischen Soldaten. Der Name Dreadlocks ist, so erzählt uns Jah Bones, im Camp von Fire Key entstanden: „Errol, Danny, Jimmy, Parker und mir war aufgefallen, dass sich die übrigen Jamaikaner, die keine Rastas waren, immer irgendwie unwohl fühlten, wenn sie diese neue Haartracht sahen – sie bekamen es glattweg mit der Angst zu tun! [...] Wir mussten diesem neuen Stil irgendwie einen Namen geben. Einer von uns machte den Vorschlag *fear-locks,* ‚Locken zum Fürchten', doch die vier anderen in der Runde schüttelten die Köpfe. Ich glaube, es war Danny, der dann *dreadlocks* aufbrachte, was eigentlich die gleiche Bedeutung hat, nur irgendwie besser klingt. Der Name gefiel allen auf Anhieb. Dreadlocks – das klang einfach umwerfend, da steckte Rhythmus drin. Die Vokabel setzte sich auch schnell durch: Überall, wo wir hingingen, bemühten wir uns, sie zu benutzen, und die Brüder nahmen sie problemlos an."

Dem Rhythmus der Worte fiel schon bald eine zentrale Rolle zu in der neuen Rasta-Kultur auf Jamaika; eine ganze Reihe großer DJs verdankt dieser Idee ihren Erfolg – King Stitt, U Roy. Sie wiederum inspirierten den amerikanischen Rap. Jah Bones sagt: „Wir hatten kapiert, dass Wort, Klang und Power sich als Basis der Rasta-Sprache eigneten. Klangschwingungen können Worte in Kraft umwandeln; Sprache ist nie losgelöst von einem gewissen Kontext, vom sozialen Umfeld. Rhythmus und Klang sind unerlässlich für die Struktur des Denkens ...“ Manche Leute glauben hier den Einfluss der alten Freimaurer ausmachen zu können – Archibald Dunkley, Hibbert –, die auf Jamaika die Zahlen- und Klangsymbolik einführten. Ist nicht Howell selbst der Urheber einiger rätselhafter Diagramme?

Doch die Art, wie die jungen Rastas an diese Dinge herangehen, ist eine andere. Sie haben sich vorgenommen, für jene Wechselwirkung zwischen Sprache und Sozialem – abstrakte Theorie des Westens – den empirischen Beweis zu liefern. Jah Bones und seine Kumpel wollen die englische Sprache auf den Kopf stellen. Eines der ersten Wörter, das sie sich vorknöpfen, ist *understand,* „verstehen“ – sie wandeln es um in *overstand:* „Für ein Volk, dem die Erinnerung an Sklaverei, Kolonialismus und Faschismus unauslöschlich ins Gedächtnis gebrannt ist, kann es nur eine Schmach sein, wenn ihm durch diese Vokabel – *understand,* ‚unterstehen‘ – erneut jene schmerzliche Erfahrung ins Bewusstsein gerufen wird.“ *Create,* „erschaffen“, wird umgedichtet in *crelove,* denn nur durch Liebe kann etwas geschaffen werden und nicht durch Hass *(cre-hate).* Das Kreol oder Patois mit seinem wohlklingenden Rhythmus, seiner vereinfachten Grammatik, seinen treffenden Bildern wird der gesellschaftlichen Ächtung entrissen. Man findet Gefallen an den offenen Silben; man flicht überall ein *„a“* ein. Gott wird zu *Jah;* man spricht dieses Wort kraftvoll und zugleich zärtlich aus, legt den ganzen Atem hinein. Auch hier treffen wir auf den Einfluss der Kabbala; erst später wollten Bibelkundler in dem Wort die Abkürzung von Jehovah erkannt haben. Doch die verschiedenen Einflüsse überschneiden sich: Auch die Inder kennen die Kraft des Wortes. War nicht das erste Gebet im Pinakel von Mantras inspiriert?

Eine Vokabel gibt es, die die Rastas über alle Maßen lieben: *I.* Englisch ausgesprochen, ist es ein sinnliches *ai,* das überall dort zum

Einsatz kommt, wo es etwas Schönes oder Spirituelles auszudrücken gibt: *I-man* bedeutet „ich"; du ersetzt man durch *I,* wenn es sich um einen Freund handelt. Bei einem Feind sagt man *U (you),* denn das U ist krumm, wohingegen das I gerade ist. *I and I* steht für das Wir, für die Rasta-Gemeinde in ihrer Inity (und nicht mehr in ihrer Unity) … und so weiter. Für die Rastas ist es wie ein Spiel, auf diese Art die Wörter zu hinterfragen und sie neu zu gestalten. Bald ist ganz Kingston infiziert. Begegnet man einem anderen Rasta-Bruder, teilt man ihm seine neueste Wortkreation mit. Klingt sie gut, übernimmt er sie und trägt sie weiter.

Die Rasta-Kultur ist jetzt urban geworden. Dialekt, Geheimcodes, Frisur, Farben – und in allen Dingen ein Quäntchen Weisheit: Das ist das neue Image, das sich in den Straßen der Ghettos breit macht. Immer mehr junge Leute schließen sich der neuen Bewegung an und auf einmal sind die Grenzen des Rasta-Milieus übersprungen. Jetzt fehlt nur noch richtig gute Musik, wie sie Städter mögen. Diese lässt nicht lange auf sich warten. Im Osten der Stadt rumort schon der Ska.

Bull Bay, der Strand von Nine Miles. Vier oder fünf verstreut liegende Hütten im Schatten der Bäume. Hier lebt eine kleine Gemeinschaft von Nyabinghis, das Jahola Theocratic Government. Als die Sonne untergeht, stopfen sich Bongo Puru, Bongo Sheffan, Ras Porta, Ras Hill und Ras Benjie ein Marihuanapfeifchen. Jah! Ras Tafari … Als das Ritual beendet ist, tauchen drei oder vier Trommler auf und der Abend klingt mit Rasta-Rhythmen aus.

Es ist eine beruhigende Musik. Der Länge nach ausgestreckt liege ich in meinem Zelt, gleich neben der Hütte von Bongo Sheffan, und genieße es bis spät in die Nacht, diesen Klängen zu lauschen. Der sonore Tonfall der Alten vermischt sich mit hellen, fröhlichen Kinderstimmen. Die Basstrommel – ein riesiger Kasten, der beim Spielen seitwärts gekippt und mit einem wattierten Stab gespielt wird – begleitet den Gesang in Intervallen, die so regelmäßig sind wie der Puls eines Schlafenden. „Der Basstrommel fällt eine besondere Rolle zu", erzählt mir Harry Powell, einer der bedeutendsten Rasta-Perkussionisten, als ich mich 1980 mit ihm unterhalte. „Man nennt sie *at-man.* Das bedeutet ‚zu den Leuten'. Die zu den Leuten geht. Wummms! Man hört das kilometerweit. Und man denkt sich: Da drüben muss echt was los sein! Die Basstrommel spricht eine Sprache, die die Leute verstehen … Der Repeater übernimmt das Solo. Man könnte meinen, einen jener Krieger vor sich zu haben, die das Camp verlassen und die Gegend ausspähen, um dann zurückzukommen und die anderen zu warnen, bevor der Angriff beginnt … Der Repeater ist für die Melodik zuständig. Behutsam arbeitet er sich vor, erreicht dich in deinem Innersten und wenn der letzte Schlag verklungen ist, geht der Rhythmus in dir einfach weiter … Der Repeater, das ist der Mann, der da drüben tanzt, völlig entrückt. Sein Tanzen wirkt ansteckend. Er ist der Tänzer unter den Trommeln, er spielt dir die Melodie, die du im Herzen trägst … Die Fundé (eine mit Ziegenfell bespannte Trommel; *Anm. d. Ü.*) wacht über das Tempo der Musik. Sie ist die Basis, der Rhythmus des Herzens."

Ich liebe diese ruhigen Schläge, synchron zum Herzschlag, über alle Maßen. Sobald sie erklingen, betrachtest du die Welt von ganz weit oben, überwindest deine Ängste. Lange Zeit habe ich geglaubt, dass sich dieser Rhythmus im Pinakel herausbildete. Doch das stimmt nicht, sagen mir Leute, die es wissen müssen. Im Pinakel spielt man bis heute die Kumina-Trommeln. Also, woraus ist nun der Rasta-Rhythmus entstanden?

Kapitel 27

Die Musik der Rastas: Kumina oder Burru?

Miss Gertrude Campbell, Howell-Anhängerin der ersten Stunde, empfängt mich in ihrer Hauskleidung: einem Rock und einem T-Shirt, beides in strahlendem Weiß, doch vom Stoff her schon ziemlich verschlissen; auch das Tuch, mit dem sie ihre grauen Strähnen zurückhält, ist weiß. Sechzig Jahre sind vergangen, seit sie Howell zum ersten Mal begegnete; mit Leib und Seele hatte sie sich ihm damals verschrieben. Sie war seine Sekretärin und Buchhalterin, zog die Kinder von Tyneth groß und kümmerte sich, als alle das Weite suchten, um das Haus des Gong. Sie allein blieb bei ihm bis zu seiner letzten Stunde. Obwohl sie über achtzig ist, schaut mich die alte Dame mit wachen und interessierten Augen an, unter ihren schweren Lidern blitzt immer noch der Schalk hervor. „Was ich noch erwarte? Nur noch einen Mann. Er nennt sich die Zeit!" Unsere Zusammenkunft findet in Tredegar Park statt – jener Kultstätte, die sie, zusammen mit anderen Howell-Getreuen, Brett für Brett, Wellblech für Wellblech, eigenhändig errichtet hat. Insgesamt waren es sieben Kultstätten, die sie auf diese Weise bauten – sechs davon sind bei Razzien zerstört worden. Als wir uns das erste Mal treffen, schreitet Miss Gertrude Campbell hinüber zu der Ecke, in der die Instrumente stehen, und spielt mir, über die Solo-Trommel gebeugt, einen Begrüßungstusch. Einen Kumina-Rhythmus! In mir wächst die Gewissheit: Hier konnte der Rasta- oder Nyabinghi-Stil nicht entstanden sein.

Unter all den Dingen, welche die Afrikaner bei ihrem schrecklichen Exodus mitnehmen konnten, hat eines überdauert: die Musik. Kurioserweise bezeichnet die Zeit der Sklaverei nicht unbedingt die unfruchtbarste Phase, was die Kultur anbelangt. Die Herren sahen anscheinend nichts Verwerfliches darin, dass ihre Arbeiter sich vergnügten. Solange dies die Arbeitsmoral hob, konnte es ihnen nur recht sein. Der Schriftsteller Matthew Gregory Lewis, der auf Jamaika eine Plantage besaß, beschreibt die Afrikaner 1818 in seinem Reisetagebuch als ein fröhliches Völkchen – bis zum Morgengrauen wurden im Salon des Plantagenbauern Feste gefeiert:

„Um sechs Uhr abends ging es los mit der Singerei, sie dauerte dann ohne Unterbrechung bis zwei Uhr früh; noch nie in meinem Leben hatte ich ein derartiges Getöse gehört. Jeder Millimeter, den nicht ein Tanzender in Anspruch nahm, wurde ausgefüllt von den Männern, Frauen und Kindern, die einfach irgendwo im Haus in tiefen Schlaf gesunken waren – überall, nur nicht in den Zimmern. […] Um Mitternacht wollte mein Verwalter die Feiernden nachhause schicken; doch sie tanzten einfach weiter und das Gejaule setzte sich fort bis zwei Uhr morgens; erst als sie an ihre natürlichen Grenzen stießen, entließen sie mich – mit höllischem Kopfweh – ins Bett."

Lewis, der Autor des berühmten *Moine,* eines „teuflischen" Romans, der im ausgehenden achtzehnten Jahrhundert spielt, ist kein gewöhnlicher Siedler. Er gilt auf Jamaika wegen seines Hangs zum Humanismus als gefährlicher Saboteur, und am Ende seines Aufenthalts auf der Insel spielt ihm eine Meute schwer erzürnter Pflanzer übel mit …

Nachdem die Sklaverei aufgehoben ist, sehen die Plantagenbauern keinerlei Veranlassung mehr, Rücksicht auf die Befindlichkeit der Afrikaner zu nehmen: Die Jahre zwischen 1835 und 1865 markieren daher auch die Phase, in der repressives Verhalten am offensten zutage tritt. Die Veranstaltungen, bei denen man den Schwarzen bisher gestattet hatte, ihre Kultur zu leben, werden jetzt als potenzielle Gefahr erachtet, als reine Zeitverschwendung, insbesondere, wenn sie an Weihnachten stattfinden: „Noch am 19. Januar [1848] hat kein Einziger der ehemaligen Sklaven die Arbeit wieder aufgenommen; durch die Dörfer und Hügel hallen noch immer Trommelwirbel, sie begleiten die Tänzer, die sich völlig entfesselt und in ausschweifenden Verrenkungen zum Rhythmus bewegen", zitiert Lorna Simmonds 1983 in ihrer Studie *Post-Emancipation Protest in Jamaica* einen gewissen Carr.

1854, zwanzig Jahre nach der Befreiung aus der Sklaverei, konstatiert ein Verwaltungsbeamter: „Die Schicht der Arbeiter bietet einen jämmerlichen Anblick mit ihrer Gottlosigkeit und ihren niederen Instinkten. Sie befindet sich auf dem Weg zurück zur Barbarei."

Die Umzüge der Pfeifer und Trommler und die Tänze zu Neujahr werden per Dekret untersagt. Im Dezember 1840 führt das Verbot der fünftägigen Feiern während des Weihnachtsfests zu einem Aufstand. Obwohl sich ein paar Verwaltungsbeamte einschalten und für die Schwarzen Partei ergreifen, werden in Kingston Kinder verhaftet, die mit einer kleinen Trommel, einer Violine und einem Tamburin durch die Straßen ziehen! Eine Menschenmenge versammelt sich aus Protest und empfängt die sowieso schon aufgebrachte Polizei mit einem Steinhagel. Die Wachmänner eröffnen das Feuer: zwei Tote, drei Verwundete. Doch auch danach wird die Bevölkerung nichts davon abbringen, weiterhin ihre Weihnachtsorgien zu feiern. Schon die Söhne der Sklaven verteidigen ihre seelische Unversehrtheit über die Kultur. Man verlässt die Kirchen der Weißen in Massen, um alten Riten beizuwohnen. Nach der Revolte von Morant Bay ist der neue Gouverneur, Sir John Peter Grant, der Meinung, man solle die mageren Haushaltsmittel, die der Kolonie zur Verfügung stehen, lieber für den Bau von Schulen verwenden als für die Erhaltung von Gefängnissen, in denen Menschen eingesperrt sind, nur weil sie gern feiern.

Das Problem ist deswegen noch lange nicht gelöst. Immer wieder fällt das Stichwort „Barbarei"; es nährt auch weiterhin die Paranoia auf Jamaika und noch an der Schwelle zum Jahr 2000 begegnet man Vorurteilen gegenüber den afrikanischen Riten. Sogar der Reggae wird vom bürgerlichen Establishment erst akzeptiert, als Bob Marley damit Welterfolge feiert.

Bei Howell spricht man 1940 von der Rückkehr zur afrikanischen Kultur, doch das ist noch nicht viel mehr als ein abstrakter Wunsch. Die Gesänge sind zu Anfang hauptsächlich dem Psalmbuch *Sankey Hymnal* entnommen, das nahezu in allen Kirchen gebräuchlich ist; allerdings dichtet man die Verse auf Ras Tafari um; auch auf Musikstücke von Ford, dem Hofkomponisten der UNIA, greift man damals noch zurück. Howell führt nicht sofort die Trommeln ein. Vermutlich ist ihm ein wenig von seiner anglikanischen Erziehung geblieben, von seiner ablehnenden Haltung gegenüber „Religionen, in denen man in einem Anfall von Raserei zu jaulen anfängt wie ein Hund". Und dennoch gibt es sie, mitten auf Jamaika, die Musik, die ihre Wurzeln tief in Afrika hat; hier holte sich Howell vielleicht seine Inspirationen.

Bei den Maroons (nach dem Abzug der Spanier im Jahr 1655 auf Jamaika zurückgelassene afrikanische Sklaven, die in die Berge fliehen und dort unter dem Namen Maroons – von spanisch *cimarron:* wild, verwildert – ein freies Leben beginnen; *Anm. d. Ü.*) hört man beispielsweise Totengesänge, die aus Ostafrika stammen und an denen kaum etwas verändert wurde. In den Wellblechkirchen der Ghettos pulsieren Voodoo-Rhythmen. Der Kumina-Stil in St. Thomas steht in einer direkten Linie zu Afrika – nach dem Ende der Sklaverei waren auf Jamaika achttausend afrikanische Vertragsarbeiter vom Schwarzen Kontinent angekommen. Die Nago in Westmoreland (Nachfahren des Yoruba-Stammes) oder die Kikongo in St. Thomas wurden gebraucht für die Arbeit auf den Plantagen. Sie erhielten sich ihre Sprache und ihre Musik, und die Kumina-Trommeln profitierten von ihrem Einfluss, wie die englische Ethnologin Madline Kerr erklärt:

„Diese Trommeln klingen ganz anders als jene, die bei den Zusammenkünften der ‚Great Revival'-Anhänger zu hören sind. […]

Sie werden aus hohlen Baumstämmen gefertigt, die Rückseite bleibt offen. Die Basstrommel nennt man *kyando,* die kleinste *plain case.* Die *kyando* besitzt einen Metallrand, sie wird aus einem Teil des Brotbaums geschnitzt; für die *plain case* verwendet man Trompetenbaumholz. Die Rassel spielt eine wichtige Rolle. [...] Die Trommler stehen gekrümmt über ihren Instrumenten, gespielt wird mit den bloßen Händen. Die *kyando* mit ihrem verhaltenen, dumpfen Klang scheint den Takt vorzugeben; die andere Trommel, die der bessere der beiden Trommler schlägt, klingt heller und bringt Töne hervor, die durch ihre Vielfalt überraschen."

Als Howell begreift, dass er, trotz seiner Abneigung gegen Gefühlsergüsse, den Emotionen der Menschen ein Ventil bieten muss, lädt er die Kumina-Musiker, die er aus St. Thomas kennt, ins Pinakel. Und als die Rasta-Gemeinde Anfang der Fünfzigerjahre auseinander sprengt und sich die Mitglieder über die Ghettos von Kingston verteilen, ziehen die Kumina-Trommler mit. 1953 verglich der amerikanische Ethnologe G. E. Simpson die Musik der Kumina-Trommler und die der Rastas und kam damals zu dem Schluss, dass es keinen eigentlichen Unterschied zwischen den Musikstilen der beiden Kulte gibt. Fünf Jahre später, nach dem Rasta-Treffen 1958, sah die Sache anders aus. Denn mittlerweile hatte sich bei den Rastas ein äußerst origineller Stil herausgebildet, der eher an Burru-Trommeln erinnerte.

In Verbindung mit den Weihnachtsfeiern sind zwei traditionell afrikanische Bräuche zu nennen: der Burru- und der Jonkunnu- oder „John Canoe"-Kult. Ihnen fällt gleich eine doppelte Funktion zu: Zum einen bieten sie Zerstreuung, zum anderen stellen sie für die Sklaven eine Möglichkeit dar, über verschlüsselte Botschaften ihren Unmut kundzutun. Dieses Moment der Rebellion wirkt auf die Rastas vermutlich ebenso anziehend wie die Assoziation mit Afrika. Das Jonkunnu-Ritual gleicht einem Karnevalsumzug. Es erklingt eine Parodie westlicher Militärmusik, doch die afrikanischen Elemente überwiegen: Bei den Paraden von Montego Bay zu Anfang des Jahrhunderts ist stets ein Tänzer zu bewundern. Als Kopfschmuck trägt er einen Pferdeschädel, dessen Kieferknochen er unaufhörlich aufeinander klappern lässt (wie bei den Dogon). Man sieht eigenartige Wesen, in wehende Lumpen gehüllt (ähnlich wie der heilige Martin), maskierte Männer, mit Peitschen bewaffnet, wie wir sie von Mali oder Jajouka in Marokko kennen ... In einem Schriftstück von 1828 wird der Name John Canoe einem muslimischen Sklaven zugeordnet, der für seine barbarischen Riten bekannt war; das Wort kann aber auch *kono* bedeuten – Vogel, im Sprachgebrauch der westsudanesischen Mande- oder Mandingovölker.

Doch für die Rastas hat die andere weihnachtliche Tradition, die des Burru-Kults, mehr Bedeutung als jene des Jonkunnu. Die Inhalte sind viel rebellischer. Der Kult gleicht einem Ritual aus Westafrika. Gruppen von Trommlern ziehen zum Jahresende von Hof zu Hof und teilen dabei allerlei Kritik aus. Die Ethnologin Verena Reckord widmet sich dem Burru-Kult in ihrem Artikel „Rastafarian music: an introductory story", der 1977 im *Jamaica Journal* erschien:

„In den Burru-Gesängen zeigt man mit dem Finger auf bestimmte Leute: Qualitäten werden gelobt, Unzulänglichkeiten getadelt, zuweilen wird auch ein ganzes Dorf an den Pranger gestellt. Die Lieder handeln von den großen Ereignissen des Jahres oder davon, was einzelne Mitglieder der Gemeinde so alles verbrochen haben – ähnlich wie in Ghana eine Abordnung von Haus zu Haus zieht und die verwerflichen Taten eines jeden lang und breit aufzählt, [...] eine Art Ritual, bei dem sich das Dorf reinigt, bevor das neue Jahr beginnt."

Niemals werden die Personen, denen man etwas zur Last legt, namentlich genannt und so bietet das Ganze eine hervorragende Möglichkeit, um sich nach Herzenslust über die Siedler auszulassen. Deswegen sind jene Trommlerbanden des Burru-Kults ja auch eine Kaste für sich; Rebellen, die sich außerhalb der Gesellschaft bewegen. Früher hatten die Pflanzer sie angestellt, damit sie zur Arbeit auf den Feldern den Rhythmus schlugen, doch nach der Aufhebung der Sklaverei wurden sie arbeitslos. Verena Reckord: „Von Landwirtschaft verstanden sie nichts, außerdem zog es sie in Massen in die Ghettos, vor allem in jene von Spanish Town und Kingston. Während neun Monaten im Jahr lebten sie von Almosen, dann, so ab September, versammelten sie sich, um die Lieder und die Musik für die Weihnachtsrituale einzustudieren." So erlebte sie auch Verena Reckord, damals noch Kind, zum ersten Mal:

„Ich erinnere mich, wie mich meine Großmutter, als ich Ende der Vierzigerjahre in Spanish Town wohnte, jeden Abend zum Brotholen schickte. Es gab eine Abkürzung, die Silverwood Alley, sie führte quer durch eine Ghettosiedlung. Das Jahr über durfte ich diesen Weg benutzen, doch sobald es September wurde, versäumte meine Großmutter nie, mich zu ermahnen: ‚Bleib mir ja von der Silverwood Alley weg, hörst du? Lass dich bloß nicht von diesen verdammten *burrumen* anquatschen.' [...] Ich nahm niemals den Weg außen herum, um mein Brot zu kaufen – und vor allem nicht in der Zeit zwischen September und Dezember. Meine Großmutter durfte indessen nichts merken und so wartete ich stets noch ein Weilchen, bis ich zu ihr zurückkehrte. Die mir verbleibende Zeit füllte ich damit, durch ein kleines Loch zu spähen, das ein Nagel in dem alten Wellblechzaun hinterlassen hatte. Ich lauschte dem Getrommel und den Gesängen und beobachtete die *burrumen,* wie sie um ein Feuer herum saßen und ihre Zoten rissen. Für mich als Kind war die Burru-Musik das Himmlischste, was ich kannte. Ich konnte ihr nicht widerstehen. Wenn die Musiker aufhörten zu spielen, blieb ich dennoch und tanzte von einem Fuß auf den anderen, Gott inständig anflehend, sie mögen doch weiterspielen, so begierig war ich auf das Schauspiel, das mir diese strubbeligen Männer mit ihren flinken Händen, ihren geschmeidigen Körpern und lebhaften Gesichtern boten. Wieder im Haus zurück, hörte ich, wie meine Großmutter meinem kleinen Bruder Wiegenlieder sang. Doch es waren nicht die europäischen Melodien, weswegen ich so entrückt dreinblickte, sondern die Burru-Rhythmen. Heute weiß ich, dass meine Großmutter, indem sie mir den Burru-Kult verbot, mir den Zugang zu jenem Teil in ihr selbst verwehrte, den die Kolonialgesellschaft als schlecht, primitiv und entartet abtat."

Die Burru-Leute und die Rastas finden rasch zueinander, sie mögen sich auf Anhieb. Wie die Rastas haben auch die Burrus „die Angst besiegt". Man schätzt ihren Humor, ihren Biss, ihre frechen Kommentare. Sowohl die Rastas wie auch die Burrus sind Außenseiter und werden in gleicher Weise verfolgt. „Die Burrus", klärt uns Verena Reckord auf, „wurden einst von der übrigen Gesellschaft – darin eingeschlossen die Unterschicht – als Taugenichtse und Kriminelle eingestuft." Auch die Rastas haben Bekanntschaft gemacht mit der Angst, die sie jetzt anderen einflößen: Es ist besser, Angst zu machen als Angst zu haben. Zwischen Burru-Gemeinde und Rastas herrscht ein reger Austausch. Und da die Rastas immer noch auf der Suche sind nach ihren afrikanischen Wurzeln, erkennen sie die Burru-Trommler gern als ihre Lehrmeister an. Auf diese Weise kommen Count Ossie und Watto King zusammen. Aus der Begegnung dieser beiden Männer geht der so genannte Rasta- oder Nyabinghi-Rhythmus hervor, den die Trommler von Count Ossie nach wie vor, auch heute noch, Burru nennen.

Was ist nun wirklich der Unterschied zwischen Kumina – der Musik aus St. Thomas, die im Pinakel gemacht wurde – und Burru – dem Vorläufer des Nyabinghi und der Rasta-Musik?

Verena Reckord beobachtet, dass der Basisrhythmus von Kumina-, Burru- und Rasta-Musik identisch ist, bei allen drei Richtungen liegt die Betonung auf dem dritten Schlag; doch gleichzeitig fällt ihr auf, dass die Soli beim Kumina „sehr viel schneller gespielt werden, komplizierter und schwerer nachzuspielen sind, während die Soli der Rastas ohne größere Schwierigkeit von jedem interpretiert werden können". Brother Royers, einer der Pfeiler der Mystic Revelation of Rastafari, der Band von Count Ossie, glaubt, den Unterschied eher im Konzept als im Stil ausmachen zu können: „Musikalisch liegen Kumina und Burru gar nicht so weit auseinander. Die Instrumente sind ähnlich, lediglich darin, wie sie gespielt werden, gibt es geringfügige Unterschiede: Die Kumina-Trommler setzen sich auf ihre Trommel drauf, wir nicht. Sie bringen ihre Fersen zum Einsatz; wir spielen mit den Händen – nur die Basstrommel wird mit einem Holzstab geschlagen. Und während der Kumina-Trommler unaufhörlich das Solo wiederholt, stützt sich der Repeater beim Burru eher auf den Backbeat (Betonung auf dem zweiten und vierten Schlag anstatt auf dem ersten und dritten), wodurch die Fundé mehr Spielraum erhält. Ohne die Sache mit dem Repeater würde jeder sagen, das ist Kumina, das ist schon richtig. Doch einen ganz fundamentalen Unterschied gibt es doch noch: Die Burru-Trommler sind sich bewusst, dass sie afrikanische Musik machen. All diese Richtungen, ob nun Kumina, Etu, Ketu, Brukkins oder was auch immer, haben ihren Ursprung in Afrika. Doch der Kumina-Trommler macht einfach nur Musik. Irgendwie geht es ihm zwar auch um die Sache mit Afrika, doch er trommelt eben, weil es das Einzige ist, was er gelernt hat. In meiner Musik hingegen steckt eine Idee. Wenn du mich spielen hörst, dann merkst du gleich, dass es Nyabinghi und kein Kumina ist. Wir haben ein Ziel. Unser Ziel heißt Afrika. Wer Rasta sagt, meint Afrika! Die Jamaikaner hören das vielleicht nicht so gern, doch ich frage mich allen Ernstes, wer soll das eigentlich sein, die Jamaikaner? Fünfundneunzig Prozent der Bevölkerung hier sind doch sowieso Afrikaner!“

Kapitel 28

Count Ossie

Kumina und Burru sind im Grunde, wie Brother Royers richtig angedeutet hat, lediglich zwei verschiedene Ausprägungen ein und desselben „Zeugs aus Afrika". Hiervon gibt es in der Karibik verstreut noch Überreste aus der Zeit der Sklaverei. Im Zuge der „Weltmusik"-Mode werden immer wieder neue Varianten ausgegraben – eine oder zwei CDs und kein Hahn kräht mehr danach.

Mit dem Reggae ist das offensichtlich anders. Was wäre wohl aus Howells Message geworden ohne jenen beharrlichen Rhythmus, der sie rund um die Welt trug? Die Kumina-Musik mit ihren Soli, die selbst von Musikwissenschaftlern nur schwer aufs Notenpapier zu bringen sind, hätte wohl kaum die Plattenläden erobert und Alt und Jung auf die Tanzfläche gelockt. Dem Reggae und ihrem Botschafter Bob Marley aber gelang das.

Mit dem Eindringen des Pop und der Rasta-Musik vollzog sich also ein entscheidender Wandel. Im Zentrum dieses Evolutionsprozesses stand ein Mann: Count Ossie.

In Wareika, am unteren Ende der Glasspole Avenue, gleich hinter der Grünfläche mit der Marcus-Garvey-Büste, erhebt sich ein solider zweistöckiger Betonbau. An der Giebelseite ein naives Bild, dessen Konturen schon leicht verwischt sind: Ras Tafari unter einem Baldachin thronend, umgeben von zwei Engeln (hier sind sie wieder, die beiden Himmelsboten Athlyis!), zu seinen Füßen ein Löwe. Gleich hinter dem Haus steigen die graugrünen Hänge stufenförmig an; dort oben finden seit der Zeit der Arawak-Indianer Gesetzesbrecher jeder Art Unterschlupf. Vor dem Gebäude, auf der anderen Seite der Glasspole Avenue, zieht sich das Ghetto von Rockfort bis zum Meer hinunter.

Ein paar alte Männer sitzen in einer Hofecke auf Bänken und saugen die milde Abendluft ein. Aus den Fenstern dringt ein schleppender, hypnotisierender Rhythmus. Wir befinden uns im kulturellen Zentrum der Mystic Revelation of Rastafari. Jeden Sonntag, und das nun schon seit mehr als fünfzig Jahren, versammeln sich die Rasta-Brüder an diesem Ort, um zu trommeln. Hier entstand der typische Rasta-Rhythmus.

Am Hofeingang, hoch oben auf dem rechten Pfeiler, thront die Büste eines Mannes. Sein Antlitz ist das eines Afrikaners, mit ebenmäßigen Zügen und sanften Augen, um die herum kleine Fältchen zu sehen sind – gewundene Linien, die der Steinmetz mit seinen Fingern im grauen Lehm hinterlassen hat. Ein Wollkäppi, das bis zur Hälfte in die Stirn gezogen ist, verrät den Look der Rastas aus dem Ostteil der Stadt, die sich mit den „schrecklichen Locken" der Typen in Trench Town nie so richtig anfreunden konnten. Die Büste stellt Count Ossie dar, den Meister. Er verstarb am 18. Oktober 1976, seither sind mehr als zwanzig Jahre vergangen.

Count Ossie (Oswald William) wurde am 26. März 1927 – oder vielleicht auch 1928, sein Sohn weiß es nicht mehr – geboren. Zu jener Zeit fährt Howell gerade zur See und Garvey ist im Begriff, nach Jamaika zurückzukehren. Für Oswalds Mutter ist dies alles weit weg. Die Bauersfrau aus Bito, einem Dorf in den Hügeln oberhalb von Bull Bay, hat viel zu viele Sorgen mit ihren drei Kindern, als dass sie sich in die heißen Dispute um Garvey einmischen könnte. Wenn sie Anfang der Vierzigerjahre nach Kingston zieht, so geschieht dies vermutlich – wie bei vielen anderen auch – nur aus einem Grund: Sie will versuchen, eine Stelle als Hausangestellte zu ergattern. Sie lässt sich in der Slip Dock Road nieder, im Osten der Stadt, nicht weit vom Meer entfernt. Das Viertel heißt Rockfort, benannt nach einem alten unterirdischen Festungsgang, den man an der schmalsten Stelle der Landzunge baute, um den Eingang zur Stadt zu schützen. Rockfort ist ein relativ ruhiger und grüner Stadtteil, in dem vorwiegend Fischer und Hausangestellte wohnen. Der junge Oswald William führt hier das ruhige Leben eines kleinen Landarbeiters. Seine Leidenschaft gilt der Musik: In Bito machte er beim Fanfarenzug der Pfadfinder aus Nine Miles mit, er schlug die Trommel oder war als Pfeifer dabei; in der Slip Dock Road heuert er alsbald wieder bei einer *marching band* an, der Saint Saviour Call Troop, geleitet von einem gewissen Mr. Barrington. Diesen Lärm liebt er über alles.

„Er konnte dir ganz kühl Befehle erteilen", erzählt sein Sohn Time, „er hob nicht einmal die Stimme dabei. Er war stets die Ruhe selbst! Er wusste, was es zu tun gab, und hatte es sich zur Regel gemacht, alles ohne viel Gedöns zu erledigen. Auch die Schwestern und die Mutter waren so. Sie arbeiteten still vor sich hin, du musstest sie schon mit einer Nadelspitze anpieksen, damit sie einen Laut von sich gaben. Langweiler, richtige Langweiler! Auch mein Vater war alles andere als gesprächig: So gegen Mittag stand er auf, duschte und schon hockte er wieder bei seinen Trommeln. Er machte Musik auf ihnen oder reparierte sie, gesprochen hat er dabei nie. Er war wahrlich ein schweigsamer Mensch."

Doch auch wenn Ossie William selbst nie den Mund aufmachte – den Diskussionen, die seine Generation bewegten, lauschte er liebend gern. Sie führten ihn Ende der Vierzigerjahre in eine andere Ecke von Kingston, nach Salt Lane.

Salt Lane liegt am Rand eines ziemlich verrufenen Winkels: in einer Gegend, in der sich die übelsten Ghettos ganz Jamaikas befinden, nach Westen hin begrenzt durch den Friedhof, im Süden durch den Hafen und im Norden durch die Spanish Town Road. Salt Lane, The Dungle, Back O'Wall, Ackee Walk: Namen, mit denen sich bestimmte Dinge verbinden.

„Zu jener Zeit", erklärte Ossie der Ethnologin Verena Reckord, „stellte ich mir jede Menge Fragen über mich selbst und meine Rasse und ich ging öfter nach Salt Lane hinüber zu den Diskussionen über Garvey und Ras Tafari, kurz: über alles, was das Selbstverständnis der Schwarzen betraf." Dort lauscht Ossie auch dem Trommelspiel von Brother Job, einem Burru-Meister, den er häufig in fröhlicher Runde unter einem Baum antrifft. Er und seine Freunde sind der Meinung, dass „der Burru-Kult eine der afrikanischen Kulturformen darstellt, die in den späten Vierzigerjahren auf Jamaika noch intakt sind. Sie denken, die schwarze Rasse bringt – egal, ob in der Diaspora oder in Afrika – historisch und kulturell alle Voraussetzungen mit, um sich ihre eigene, unverwechselbare Kultur zu erschaffen." Es ist jene unverwechselbare Kultur, von der Count Ossie in den Palaverrunden unter dem Baum in Salt Lane eine Vision entwickelt. Über viele Monate hinweg kommt er jeden Abend hierher und lernt zu Füßen von Brother Job, wie man die Fundé schlägt, während Job den Part der Repeater-Trommel übernimmt. Spät in der Nacht kehrt Ossie heim in die Slip Dock Road am anderen Ende der Stadt; nachmittags trifft er sich dann zumeist mit den Kumpels aus Rockfort am Ufer des Sturzbachs und feilt mit ihnen auf alten Käseeimern am Rhythmus. Nach einer gewissen Zeit hat er etwas Geld gespart, um sich eine echte Trommel fertigen zu lassen. Hiezu wendet er sich an Watto King; er ist der Einzige, der damals diese Trommeln baut und gleichzeitig einer der größten Burru-Musiker – der Lehrmeister von Brother Job. Auch Watto King ist eine legendäre Figur und hat seinen Anteil daran, dass sich Burrus und Rastas näher kommen. Er ist ein Mann, auf dessen Rat man hört, und er besitzt ein großes Herz – ein echter Leader und geistiger Vater. Auf seinem Gehöft in der Nähe von Ferry, auf halbem Weg zwischen Kingston und Spanish Town, nimmt er nach dem Wirbelsturm von 1951 dutzende Rasta-Familien auf. Ein paar Jahre später übersiedelt er nach Trench Town.

Jah Bones berichtet: „Brother Watto hatte den Dreadlocks sein Camp an der Neunten Straße geöffnet. Er hatte ein ordentliches Gewicht und war die Nächstenliebe und Friedfertigkeit in Person. Gleichzeitig galt er als ein entschlossener und konsequenter Mensch.

Er war eine Vaterfigur für beide Geschlechter, für Jungen wie für Mädchen, einer aus dem Ältestenkreis, bei dem man immer Rat fand. […] Er besaß eine große Farm mit vier Häusern und einem Tabernakel in der Mitte. Unter dem Dach des Tabernakels waren die Trommeln aufgehängt. Jeder wollte jetzt sein wie die Rastas, wollte so leben wie sie. […] Bei Bra Watto konnten die Nyabinghis ihre Versammlungen abhalten, denn er hatte genügend Platz. Es waren immer viele Leute da, er besaß jede Menge Trommeln und auch etwas Geld. Finanziell wusste er sich gut zu helfen; die anderen Rasta-Brüder in seinem Camp nahmen zuweilen kleine Jobs an und ihre Frauen verdingten sich als Verkäuferinnen auf dem städtischen Markt."

In den Fünfzigerjahren steht Wattos Camp in Trench Town im Zentrum der Bewegung. Watto baut Trommeln für angehende Perkussionisten. Den Brüdern der Mystic Revelation of Rastafari – Count Ossies Formation – ist Wattos Camp sehr wohl ein Begriff, mit den dutzenden von Trommeln, die unter dem Dach hängen (manchmal verleiht er gar welche). Wo hatte sich Watto die Technik für den Bau dieser Trommeln erworben? War er wirklich ein Burru-Meister wie die „strubbeligen Männer", die Verena Reckord so sehr begeistert haben? Aus welcher Gegend stammte er? Keiner der Mystic-Musiker kann diese Fragen beantworten. Doch wenn Watto King ein Burru-Mann war (wie uns Verena Reckord versichert) und gleichzeitig ein Rasta (was uns Jah Bones bezeugt), so dürfte er wohl das Bindeglied gewesen sein zwischen den beiden Kultgemeinschaften. Die jungen Rastas scharen sich um ihn; sie wollen bestimmte Rhythmen erlernen, bevor sie losziehen, um eigenständig neue Stilrichtungen zu erfinden und den Funken auf andere Camps überspringen zu lassen.

Count Ossie bringt eine neue Idee ein. Seine Musik bleibt zwar verankert in einem alten Burru-Rhythmus, doch sie soll noch einem anderen Zweck dienen: das Denken anzuregen. „Wir hatten beobachtet, dass unsere ‚Reasoning'-Sitzungen intensiver verliefen, wenn wir vorher getrommelt hatten, dass die Antworten nur so aus uns heraussprudelten und wir auf einmal glasklare Gedanken fassen konnten.

Daher erhielt das Trommelspiel bei unseren Versammlungen einen immer höheren Stellenwert." Der Burru-Rhythmus entlädt sich auf subtile Weise. Der afrikanische Pulsschlag hat etwas Beruhigendes: sechzig Beats pro Minute, so wie das Herz im Ruhezustand. Manchmal kann der Rhythmus auch schneller werden, unter dem Eindruck einer Inspiration, nicht etwa durch wilde Emotionen: „Visionen, keine Träume!", sagen die Rastas. Die Nyabinghis geben jene schnellen Rhythmen bald wieder auf und besinnen sich auf ein ruhigeres Tempo, doch die Musiker von Count Ossie spielen sie auch weiterhin: Sie sind es auch, die Anfang der Sechzigerjahre den Ska erfinden.

Immer mehr junge Leute strömen Ende der Vierzigerjahre nach Wareika, um an den *Grounations* von Count Ossie teilzunehmen. Zum Publikum zählen weniger gescheiterte Bauern aus den Dörfern als die Söhne von Angestellten oder Bediensteten aus Ostkingston, die sich gegen die Anpassungsbestrebungen ihrer Eltern auflehnen. Brother Powdy ist einer von ihnen. Er wurde von zuhause weggejagt, weil er nicht mehr zur Kirche gehen wollte; jetzt kampiert er unter freiem Himmel irgendwo in den Hügeln, zusammen mit den Rebellen aus Wareika.

Als ich 1997 mit Brother Powdy sprach, erzählte er mir: „Unsere Eltern kapierten überhaupt nichts. Als ich meinem Vater erklärte, dass ich lediglich in Ruhe Jah Rastafari anbeten und nach seinen Maximen leben wollte, jagte er mich fort und sagte, ich solle das woanders tun. Einer nach dem anderen musste seine Familie verlassen und in die Hügel von Wareika ziehen. Am Ufer des Sturzbachs saßen wir dann und diskutierten. Da kam Count Ossie und zeigte uns, wie man Percussion spielte, und wir begannen auf Weißblecheimern herumzutrommeln."

Die auf sich selbst gestellten Jugendlichen müssen schauen, wie sie an Essen herankommen. Sie gehen zum Strand und bieten den Fischern ihre Dienste an, sie pflanzen Gemüse. Ein Stück weiter unten an der Küste sprudelt eine Thermalquelle aus der Erde, hier baden die jungen Leute und jeder wäscht sich die einzige Hose. Nach dem Wirbelsturm von 1951 verschlechtert sich die Situation der Aussteiger drastisch. Whoppy King, ein Taugenichts, der auf der Halbinsel Palisadoes in Richtung Flughafen lebt, raubt die Badenden aus. Eines Tages überrascht er einen Pastor, der in einer kleinen Barke mit einer jungen Frau aus seiner Gemeinde an einen entlegenen Strand schippern will, um sich mit ihr ein paar schöne Stunden zu machen. Whoppy King erdolcht den Kirchenmann und vergewaltigt die Frau. Anschließend versucht er, sie zu erwürgen, doch sie rettet sich ins Wasser, schwimmt davon und begibt sich sogleich zur Polizei. Der Mörder wird geschnappt und gehängt.

Whoppy King hat nichts gemein mit einem Rasta, außer vielleicht die „schreckliche" Haartracht, doch die Öffentlichkeit stellt ihn auf eine Stufe mit den Kultanhängern. „Nach diesem Vorfall hatten die Leute Angst vor uns. Sie wollten uns nicht einmal mehr Wasser geben", sagt Brother Powdy.

Von da an sind er und seine Freunde der gleichen Verfolgung ausgesetzt wie die Rastas im Westen: Man verhaftet sie, man schlägt sie zusammen, die Polizei zündet ihre Hütten an, obwohl sie nichts weiter tun, als auf ihren Trommeln zu spielen. Powdy erinnert sich, einmal mehrere Tage lang ohne Essen und Trinken eingesperrt gewesen zu sein: „Wenn du sie um Wasser gebeten hast, kamen sie mit dem Schlauch und zielten mit dem Wasserstrahl auf unsere Münder. Natürlich war am Ende die Zelle überschwemmt und wir lagen die ganze Nacht über im Nassen. Sie beschuldigten uns der Aufwiegelei; doch wir haben überhaupt nichts Aufwieglerisches getan, wir haben uns nur getroffen und über die Liebe geredet. Das konnten sie nicht leiden, also waren sie hinter uns her."

Im Osten entwickelt sich eine andere Rasta-Kultur. Dort misst man der Hautfarbe keine so große Bedeutung zu (Jah Beck beispielsweise, einer der ältesten Weggefährten von Count Ossie, ist fast weiß). Man respektiert die Einstellung des anderen: Manche rauchen, andere hingegen nicht; manche tragen die typischen Dreadlocks, doch sie sind eher in der Minderheit.

„Die meisten Rastas trugen damals Bärte, nur sehr wenige hatten diese Locken. Die Dreadlocks – das brachten die Typen aus dem Westen mit. Wir hatten eben auf unsere Art begonnen und sahen nun überhaupt keine Veranlassung, uns plötzlich die Haare wachsen zu lassen, wir blieben, wie wir waren. Später kamen dann die Rastas aus dem Westen und wollten, dass alles nach ihrer Pfeife tanzte, da bin ich gegangen. Mortimer Planno hat seine Bedeutung nur erlangt wegen seiner Kontakte zur Regierung und weil er Bob Marley und die Leute in Trench Town geprägt hatte. Aber die Typen aus dem Westen reden doch alle nur und tun nichts." So lautet Brother Powdys Fazit.

Wareika wird auch weiterhin das Symbol für die Freidenker in der Rasta-Bewegung bleiben. Die Big Three, die drei Großen, jener Ära, so verrät uns Verena Reckord, sind damals drei Rastas aus dem Osten: Count Ossie, sein Freund, der Saxofonist Big Bra Gaynair, und Brother Filmore Alveranga (heute der Patriarch der Mystic Revelation of Rastafari); an dieser Stelle sollte man noch Brother Love erwähnen, einen Heilsverkünder aus dem Mountain-View-Viertel am Westhang von Wareika. Das allererste Rasta-Treffen von Kingston fand in Wareika statt, zu Weihnachten 1949 im Issie-Boat-Camp. Weitere sollten folgen. Als die Trommler von den Hügeln aus Tag und Nacht ihre betörenden Rhythmen zu Tal schickten, hörte man es bis in den Westen, die ganze Stadt bebte …

1951, nach dem Wirbelsturm „Charlie", ist nicht mehr viel übrig vom Ufer des Gullys in der Nähe der Slip Dock Road, wo Count Ossie seine *Grounations* abhielt. Ossie arbeitet nun als Nachtwächter in Rennock Lodge, einer Siedlung am anderen Ende von Rockfort, in der noch heftig gebaut wird; die langen Nächte auf Wache vertreibt er sich, indem er mit seinem Freund Brother Nyah trommelt. Hier wird er auch Alvira Sweeny kennen lernen, die Mutter seines Sohnes Time. Schon bald richtet er an der Adastra Road ein neues Camp ein, das sich zu einer legendären Begegnungsstätte entwickelt. Hunderte von Trommlern werden dort mit der hohen Kunst des Burru bekannt gemacht. „Sie hörten so lange zu, bis sie den Rhythmus im Kopf hatten, dann gingen sie nachhause und übten und übten, und wenn sie die Technik beherrschten, kamen sie wieder zu uns und wollten etwas Neues lernen", erzählte Count Ossie. Er selbst erwarb sich die Grundlagen der Burru-Musik im Westen Kingstons; von dieser Zeit an galt er als ein Meister im Trommeln, zu dem man kam, auch wenn man am anderen Ende der Stadt wohnte.

Im Jahr 1959, beim großen Rasta-Treffen, das Prince Emmanuel in Back O'Wall einberuft, ist die gesamte Gemeinde schon fest eingeschworen auf den Rhythmus; andere Solisten tauchen auf und wollen es mit Count Ossie aufnehmen. Ihr Stil ist weniger elegant, doch dafür aggressiver. Der Count, der den Lärm nicht mag, will mit diesen egozentrischen Typen nichts zu tun haben und verlässt den Ort. Unter den Trommlern, die Ossie herausfordern, befinden sich bedeutende Perkussionisten; sie sind frech und angriffslustig und anstatt sich träumerisch auf den Backbeat zu stützen, wie dies Count Ossie tut, experimentieren sie mit vertrackten Gegenrhythmen.

Unterdessen setzt sich der musikalische Austausch zwischen Ost und West und Nord und Süd fort; jeder erprobt sich an dem neuen Solostil, doch Ossie ist schon wieder einen Schritt weiter. Seine Präzision, sein Feeling und seine kunstvolle Melodik hinterlassen bei den professionellen Musikern einen nachhaltigen Eindruck. „Technisch", sagt der Schriftsteller Garth White, „hatte sein Spiel ein derartiges Niveau erreicht, dass Ossie regelmäßig zu Performances eingeladen wurde, bei denen das Publikum mehr zuhörte als tanzte." Schon bald strömte ein anderes Völkchen zu den sonntäglichen *Grounations:* Jetzt kamen die Jazzfreunde des Saxofonspielers Wilton Gaynair, alles Alpha-Schüler.

Die Alpha Boys School ist eine Legende. Diese katholische Institution wurde im Jahr 1880 in der South Camp Road östlich der Parade gegründet. Erklärtes Ziel war es, Straßenkinder aufzunehmen und dafür zu sorgen, dass sie einen Beruf erlernten. In Alabama ruft Booker T. Washington zur gleichen Zeit eine ähnliche Einrichtung ins Leben: Tuskegee, die berühmte Ausbildungsstätte für Schwarze, die Marcus Garvey in die Vereinigten Staaten locken wird. Ende des neunzehnten Jahrhunderts treibt die Humanisten der Epoche eine große Sorge um: Durch die Freilassung aus der Sklaverei haben die Schwarzen zwar die Gleichheit vor dem Gesetz erlangt, doch wirtschaftlich und moralisch sind sie weiterhin unterlegen – mental, sollte später einmal Bob Marley sagen, sind sie Sklaven geblieben. In der Alpha School wie auch in Tuskegee wird besonders viel Gewicht auf die berufliche Ausbildung gelegt, denn, so meint man, ein guter Arbeiter macht sich für die Gesellschaft unverzichtbar und hat es folglich leichter, sich zu integrieren. Direkt an die Schule angegliedert sind eine Druckerei, eine Töpferei, eine Schreinerwerkstatt und ein Ziegelwerk. Die strenge Disziplin – bei Morgengrauen aufstehen und einen geregelten Tagesablauf einhalten, der von jedem Schüler verlangt, dass er seine niederen Bedürfnisse hintanstellt – lehrt die Kinder, den Wert der Arbeit zu schätzen. Ja natürlich, manche der kleinen Rebellen beklagen sich auch oder hauen einfach ab, doch insgesamt sind die Beziehungen zwischen Schwestern und ehemaligen Schülern recht gut. Oberschwester Ignatius unterhält noch regen Briefkontakt zu vielen von ihnen, insbesondere zu den Musikern, dem Stolz der Alpha-Schule.

1908 stiftet der Bischof von Jamaika der Einrichtung einen Satz Blechblasinstrumente; ihm schwebt vor, eine Musikkapelle zu gründen. Ein Offizier aus der Armee wird angestellt, um die Schüler an den Instrumenten zu unterweisen. Unter den Waisen und Problemkindern finden sich einige, die Spuren in der modernen Musik hinterließen: Leslie Thompson, der erste schwarze Orchesterchef des London Symphonic Orchestra; Oscar Clarke, der mit Louis Armstrong musizierte; Bertie King, Joe Harriot, Little G. McNair, Eddie Tan-Tan Thorton – Schlüsselfiguren der Jazz- und Reggaeszene Englands. Jackie Willacey (Trompete) und Wilton Gaynair (Saxofon) machten in Deutschland Karriere, Charles Clarke und Ron Wilson in den Vereinigten Staaten. Und in der jamaikanischen Musikszene wimmelt es nur so von ehemaligen Alpha-Schülern: Don Drummond, Cedric Brooks, Rico Rodriguez, Deadley Headley, Johnny Dizzy Moore, Rubén Delgado, Lennie Hibbert, Jo-Jo Bennett, Babe O'Brien … Die

Liste lässt sich beliebig verlängern. Leroy Horsemouth Wallace, den Schlagzeuger und Helden in dem Film *Rockers,* sollte man noch erwähnen: ein verrückter Typ, an dem sich die Ordensschwestern öfter die Zähne ausbissen, da er niemals eine Gelegenheit ausließ, sie zu ärgern. Man kann ja nicht immer nur brav sein.

Die Alpha School befindet sich im Osten von Kingston, dort, wo das einfache, doch biedere Volk der Hausdiener und kleineren Verwaltungsangestellten wohnt. Diese Leute sind es auch, die ihre Sprösslinge der Obhut der Schule anvertrauen. Genau jene Kinder lassen sich in den Vierzigerjahren vom Rasta-Gedanken infizieren. Ossies bester Freund ist damals Wilton Gaynair, einer der Alpha-Schüler, die sich im Radio freitagabends heimlich die Jazzsendungen anhören. Wenn diese Jungs dann im Unterricht die Tonleitern üben sollen, schlagen sie sich um das einzige Schulsaxofon und versuchen, die Riffs ihrer Idole nachzuspielen. Gaynair, der sich zu einem Saxofonisten ersten Ranges entwickelt hat, schleppt seine Jazzkumpels mit zu den Sessions von Count Ossie und die sind hin und weg von dessen „afrikanischen" Rhythmen. Ist das nicht auch in Amerika gerade in, wo soeben „Orgy In Rhythm" von Art Blakey auf den Markt gekommen ist? Jeden Sonntag versammeln sich zu den Sessions von Ossie die besten Bläser – alles ehemalige Alpha-Schüler: Rico Rodriguez, die beiden Gaynair-Brüder Bobby und Wilton, Cedric Brooks, Johnny Dizzy Moore und natürlich Don D.!

Don Drummond ist es – Don D., Don Cosmic, der legendäre Instrumentalist aus Jamaika –, der den Rasta-Musikern die Tür zum Showbusiness aufstößt. Zweimal nimmt er sie mit auf die Bühne im *Carib,* drei- oder viermal sind sie im *Bournemouth Club* dabei. „Afrikanische Trommeln um Mitternacht!" steht auf dem Plakat. Mit den kräftigen Melodien von Don Drummond an der Posaune ... Doch als die Trommler darum bitten, als Gruppe ins Programm aufgenommen zu werden, kratzt sich der Besitzer des *Bournemouth* am Kinn: „Ich würde euch ja gern für einen ganzen Abend engagieren, aber das Problem, Jungs, sind eure Bärte." Auch Ende der Fünfzigerjahre gab es noch viele Vorbehalte gegen die Rastas und der Rhythmus des Kults schien auf ewige Zeiten zu einem Schattendasein verdammt. „Wir traten bei Tanzveranstaltungen in den kleinen Bars in unserem Viertel auf, das war auch schon alles", erinnert sich Brother Royers. „In der Tiverton Road in Wareika gab es einen großen Hof. Der Meister war bei einem Beerdigungsinstitut angestellt, tagsüber schreinerte er Särge, abends räumte er sie zur Seite in einen Schuppen und veranstaltete im Hof kleine Feste. Hier spielten wir. Und ohne Marguerita Mahfood wären wir heute noch dort. Ah! Marguerita. Ein Wahnsinnsmädel war das!"

Einer Frau war es also zu verdanken, dass die Rasta-Musik plötzlich in den jamaikanischen Pop Einzug hielt und später um die ganze Welt ging. Und diese Frau war noch dazu eine Weiße. Ohne sie hätte es wohl keinen Reggae gegeben, die Message aus Jamaika wäre nie über die Ghettogrenzen hinaus bekannt geworden. Viele Rastas, und insbesondere die Machos unter ihnen, vertuschten die Geschichte mit Marguerita – gerade so, wie sie den Einfluss der Inder unter den Teppich kehrten. Lassen wir doch Brother Royers erzählen.

„Marguerita war eine auf Jamaika geborene Syrerin. Von einem Boxer aus Aruba, Rudolph Bent, hatte sie zwei Kinder; doch das Paar trennte sich und der Typ nahm die Nachkommenschaft mit nach Aruba. Als Marguerita Ende der Fünfzigerjahre zu uns kam, machte sie Bauchtanz, sie war ein Rumba-Star. Eines Tages also taucht sie bei uns auf und hört die Trommeln, die Musik gefällt ihr und sie will eine neue Tanznummer einstudieren. Der afrikanische Rhythmus zwingt sie zu ganz anderen Bewegungen: weg von diesem ewigen Beckenkreisen. Jetzt springt sie auch mal, setzt Breaks, das ist viel afrikanischer, das ist Kultur, das geht ab! Marguerita beginnt bei uns zu tanzen und jedes Mal wackelt die Bude, alle sind begeistert von ihr. Sie geht zu Vere Johns und will ihm von der Sache erzählen.

Vere Johns war als Redakteur zuständig für die *Opportunity Hour,* mit seinen Radiomitschnitten promotete er junge Musiker – jeder ging da durch, Jimmy Cliff, Bob Marley …

Es war Weihnachten an jenem Tag und Marguerita hatte zwei Auftritte, bei denen Johns dabei sein sollte: den einen im *Ward Theatre* und den anderen im *Carib.* Es war Ende der Fünfzigerjahre, die Epoche, in der Norman Manley gefordert hatte, alle Rastas zu verhaften, nicht wahr! ... Also geht sie zum Sohn von Vere Johns – er soll die erste Vorstellung im *Ward* schmeißen – und sagt ihm, dass sie zur Musik des Count tanzen will. Daraufhin er: ‚Das wird schwierig, mein Vater hat für den Rasta-Kram nicht viel übrig. Aber gut, er ist ja nicht dabei, also wagen wir es im *Ward,* aber für das *Carib* vergiss es lieber.‘ Und so fanden wir uns im *Ward* wieder, einem Opernhaus an der North Parade, auf der schönsten Bühne weit und breit. Die neuartigen Klänge ließen das Publikum völlig ausrasten! Man meinte, das Theater würde einstürzen!

Also gut, nun müssen wir los ins *Carib* zu unserem nächsten Auftritt und da sieht's plötzlich düster aus. Vere Johns sagt nein, nichts zu machen: ‚O Gott, Maggie, was soll ich denn mit diesem Haufen wild gewordener Rastas anfangen, den du mir da angeschleppt hast! Nein, nein, nein und nochmals nein! Maggie, das kann nicht dein Ernst sein.‘ Sie darauf: ‚Mister Johns, wir sind doch schon einmal so aufgetreten und wollen das einfach wiederholen!‘ Er raunt nur ‚Jesus und Maria!‘ und schlägt die Hände über dem Kopf zusammen: ‚Du willst uns Schande machen, all diese Rastas ... Was glaubst du, wie die Leute reagieren werden?‘ Maggie entgegnet: ‚Es wird gut gehen.‘ Er wieder: ‚Nein und nochmals nein, das kann ich nicht zulassen.‘ So, und da sagt dieses Wahnsinnsmädel zu ihm: ‚Also gut, Mister Johns, wenn sie nicht spielen, tanze ich nicht!‘ Uns bedeutet sie dann: ‚Kommt, wir gehen!‘, und marschiert schnurstracks auf den Ausgang zu. Als wir gerade ins Auto steigen wollen, kommt Johns an und meint: ‚Okay, okay, Maggie, reg dich nicht auf, sag ihnen, sie sollen zurückkommen.‘

Doch als wir dann auf die Bühne gehen, kommt der nächste Hammer! Vere Johns hat den Typen von der Beleuchtung angewiesen, keine Scheinwerfer auf uns zu richten. Er platziert uns ganz hinten auf der Bühne, wo uns keiner sieht; alle Lichtkegel sollen auf Maggie gerichtet sein. Doch es heißt ja: ‚Die in der Finsternis wandeln, werden einmal das Licht erblicken!', und so nehmen wir unsere Plätze ein. Bei dem Auftritt gerät das Publikum so sehr aus dem Häuschen wie im *Ward*. Nur mit dem kleinen Unterschied, dass die Leute, als sie uns spielen hören, zu schreien anfangen: ‚Wir wollen die Musiker sehen!' Einer ruft: ‚He! Das ist doch Count Ossie da oben!' Da schwenkt der Typ von der Beleuchtung die ganze Chose auf uns und der Saal tobt. Als das Konzert vorbei ist, rast einer hinter die Bühne: ‚Meine Güte! Wer hat denn diese wahnsinnigen Soli gespielt, ich finde diesen Stil fantastisch, ich muss sofort den Manager sprechen!' Natürlich hatten wir keinen Manager, wir waren einfache Jugendliche, die in ihrem Hof Musik machten ... Und wer hat sich als unser Manager präsentiert? Vere Johns! Da tritt der Count ganz leise zu ihm hin und sagt: ‚Die in der Finsternis wandeln, werden einmal das Licht erblicken!', und alles lacht. Noch am selben Abend taucht Johns beim Count auf – man hätte meinen können, er habe völlig vergessen, dass er in ein Rasta-Camp ging. Von jetzt an sei er unser Manager! Daraufhin konnten wir auch in allen anderen Theaterhäusern spielen, am Ende standen wir mit Slim Smith auf der Bühne, er hatte keine Chance gegen uns! Und ab diesem Zeitpunkt stärkte sich auch das Selbstbewusstsein der Rasta-Brüder. Die ‚bärtigen Typen' konnten sich jetzt überall blicken lassen. Der Weg war geebnet. All dies dank jenes Wahnsinnsmädels, Marguerita Mahfood. Unsere Schöne Helena!"

Kapitel 29

Die Sechzigerjahre

Der Zeitraum zwischen 1958 und 1962 ist auf Jamaika geprägt vom Triumphzug der beiden führenden politischen Parteien JLP und PNP. 1958 schließen sich die britischen Karibikinseln zu einer Föderation zusammen, um gemeinsam der bevorstehenden Unabhängigkeit entgegenzusehen. Aus den ersten allgemeinen Wahlen auf Jamaika war die JLP als Siegerin hervorgegangen, die Idee der Föderation indes stammte von der PNP. 1959 verteidigt die PNP, gestützt auf eine satte Mehrheit, das 1955 errungene Regierungsmandat. Die JLP kritisiert die Mitgliedschaft Jamaikas in der Westindischen Föderation als antinationalistisch. Am 19. September 1961 kommt es zu einem Referendum, bei dem die Anhänger Bustamantes sich durchsetzen: Eine Mehrheit der Bevölkerung stimmt für den Austritt aus der Föderation. So wie Jamaika sich seine eigene Musik schuf, sind die Bürger der Insel nun dabei, ein Nationalbewusstsein zu entwickeln.

Als Jamaika 1962 seine Unabhängigkeit erlangt und Mitglied im Commonwealth wird, ist das Eiland längst keine verschlafene, rückständige Kolonie mehr, der die britischen Behörden ihre Unabhängigkeit als Almosen hätten hinwerfen können. Jamaika ist ein gewerkschaftlich und politisch straff durchorganisiertes Land, es besitzt eine Universität (die das Föderationsdebakel überlebt hat), relativ freie Medien und eine Musik, die gerade dabei ist, so richtig durchzustarten. Die Unabhängigkeit wird von der Bevölkerung eher mit einem lässigen Schulterzucken aufgenommen als frenetisch gefeiert: „Es wurde schließlich Zeit!"

Für die Rastas ist diese Unabhängigkeit der reinste Hohn: Was sie wollen, ist Afrika. „Man tauscht doch nicht einen Kontinent gegen eine

Insel!“ Doch seit 1958 – dem Jahr, in dem das Pinakel zerstört wurde und das Treffen von Back O'Wall stattfand – geht durch die Rasta-Bewegung der gleiche Riss wie durch die Politik des Landes. Auf der einen Seite – im Westen: Trench Town, Back O'Wall – befinden sich Rastas, die vom Land kommen, sehr dunkelhäutig sind und nie eine Schule besucht haben, ohne dabei jedoch ungebildet zu sein. Sie wollen durch ihre „fürchterliche“ Aufmachung zeigen, wer sie sind, und für ihre Probleme sehen sie keinen anderen Ausweg als die Rückkehr nach Afrika. Auf der anderen Seite – in Wareika, Rockfort – stehen junge, aufgeschlossene Leute, deren Interesse nicht permanent um Rasse und religiöse Rituale kreist. Sie wollen zwar auch nach Afrika, aber zunächst einmal versuchen sie, über Kultur und Bildung auf Jamaika einen besseren Status zu erringen. Die beiden Tendenzen entwickeln sich parallel; im Westen verschließt man sich und blickt verdrossen auf die eigene Misere, im Osten öffnet man sich der Welt über die Musik.

Vergleichbar die Entwicklung in der Politik: Bustamante bündelt die Gefühle des einfachen Volkes, doch es ist Manley, der diese Befindlichkeit in Begriffe kleidet, die eine öffentliche Diskussion in Gang setzen. Es ist absolut nicht erstaunlich, wenn die PNP über die Rennock Lodge und einen Großteil von Kingston-Ost regiert, während im Westen die JLP das Sagen hat mit ihrer Zuckerbrot-und-Peitsche-Politik. Der überwiegende Teil der Rastas steht den politischen Parteien auch weiterhin äußerst misstrauisch gegenüber, doch in ihrer Denkweise weichen die einzelnen Gruppen jetzt allmählich immer mehr voneinander ab. Die Rastas aus dem Westen glauben nach wie vor an Weissagungen und mystische Erscheinungen; die anderen, wie etwa Count Ossie, setzen auf Bildung. Im kulturellen Zentrum von Wareika stehen schon bald eine Bibliothek sowie eine Schule, die bis zu zweihundert Kinder aufnehmen kann. Seine innersten Überzeugungen, denkt Ossie, müssten doch mit anderen zu teilen sein. Dank der Musik ist er auch auf dem besten Weg dazu.

Nach dem denkwürdigen Auftritt mit Marguerita schwärmt man im ganzen Land von Ossies Trommlern. Die Jazzer erwärmen sich immer mehr für diese Rhythmen, die ihnen die Möglichkeit bieten, ihre Virtuosität unter Beweis zu stellen – und auf die es sich zudem hervorragend tanzen lässt. Es dauert nicht lange, bis 1961 der Sohn einer Eisenwarenhändlerin aus Spanish Town, Harry Moodie, die Mittel auftreibt für ein paar Tage im Studio und so werden die fantastischen Sessions der Jazzmen mit Count Ossie auf Band aufgenommen. Jene Musikstücke enthalten im Keim die ganze jamaikanische Musik von heute; sie weisen ein wahres Feuerwerk an Ideen auf und sind das fehlende Bindeglied zwischen Burru-Rhythmen und Rock, Jazz und Reggae. In wenigen Takten ist alles gesagt. Nun muss nur noch ein passender Name her für den neuen Stil. Ska wird er heißen. Das Wort imitiert den schnellsten Burru-Rhythmus: ts-ka, ts-ka, ts-ka ... Er wird, ein wenig langsamer gespielt, zum Begleitrhythmus für den Reggae werden. Der Repeater sorgt mit seinen freien Improvisationen für eine neue Art von Solo, gestützt auf den Backbeat – jenen leicht schleppend wirkenden Rhythmus. Schon bald landet Count Ossie seinen ersten Hit: das 1961 zusammen mit den Folkes Brothers – jungen Sängern aus seiner Nachbarschaft – aufgenommene „O Carolina". Die Rasta-Musiker treten in die Geschichte ein und geben der Bewegung eine Stimme.

Es war auch an der Zeit. Die Sechzigerjahre begannen für die „bärtigen Männer" schließlich nicht gut. Die Politiker zeigten kein Interesse mehr an den Rastas und dachten sich eine Menge Repressalien aus. Da war zunächst der Vorfall am Coronation Market im Jahr 1959. Ein bei der Stadt beschäftigter Aufseher „mit langem Bart" legte sich mit einem Uniformierten an; daraufhin ließ die Polizei die Rasta-Camps in Trench Town auffliegen. 1960 kam dann die unglückliche Geschichte mit Henry hinzu, die ganz Jamaika in eine Anti-Rasta-Paranoia tauchte, wie sie die Insel noch nie erlebt hatte.

Claudius Henry wird 1903 geboren; wie Howell ist auch er Anglikaner. Früh schon entwickelt er Visionen und beginnt am Dogma der Kirche zu zweifeln. Hauptsächlich stößt er sich an dem Brauch, den Sonntag zu heiligen, wo doch klar und deutlich in der Bibel steht, dass der Samstag (Sabbat) Gott geweiht sein soll. An dieser trivialen Frage spalten sich die Kirchen auf Jamaika. In Wirklichkeit verbirgt sich hinter dieser Debatte ein Angriff auf den Lebensstil der Weißen. Sie haben den Samstag zu einem gewöhnlichen Tag gemacht, an dem sie ihre Saufgelage und heidnischen Feste abhalten. Claudius Henry hat Jesaja gelesen – einen der Lieblingspropheten der Rastas, der die Mächtigen mit den gleichen Vorwürfen konfrontiert:

„[…] Siehe, an dem Tag, da ihr fastet, geht ihr doch euren Geschäften nach und bedrückt alle eure Arbeiter.

Siehe, wenn ihr fastet, hadert und zankt ihr und schlagt mit gottloser Faust drein. […]

Soll das ein Fasten sein, an dem ich Gefallen habe? […]

Das aber ist ein Fasten, an dem ich Gefallen habe: Lass los, die du mit Unrecht gebunden hast, lass ledig, auf die du das Joch gelegt hast! Gib frei, die du bedrückst, reiß jedes Joch weg!

Brich dem Hungrigen dein Brot und die im Elend ohne Obdach sind, führe ins Haus! Wenn du einen nackt siehst, so kleide ihn […]

[…] Wenn du den Hungrigen dein Herz finden lässt und den Elenden sättigst, dann wird dein Licht in der Finsternis aufgehen.

[…] Und du wirst sein wie ein bewässerter Garten und wie eine Wasserquelle, der es nie an Wasser fehlt.

Und es soll durch dich wieder aufgebaut werden, was lange wüst gelegen hat, und du wirst wieder aufrichten, was vorzeiten gegründet ward; und du sollst heißen: ‚Der die Lücken zumauert und die Wege ausbessert, dass man da wohnen könne.'" So heißt es bei Jesaja in Kapitel 58, 3–12.

Wie Athlyi, Balintine und Howell hat auch Claudius Henry ein soziales Verständnis von Religion und fühlt sich dem Chiliasmus nahe. 1929, als er für „verrückt" erklärt und eingesperrt wird, erscheint ihm Gott und zitiert ihm die Verse aus dem Buch Jesaja. Ab diesem Moment sieht sich Henry als „Réparateur de la Brèche" (derjenige, der die Lücken zumauert) und fügt seinem Namen die Initialen R. B. hinzu. Wie Howell geht auch er von Jamaika fort und lebt dreizehn Jahre lang in den Vereinigten Staaten, bis ihn im Jahr 1957 erneut eine Vision in die Heimat zurückruft. Dort heiratet er dann Edna Fisher, die eine Zweigstelle der Ethiopian World Federation leitet. In ihrem Hof, an der Rosalie Avenue, predigt er die göttliche Natur Ras Tafaris und die Rückkehr nach Afrika; Vere und Anotto Bay werden zu seinen Anhängern zählen. Er betrachtet sich selbst als den (braunhäutigen) Sohn des Allmächtigen Selassie, während der (schwarze) Garvey den Heiligen Geist darstellt – wieder das Motiv der beiden Engel. Er weissagt die Rückführung nach Afrika für den 5. Oktober 1959 und verkauft hunderte von Postkarten als Reisepässe – den Ausgang kennen wir. Selbstverständlich kommt es nicht zu dieser Rückführung nach Afrika und viele seiner Anhänger wenden sich von ihm ab. Ein paar Monate später spitzt sich die Lage zu, als die Post einen an Fidel Castro adressierten Brief abfängt, in dem Henry diesem nahe legt, die Geschicke Jamaikas in die Hand zu nehmen, wenn die „Äthiopier" fort wären. Seine Ausdrucksweise ist einmalig: „Wir wollen zurückkehren in unsere Heimat Afrika und wenn man uns nicht in Liebe ziehen lässt, dann müssen wir wohl oder übel im Hass gehen, wie wir ja auch im Hasse hierher gebracht wurden. Und wenn es nicht im Frieden geschehen kann, dann eben im Krieg." Man durchsucht das Büro der EWF und findet dort blank geputzte Waffen, Dynamit sowie einen Karton mit Sprengkapseln. Henry wird wegen Hochverrats vor Gericht gestellt und zu zehn Jahren Zwangsarbeit verurteilt.

Doch es kommt noch dicker. Ronald, der junge Sohn von Claudius Henry, der in den Vereinigten Staaten lebt, träumt davon, seinen Vater und das Land zu befreien. Im *Y* (gemeint ist das *YMCA*, dem sich viele junge Leute aus der Bronx anschließen, um einstweilen ihre Muskeln spielen zu lassen, bis sie wissen, was sie mit ihrem Leben anfangen sollen) rekrutiert er ein paar Kumpels für das First Africa Corps. Ein junger Polizist jamaikanischer Herkunft hilft den Jungs, einen bewaffneten Raubüberfall zu organisieren, bei dem sie sich Geld beschaffen wollen; mit gefälschten Pässen gelingt ihnen schließlich die Einreise nach Jamaika. Dort treffen sie auf Anhänger von Ronalds Vater, auch ein Rasta namens Thunder ist dabei, der seit der Sache mit Henry polizeilich gesucht wird. Sie lassen sich in einem Camp in Red Hills oberhalb von Kingston nieder, in dem ein Dutzend Hütten stehen und wo sie beginnen, Rasta-Anhänger militärisch zu schulen. Sie verfolgen diverse Pläne, insbesondere den, das Wasserreservoir der Stadt zu vergiften. Doch Thunder und zwei andere Rastas meinen offenbar, dies führe zu weit, und sie stellen sich der aus Amerika eingewanderten Gruppe entgegen.

Als die Polizei einen Abstecher in das Camp macht, schießen die jungen Guerillas; das Resultat sind zwei Tote und zwei Verletzte aufseiten der britischen Ordnungskräfte. In dem Camp, das die Rebellen besetzt hielten, findet die Polizei kurz darauf das frisch aufgeschüttete Grab mit den drei „Verrätern", die auf der Stelle hingerichtet worden waren. Für die Flüchtigen bricht jetzt eine harte Zeit an, die irgendwie an den Tod von Che Guevara in der Macchia von Bolivien erinnert: Ausgehungert, völlig verdreckt und übermüdet halten sie sich auf Gehöften versteckt, nehmen sich aber die Zeit, mit den Bauern über die Sklaverei, über Garvey und die Situation der Schwarzen in der Welt zu diskutieren. In ihren Hosentaschen führen sie aus Zeitschriften ausgeschnittene Fotos mit; auf diesen sieht man Afrikaner, die misshandelt werden. Am 27. Juni 1960 schnappt die Polizei die Bande in Orange Grove – auf einem Grundstück, das Joseph Watt gehört; es liegt genau oberhalb des Pinakels. Vielleicht hatten die Jungs ja gehofft, die unterirdischen Kammern zu finden, in die der Gong immer so leicht entschwinden konnte und von denen man sich erzählte, sie seien durch Geheimgänge miteinander verbunden. Ronald Henry und drei seiner Kameraden aus Amerika werden verurteilt und gehängt. Auf dem Weg zum Schafott erklärt Ronald: „Ich sterbe im Namen von Marcus Garvey."

Die blutige Auseinandersetzung, die das Leben zweier englischer Uniformierter gefordert hatte, brachte die Rastas zusätzlich in Verruf. Am 16. Juni mahnte Premierminister Norman Manley offiziell zur Wachsamkeit: „Es muss jetzt endlich Schluss sein mit alledem. Diese Leute – und Gott sei Dank sind sie zahlenmäßig nicht sehr stark

– sind gefährliche Feinde unseres Landes. Sie bringen Jamaika in Misskredit und das kann weit reichende Folgen haben für unsere Unabhängigkeitsbestrebungen. Ich fordere jeden Bürger auf, die Regierung dabei zu unterstützen, den Ruf unseres Landes zu wahren [...], indem er, wenn er irgendetwas Ungewöhnliches bei den Rastas beobachtet, sofort zur Polizei geht und Meldung erstattet, egal, ob es sich um die Machenschaften Einzelner oder um die einer ganzen Gruppe handelt, und zwar immer dann, wenn Rastas plötzlich und unerwartet irgendwo auftauchen oder sich anderweitig suspekt verhalten ..."

Nun ist der Weg frei für Denunziation und willkürliche Verhaftungen. Klar, auf was diese Initiative zielt: Um sich bei den Engländern beliebt zu machen, mit denen er wegen der Unabhängigkeit Jamaikas in Verhandlung steht, will Norman Manley die Rastas von der Landkarte verschwinden lassen – in dem gleichen Stil, wie er 1951 mit den Kommunisten in seiner Partei aufgeräumt hat und den Drogenhandel unterband. Zwei Jahre später, 1962, kommt es tatsächlich zur Unabhängigkeit, doch bei den ersten Wahlen entscheidet sich das junge Jamaika für den politischen Gegner Manleys – für Bustamante. Die Verfolgung der Rastas ist vielleicht doch keine so gute Idee gewesen. Am 20. Juli 1960, während das Land noch unter dem Eindruck der Ereignisse um Henry steht, landet auf Norman Manleys Schreibtisch ein von der University of the West Indies verfasstes Papier, das für Langmut gegenüber der Rasta-Gemeinde wirbt.

Auf Einladung Mortimer Plannos waren die Forscher M. G. Smith, Rex Nettleford und Roy Augier, unterstützt von einigen ihrer Studenten, zwei Wochen nach Trench Town gegangen, um Rastas zu interviewen. Ihre bereits an anderer Stelle erwähnte Arbeit ist beachtlich. Trotz einiger Lücken bleibt dieser Bericht auch noch vierzig Jahre später das Nachschlagewerk schlechthin für jeden, der sich mit der Rasta-Bewegung beschäftigt. Im Fazit wird der Regierung geraten, die Verfolgungen einzustellen, da „sich die Rasta-Gemeinde in einem Zustand extremen Aufruhrs befindet".

Ist die PNP, die seit 1955 an der Macht ist, wirklich so grundverschieden von den Rastas? Das ist gar nicht einmal so sicher. Rastas und Sozialisten sind schließlich aus den gleichen Kämpfen hervorgegangen und teilen so manches miteinander, vor allem auf kultureller Ebene. Es wird sogar gemunkelt, der Sohn des Premierministers, der Gewerkschaftsführer und spätere Staatschef Michael Manley, habe gar nichts einzuwenden gegen einen kleinen Joint zwischendurch. (Inhaliert er den Rauch vielleicht nicht?) Die Rastas, Mortimer Planno an vorderster Front, sind einige Male zu Unterredungen mit ihm zusammengekommen und er hat daraufhin beschlossen, ihnen eine Chance zu geben, ihren Traum zu verwirklichen: Er schickt sie nach Afrika, damit sie sich vor Ort Klarheit verschaffen können, ob es für sie wirklich eine Möglichkeit gibt, dorthin zurückzukehren.

Die Afrika-Mission von 1961 gilt als ein grandioser Höhepunkt in der Geschichte der Rasta-Bewegung. Nach langem Hin und Her werden unter den Anführern der verschiedenen „Back to Africa"-Gruppierungen sieben Vertreter ausgewählt, darunter drei Rastas: Mortimer Planno und zwei Personen aus dem näheren Umfeld von Count Ossie, Brother Filmore Alveranga und Douglas Mack (Ossie selbst zog es vor, „gelehrteren" Leuten seinen Platz abzutreten). Hinzu kommen M. B. Douglas von der Afro-Caribbean League, Scarlett Monroe von der Afro-West Indian Welfare League und Cecil Gordon von der Ethiopian World Federation. Die UNIA entsendet Westmore Blackwood. Begleitet wird die Delegation von einem Journalisten und einem Arzt. An Howell denkt keiner, mit ihm nimmt man nicht einmal Kontakt auf. Alle besuchten Länder (Äthiopien, Nigeria, Ghana, Liberia, Sierra Leone) äußern sich positiv über das Konzept einer Rückkehr von Afrikanern aus der Diaspora, doch nicht überall begrüßt man das Vorhaben mit dem gleichen Enthusiasmus. Und immer wieder wird darauf hingewiesen, dass vor allem an qualifizierten Arbeitern Interesse bestehe.

Der große Moment für die drei Rastas Mortimer Planno, Brother Filmore Alveranga und Douglas Mack ist natürlich der Besuch in Äthiopien. Sie wollen nach Shashamani – in jene Region, die Selassie in den Fünfzigerjahren den Afrikanern aus der Diaspora überließ, die sein Land im Kampf gegen die Besatzungsmacht unterstützt hatten. „Shashamani“, heißt es im anschließenden Bericht der Mission, „ist ein schöner Landstrich mit vielen Hügeln und Tälern, eingebettet zwischen die beiden Flüsse Malkoda und Shashamani, an einem Gebirgsausläufer der Hochebene von Addis Abeba gelegen, etwa zweihundertfünfzig Kilometer von der Hauptstadt entfernt.“ In Shashamani trifft die Mission auf ein Pärchen schwarzer Juden, *Black Jews,* die der Ethiopian World Federation angehören und sich schon vor siebzehn Jahren in Äthiopien niederließen.

„James und Helen Piper stammen ursprünglich aus Monserrat. Sie lebten in New York, bevor sie 1948 nach Äthiopien auswanderten. Dort unterrichtete James Piper am Technik-College von Addis eine Zeit lang angehende Zimmerleute, 1952 kehrte das Ehepaar dann noch einmal nach New York zurück. Nur ein Jahr später indessen waren James und Helen Piper wieder in Äthiopien: in Shashamani. Diesen Landstrich hatte der Kaiser soeben der EWF als Siedlungsraum zur Verfügung gestellt. [...] Mistress Piper servierte uns unter einem Maulbeerbaum *watt* und *enjera,* die beiden traditionellen Speisen Äthiopiens. Das Paar betreibt eine Getreidemühle.“

Shashamani wird für die Rastas zu einer Art wieder gefundenem Paradies. Ein neues Pinakel, diesmal in Äthiopien, unter der persönlichen Obhut von Ras Tafari! Doch nur wenigen Rastas gelingt es, dorthin zu gehen, und der Traum einer Massenrückkehr wird sich nie erfüllen.

Ein weiterer großer Augenblick für die Afrika-Delegation ist die Begegnung mit Selassie. Die drei Rastas aus der Abordnung überbringen dem Monarchen Geschenke; Mortimer Planno hat höchstpersönlich einen grün-gelb-roten Schal gestrickt für den Kaiser. Selassie lässt vorsichtig anklingen, die Auswanderer mögen doch bitte „Leute sein, die in Äthiopien gebraucht werden“. Er weiß, dass ihm die Karibik schon Ärzte, Professoren sowie höhere Militärs geschickt hat, und schlägt vor, über einen Austausch von Akademikern nachzudenken. Er überreicht jedem Delegationsmitglied einen goldenen Orden und eine weiße *chamma* mit grün-gelb-roter Borte; noch heute zählen diese Gegenstände für die alten Rastas zu ihren teuersten Schätzen.

Ebenfalls interessant ist die Reserviertheit, mit der Nigeria die Delegation empfängt. Das Land hatte unter Professor Nnamdi Azikiwe gerade seine Unabhängigkeit erhalten. Stand der Name dieses Mannes nicht bereits im Einbandtext des *Promised Key* als „Chefredakteur der *Morning Post,* Accra"? Als erster Schwarzer besetzte Azikiwe den Gouverneursposten in Nigeria, bald wurde er dessen Präsident. Er ist ein Freund von Kwame Nkrumah, dem Staatsoberhaupt von Ghana; Nkrumah gilt als Verfechter des Panafrikanismus. Man sollte an dieser Stelle erwähnen, dass der Gong schon 1935 stark beeindruckt war von der Persönlichkeit des aufstrebenden politischen Führers. Wie bitter musste es für ihn sein, aus dem Bericht der Kommission zu erfahren, bei welch großen Ereignissen er außen vor geblieben war.

In Ghana fragt Kwame Nkrumah – ein alter Bewunderer von Marcus Garvey – die Delegierten aus Jamaika, ob sie ihm nicht eine Büste und Fotos von seinem Idol zukommen lassen könnten. „Unsere Begegnung hat historischen Charakter", erklärt er, „nicht nur, weil Garvey und ich Blutsbrüder sind, sondern auch, weil alle Bemühungen, die wir bislang unternommen hatten, zum Scheitern verurteilt waren. Marcus Garvey hatte nichts unversucht gelassen, doch ihm wurden viele Steine in den Weg gelegt." Nkrumah will seine Schifffahrtsgesellschaft nach Garveys Linie benennen: Black Star Line.

Bei der Ankunft der Delegation in Liberia ruft Präsident Tubman der Abordnung ins Gedächtnis, dass sein Land schon im Zeichen der amerikanischen „Back to Africa"-Bewegung aus der Taufe gehoben worden war (Liberia wurde 1822 von freigelassenen US-Negersklaven als Siedlung gegründet; *Anm. d. Ü.*) und dass man seinen Prinzipien treu bleiben wolle. In Sierra Leone hingegen schlägt dem Komitee nur mäßige Begeisterung entgegen. In der Zeitung *Daily Mail* ist der Artikel eines Londoner Journalisten abgedruckt, der die Mission aus Jamaika als einen Versuch einschätzt, die „bärtigen

Rasta-Typen" loszuwerden. Der Premierminister von Sierra Leone, der gezwungen ist, zu reagieren, lässt verlauten, er wisse, womit er es bei der Rasta-Bewegung aus Westindien zu tun habe, und versichert, er werde jedem Einwanderungsgesuch mit der notwendigen Vorsicht begegnen. Welche Schmach für die Rasta-Brüder!

Am 3. Juni kehrt die Kommission nach Kingston zurück. Fünftausend Menschen sind zusammengekommen, um die Männer mit Fahnen und Standarten zu begrüßen. Als die Delegierten in ihrem afrikanischen Aufzug aus dem Flugzeug steigen, bricht in der Menge ein Sturm der Begeisterung los, Freudenschreie sind zu hören, Rasta-Hymnen werden gesungen.

Doch es erheben sich auch zahlreiche kritische Stimmen gegen die Afrika-Mission. Die Regierung zieht es daraufhin vor, das Projekt wieder einzustellen. Eine zweite Mission, aus privaten Mitteln finanziert, versucht 1963, die bei der ersten Reise gewonnenen Erkenntnisse in die Praxis umzusetzen, doch es kommt zu Unstimmigkeiten zwischen der EWF und den Rastas. In Shashamani hat das Ehepaar Piper das Sagen. „Die Pipers waren Juden, sie wollten dort keine Rastas sehen", erklärt Mortimer Planno. Erst viel später, in den Siebzigerjahren, sollten sich einige Rastas aus den Twelve Tribes, den Zwölf Stämmen, in Shashamani niederlassen.

Die Afrika-Missionen sind für die Rastas nichts weiter als eine schillernde Illusion. Wieder einmal schließt sich die Tür, die sich einen Spalt breit geöffnet hatte. 1962 erklärt Jamaika seine Unabhängigkeit; bei den ersten allgemeinen Wahlen schlägt das Pendel erneut zugunsten der JLP aus. Bustamante kann jetzt als Premierminister auch über Polizei und Armee bestimmen. Kaum hat er die Macht an sich gerissen, richtet er sie auch schon gegen die Rastas: Das Stichwort heißt Coral Gardens, es ist die mörderischste Aktion gegen die Bewegung, die es auf Jamaika je gab.

Coral Gardens liegt an der Nordküste, einige Kilometer östlich von Montego Bay. Hier gibt es ein berühmtes *great house,* Rose Hall, in dem die „Weiße Hexe" Annie Palmer lebte, die weibliche Entsprechung von Blaubart: Mittels afrikanischer Zauberkünste ließ sie ihre Ehemänner verschwinden. Der flache und von Mücken befallene Küstenstreifen hatte lange Zeit niemanden besonders interessiert und so konnten zahlreiche Rastas dort ungestört ihre Lager aufschlagen.

Doch mit dem Aufblühen des Tourismus in den Fünfzigerjahren verändert das Gebiet allmählich sein Gesicht: Ein Golfplatz wird angelegt, Hotels werden gebaut. Rennklubs siedeln sich an. Die Rastas sind den Baulöwen natürlich ein Dorn im Auge, doch wie sich ihrer entledigen? Man will ein Exempel statuieren und die Wahl fällt auf Rudolf Franklyn.

Franklin ist ein „Bärtiger", der in den Hügeln von Coral Gardens haust; er ist der Sohn eines Farmaufsehers. Man erzählt sich, er habe eines Tages auf dem Rückweg von seinem Garten den Tankwart von Coral Gardens um etwas Wasser gebeten und dieser habe ihn daraufhin mit Benzin bespritzt. Franklyn sei ärgerlich geworden, worauf der Tankwart die Polizei rief. Jene habe dann mehrere Schüsse auf den „Bärtigen" abgefeuert und ihn halb tot im Krankenhaus von Montego Bay zurückgelassen.

Doch den Ärzten gelang es, Rudolf zu retten. Nach mehreren Monaten Krankenhausaufenthalt und einer schwierigen Operation, bei der ihm ein künstlicher Darm gelegt wurde, wanderte der Rasta ins Gefängnis, wo er seine Strafe absitzen sollte, die man ihm wegen „Widerstands gegen die Staatsgewalt" aufgebrummt hatte. Man kann sich vorstellen, in welchem seelischen Zustand er sich bei seiner Haftentlassung ein halbes Jahr später befand. Er muss wohl gewusst haben, dass er nicht mehr sehr lange zu leben hatte und dass es für ihn nichts mehr zu verlieren gab. Er scharte ein paar Leute um sich, die wie er genug hatten von den ständigen Demütigungen. Die sechs „Bärtigen" begannen, sich Waffen zu basteln: an beiden Seiten angespitzte Macheten, aus Betonstahl geschmiedete Lanzen, mit Zement gefüllte Muschelschalen, die als Wurfgeschosse dienen sollten ... Am 11. April 1963, am Gründonnerstag in aller Herrgottsfrühe, tauchte die Gang dann an der Tankstelle auf. Den Nachtwächter, der sich als Rasta zu erkennen gab und bereit war, mit ihnen einen Joint zu rauchen, ließen sie gerade noch ziehen, doch der weiße Autofahrer, der ihnen wenig später in die Quere kam, musste dran glauben. Anschließend steckten sie das Gebäude in Brand. Sie zogen weiter zum Motel und schlugen dort einen Gast zusammen, dann traten sie den Rückzug an in Richtung Hügel. Unterwegs fiel ihnen ihr nächstes Opfer in die Hände: der Verwalter der Ländereien von Rose Hall, der gerade das Haus verließ, um seine Schafe auf die Weide zu treiben. Die Polizei nahm mit drei Einsatzwagen die Verfolgung auf, hinzu kamen zwei Autos, in denen ganz gewöhnliche Bürger saßen, die dabei sein wollten bei der „Rasta-Hatz". Doch die Safari sollte ein schlimmes Ende nehmen. Unter einem hervorspringenden Felsen an der White Gut Road, zirka drei Kilometer von Rose Hall entfernt, bauten sich die Rastas einen Hinterhalt. Es kam zu einer Schießerei, bei der zwei „Bärtige" verletzt wurden, doch die anderen konnten noch zwei Leute aus dem Trupp der Verfolger erledigen.

Diesmal herrscht Krieg. Der Polizeichef von Montego Bay fordert Verstärkung an aus Kingston und übergibt den Fall dem Dienststellenleiter Bertie L. Scott, einem beim Volk ziemlich verhassten Typ. Die Legende schildert ihn bewaffnet mit Machete und Peitsche: Mit der einen schlug er dir auf dein Hand- oder Fußgelenk, anschließend warf er dich zu Boden und malträtierte dir mit der anderen den Rücken. Doch an der Wegbiegung der White Gut Road ereilt Bertie Scott sein Schicksal. Als er mit seinem Jeep neben den toten Körpern der erschossenen Polizisten anhält, springt mit einem Mal ein Dämon aus dem Dickicht und stürzt sich auf ihn, in der Hand schwingt er eine Machete. Es ist Rudolf. Seine Komparsen hat er weggeschickt, er blutet am Kopf. Rudolf will Scott im Alleingang stellen. Zeitungsberichten zufolge erschießt Rudolf den Dienststellenleiter mit einem Revolver, den er zuvor einem toten Polizisten abgenommen hat. Dann geht ein Kugelhagel auf ihn nieder und er bricht zusammen. Doch die Rastas behaupten, Rudolf habe lediglich eine Machete besessen. Als er sich auf Bertie gestürzt habe, sei aus allen Richtungen das Feuer auf ihn eröffnet worden. Doch Rudolf sei einfach weitermarschiert, mit erhobener Machete, und einer der Polizisten habe dann im Eifer des Gefechts aus Versehen Bertie erledigt. Die Kugel, so viel steht fest, stammte aus der Waffe eines Polizisten.

Als Bustamante vom Tod des Dienststellenleiters erfährt, sieht er rot. Stets rasch bei der Hand, wenn es darum geht, die Gefühle des einfachen Volkes zu schüren, will er sich nun dem „Rasta-Terror" entschlossen entgegenstellen. Gerade erst ist er zum Premierminister von Jamaika gewählt worden, nun will er die Gelegenheit nicht ungenutzt lassen, um Macht und Stärke zu demonstrieren. „Bringt mir die Rastas her, lasst keinen von ihnen entwischen. Wer von ihnen im Gefängnis keinen Platz mehr findet, wandert direkt auf den Friedhof", soll er erklärt haben. Er schickt Elitesoldaten nach Coral Gardens, darunter die neu formierte Striking Force: ein Blitzkommando, ausgerüstet mit modernsten Waffen, die John F. Kennedy in einer seiner „großzügigen" Gesten gegenüber Entwicklungsländern zur Verfügung gestellt hatte (es ist Kennedys letztes Geschenk, schon bald wird er erschossen). David Elliott, ein junger Rasta aus dem Rosemont-Ghetto in Montego Bay, hatte derart ultramoderne Waffen in seinem Leben noch nie gesehen: „Hunderte starben! Niemand wagte mehr, die Rasta-Farben zu tragen. Es genügte schon, dass dir anstelle von *high* ein *I* herausrutschte, und schon warst du zum Rasta gestempelt. Wenn sie dich nicht auf der Stelle umbrachten, dann banden sie dich an den Haaren an einem Auto fest und schleiften dich über die Straße. Einige ließen sich jetzt eiligst ihre Locken abschneiden, viele flüchteten in die Berge. Um nicht geschoren zu werden, brachen manche Rastas nach Kingston oder Back O'Wall auf. Dort ging man mit ihnen weniger schlimm um."

In Kingston ist die Situation etwas anders als an der Nordküste. Nach 1960 ebneten die Forschungsarbeit der Universität und die Afrika-Mission den Weg für zahlreiche Begegnungen, die Rastas finden seither Gehör bei der Regierung. Mortimer im Westen, Filmore Alveranga und Douglas Mack im Osten trugen dazu bei, dass man den Rastas manche Rechte zubilligte. Nicht jeder konnte sich die Polizei so gut vom Leibe halten wie Count Ossie, der einfach eine unglaubliche Ausstrahlung besaß. Ossies Camp wird es sein, das im

Schatten seines aufgehenden Sterns alles überdauert: Seine Band hat den von Vere Johns ausgeschriebenen Wettbewerb gewonnen und mehrere Singles eingespielt. Während draußen der Sturm der Repression tobt, wirkt sein Camp wie ein stiller Hafen, eine wahre Insel des Friedens. Jeden Abend finden jetzt in der Adastra Road nach den *Grounations* jene umwerfenden Sessions statt, bei denen die bedeutendsten Bläser des Landes mit ihren Soli brillieren. Im Hintergrund feilt Lloyd Knibbs an einem neuen Schlagzeugstil, der in der Burru-Musik fußt, während Lloyd Brevette seine Kontrabasslinien einstreut, die sich zwischen Jazz und typischem Rasta-Bass bewegen.

Dank dieser beiden Musiker dauert es nicht lange, und die Jazzer können den neuen Rhythmus auch ohne die Formation des Count spielen. Bei den von Vere Johns organisierten Auftritten und in den Klubs gelten sie schon bald als die meistbegehrte Instrumentalgruppe Jamaikas; jetzt müssen sie sich nur noch einen Namen geben. Ende 1963, in der Garderobe des *Regal,* einem Saal in der Nähe von Crossroads, plädiert der Trompeter Johnny Dizzy Moore für „The Satellites", da die Gruppe losging wie der erste Sputnik, das Großereignis in jenen Tagen. „Nennen wir uns lieber Ska-tellites", meint daraufhin der Pianist Jackie Mittoo. Und so werden die Skatalites geboren, die berühmteste Instrumentalkombo Jamaikas. Sie begleitet den Ska bei seinen ersten Schritten; allerdings ist der Gruppe in dieser Konstellation kein langes Leben beschieden – gerade mal achtzehn Monate. Doch diese Zeit genügt, um das instrumentale Grundgerüst des Reggae zu bauen: die packenden Rhythmen, die einfachen Phrasen, die vitalen Bläser, die hinter der Melodie hertorkelnden Shuffles, die beschwingten Soli der Repeater ... Erst später kommen Texte hinzu. Jeden Tag erreichen die Musiker jetzt neue Nachrichten vom Schicksal des einen oder anderen Rasta-Bruders, der zusammengeschlagen, durch den Staub geschleift oder auf die Straße geworfen wird, nachdem man ihm die Hütte angezündet hat. Die Rastas haben in jenen Tagen noch keine Worte für das, was sie erleiden, sie drücken ihren Kummer in den Melodien aus, in den Bläsersätzen scheinen ihre Visionen auf und im besänftigenden Spiel von

Lloyd Knibbs und Lloyd Brevette, dem magischen Duo, hallt ihr Herzschlag wider. Auf Hass und Blutvergießen reagieren die Rastas, indem sie eine der beruhigendsten Arten von Musik hervorbringen, die es je gab. Doch schon entgleitet ihnen die Kontrolle. Die Ära des Showbusiness bricht an.

Wie ist es möglich, dass die Musik der Geächteten Jamaikas überall in Mode kommt, während die Anti-Rasta-Kampagne auf Hochtouren läuft? Jeder der Musiker hat hiezu eine eigene Story auf Lager. Auf Jamaika gibt es, wie wir bereits wissen, immer mehrere „Versionen". Hier ist eine davon – doch bestimmt existiert noch eine weitere, eine, in der alles wieder ganz anders geschildert wird als in jener von Johnny Dizzy Moore, dem Trompeter der Skatalites.

„Ich weigerte mich damals, mir die Haare abschneiden zu lassen, und brachte mich damit in eine schwierige Lage. So bin ich nun mal, auch als kleiner Junge schon hasste ich den Friseur, ich mag meine Haare eben lieber auf meinem Kopf sehen als auf dem Fußboden. Das habe ich von meinem Großvater geerbt, der war genauso. Ich kann nichts dafür, so bin ich nun einmal, manchmal versuche ich, mich zu verleugnen, doch das geht nie lange gut! …

Nach meiner Zeit auf der Alpha School bekam ich einen Platz in der Militärkapelle, doch dort zogen sie jedes Mal ein Gesicht, wenn sie mich mit geröteten Augen von den Sessions beim Count kommen sahen. Sie haben mich schließlich rausgeworfen.

Trotzdem hatte ich das Gefühl, dass aus der Musik Jamaikas echt etwas rauszuholen war, und so sprach ich eines Tages mit Coxsone Dodd. Coxsone verdiente zu jener Zeit sein Geld mit den Sound Systems, doch um seine Platten zu kaufen, reiste er stets nach Miami, er versuchte sich noch nicht als Produzent. Ich glaube, dass ich es war, der ihn auf diese Spur gebracht hat. Er eröffnete mir, dass zehn Prozent für mich drin wären, wenn ich Sessions organisieren würde, doch wir hielten nichts vertraglich fest; ich schließe nie einen Vertrag ab, wenn ich mit Leuten meiner Rasse etwas vereinbare, das ist einfach nicht notwendig. Unsere Vorfahren unterschrieben auch nie irgendwelche Schriftstücke. Es dauerte eine Weile, aber dann ließ sich Coxsone von der Sache überzeugen. Ich erinnere mich an ‚Roll River Jordan', ein Lied von Clancy Eccles mit Instrumentalsoli, sowie an ‚Little Willie' und eine Version von ‚Schooling The Duke'. Das war alles sehr bluesig, man spürte den amerikanischen Einfluss durch, doch das war eben die Musik, aus der wir unsere Nahrung bezogen. Auf Jamaika kamen die afrikanischen Elemente nur im Mento klar zum Ausdruck, einer Volksmusik mit zotigen Texten. Die Musik, die uns, die Rastas, verband, war eher spirituell, Musik, die ihre Inspiration aus der Liebe zu Haile Selassie bezog. Coxsone hat das Ganze kommerzialisiert, dadurch konnte unser Rhythmus die Welt erobern. Ist er selbst ein spiritueller Mensch? Nicht dass ich wüsste! Aber schlau ist er, das auf jeden Fall. Er ist jetzt auch derjenige, der am meisten Kohle hat. Er besitzt Perlen, Diamanten, Saphire, Rubine, Gold und Geld, ja sogar ein Privatflugzeug! Ich glaube nicht, dass er einem von uns je auch nur einen Pfennig gezahlt hat – mir jedenfalls nicht ..."

1964, auf dem Höhepunkt des Skatalites-Booms, fasst Jamaika den Beschluss, den neuen Rhythmus auf der Weltausstellung in New York vorzustellen. Die Organisatoren verpflichten zwei sehr junge Interpreten, Jimmy Cliff sowie Minnie Small, die gerade einen gigantischen Welthit gelandet hat: „My Boy Lollypop"; und sie bitten die Skatalites, die beiden zu begleiten. Welch herrliche Retourkutsche! Die Rastas in New York, um Jamaika zu repräsentieren! Doch in allerletzter Minute schaltet sich noch der Entwicklungsminister ein, der Syrer Edward Seaga. Er ist strikt dagegen, dass diese „verwilderten Typen mit den rot unterlaufenen Augen" als kulturelle Botschafter des Landes entsandt werden. Er entscheidet sich stattdessen für Byron Lee, eine Mento-Gruppe, die der JLP nahe steht. In den Reihen der Rastas herrschen Wut und Verzweiflung. Einmal mehr weist man ihre engagierte Musik ab und gibt kommerziellen Rhythmen den Vorzug. Logisch, dass die Gruppe da verbittert ist. Lloyd Knibbs heuert auf einem Kreuzfahrtschiff an, erst neun Jahre später wird er nach Jamaika zurückkehren. Einige der Musiker gehen an die

Nordküste, wo sie in den Hotels vor Touristen spielen; wieder andere tingeln durch die Klubs und Studios von Kingston und versuchen, sich Solokarrieren aufzubauen.

Die Unabhängigkeit hat nicht dazu geführt, dass Afrika als kulturelle Identität der Rastas anerkannt wird. Und das erstaunt nicht weiter. Der Entwicklungsminister ist ein ehemaliger Völkerkundler, spezialisiert auf Paucomania und andere synkretistische Kulte, und ein Meister darin, die Gefühle der Massen zu manipulieren. Er hat für Folkways mit dem Mikrofon Feldforschung betrieben und Platten produziert. Bustamante überträgt ihm die Aufgabe, ein Programm auszuarbeiten, das die nationalen Sehnsüchte kanalisiert und die Ausbreitung der Rasta-Bewegung stoppt. 1963 wird mit großem Tamtam der Leichnam Garveys nach Jamaika überführt. 1964 richtet man einen religiösen Rasta-Sender ein, unter Leitung von Ras Michael (doch schon nach wenigen Monaten wird das Projekt wieder eingestellt). 1969 bildet sich ein Komitee, das eine ganze Reihe legendärer Persönlichkeiten ehrt, die sich um Jamaika in besonderer Weise verdient gemacht haben – angefangen von der rebellischen Sklavin Nanny bis zu Bustamante und Norman Manley, die man zu „Vätern der Nation" erklärt. Man lädt Haile Selassie zu einem offiziellen Staatsbesuch nach Jamaika ein, was die beiden PNP-Politiker N. N. Nethersole und Michael Manley (der Sohn Norman Manleys) schon seit langem fordern. Die Regierungspartei JLP erhofft sich dadurch, die Rastas lächerlich machen zu können, die Selassie zum Gott erheben. Doch das Gegenteil tritt ein.

Schon mehrere Wochen im Voraus strömen Rasta-Anhänger nach Kingston. Als am 6. April 1966 das Staatsoberhaupt aus der Maschine steigt, gerät die Menge in Raserei. Sicherheitsabsperrungen werden eingerissen. Und unter den Flügeln des Himmelsvogels findet eine riesige *Grounation* statt. Haschischpfeifchen werden herumgereicht, Getrommel ertönt. Mortimer Planno, auf dem Gipfel seines Ruhms, empfängt den Kaiser oben auf der Gangway. „Macht Platz für Seine Majestät!", ruft er und die Menge öffnet eine Gasse, wie sich einst vor den Hebräern die Fluten teilten. Für einen kurzen

Augenblick herrscht bei den Menschen Ungewissheit, als sie den kleinen Mann mit der olivfarbenen Haut, den feinen Lippen und der Adlernase sehen. Aber doch, er ist es, ganz gewiss, Ras Tafari! An einem der folgenden Tage werden einunddreißig Rasta-Führer zu einem offiziellen Empfang geladen und jeder von ihnen erhält eine Medaille aus Gold, auf der das Wappen des Löwen von Juda eingraviert ist. Und schnell sieht man ihm nach, dass er „weiß" ist … Selassie, als guter Christ, dementiert, Gott zu sein, was ihm die Rastas als göttliche Bescheidenheit auslegen. Doch Jahre später verlangt er im engsten Kreis seines Kabinetts, dass ihm sein indischer Sekretär einen Brief seiner Anhänger auf Jamaika vorliest. Das Schreiben lässt ihn schmunzeln, dennoch ist er sichtlich gerührt. Sein Besuch auf Jamaika gilt in der Geschichte der Rastas noch lange Zeit als eines der größten Ereignisse, eines, das auch dem Initiator Michael Manley Ehre eintrug. Ihm hatte der Kaiser ein symbolträchtiges Geschenk überreicht: den „Zuchtstock", eine mit schönen Schnitzereien verzierte Gerte, die ihn vor den Augen der Kultgemeinde legitimiert.

Der Musikmarkt lässt sich glücklicherweise leichter manipulieren als das Bild von Haile Selassie. Seaga will aus den Sounds der Rastas eine lockere Unterhaltung und ein exportfähiges Produkt machen. Er regt Folkloreumzüge an; und er organisiert Festivals im Stil von Vere Johns' Radioprojekten, mit einem Wettbewerb im Stadion, aus dem die Crooner des Landes als Sieger hervorgehen. Große Talente sind darunter, doch hinter der scheinbaren Aufgeschlossenheit gewinnt die Kultur der Kolonialmacht wieder die Oberhand. Parallel lässt die Regierung 1968 den aus Guyana stammenden Walter Rodney des Landes verweisen, er ist Professor an der Universität und hat sich allzu häufig zusammen mit Rastas in der Öffentlichkeit präsentiert; seine Ausweisung hat Massenunruhen zur Folge und es wird den Regierenden nicht gelingen, die Rasta-Bewegung mundtot zu machen.

1968 erhält der Reggae, eine Ska-Version mit schleppendem Takt, in den Studios auf Jamaika den letzten Schliff. Der Rhythmus ist langsam, der Bass wirkt bedrohlich und die Texte sprechen eine klare

Sprache. Wenngleich diese Musik in den jamaikanischen Radiosendern so gut wie nie gespielt wird, nimmt man sie jenseits des Ozeans doch freudig auf. Ironie des Schicksals: Es wird das Image der Rastas im Westen Kingstons sein – das „extremste“ Rasta-Image –, das die Strategen der ausländischen Plattenfirmen für ihre Vermarktungszwecke auswählen. Auf den Gong aus dem Pinakel folgt jetzt ein *Tuff Gong:* Bob Marley.

Die Sechzigerjahre sind für die Bewegung die wohl schlimmsten; sie enden mit einem Drama, das starken Symbolwert besitzt: das Verschwinden von Don D.

Seit die Musik im Ausland Erfolge feiert, wird Donald Drummond immer eigenartiger. Das zurückgezogene Kind von der Alpha-Schule, der geniale Komponist verfällt plötzlich in einen Zustand der Schizophrenie. Schon bald muss er in das psychiatrische Krankenhaus Bellevue eingewiesen werden. Als man ihn dort wieder entlässt, geben seine Freunde ein Konzert, sie wollen ihm ein neues Saxofon kaufen, damit er schnell wieder in den Sattel kommt. Doch irgendwie ist Donald nicht mehr der Alte. Immer häufiger landet er jetzt in der Notaufnahme des Bellevue. Man sagt, krankhafte Eifersucht wegen Marguerita treibe ihn um, doch das ist zweifellos nicht das zentrale Problem.

Die Tänzerin findet mehrere Male unter ihrer Matratze ein Messer, dennoch bleibt sie bei ihm. Der gut aussehende, begabte, geheimnisvolle und verrückte Don Cosmic – wie ihn seine Freunde nennen – übt auf sie die Faszination der Gefahr aus. „Eines Abends“, erinnert sich Sugus, eine Tänzerin aus der Truppe von Count Ossie, „hatte mich Marguerita gefragt, ob ich mitkäme ins *Copacabana* zum Tanzen. Lloydie sagte noch zu mir: ‚Geh bloß nicht mit, diesen Abend wird sie nicht überleben!‘ Ich hatte das nicht allzu ernst genommen, doch Lloydie sollte Recht behalten: Donald brachte Marguerita in eben dieser Nacht um. Er war der größte Musiker, den ich kannte – aber ein kranker Mann.“

In dem Prozess haben die Anwälte nur wenig Mühe, bei ihrem Mandanten Don Drummond auf geistesgestört zu plädieren: Am Tag, als er die Tat beging, war er tagsüber im Bellevue betreut worden. Don Drummond wird jetzt im Sicherheitstrakt interniert, einem großen Saal, dessen Fenster vergittert sind. Seine Freunde kommen ihn dort besuchen, doch er schweigt nur. Zweimal geben sie sogar Konzerte für ihn, doch ihn scheint nichts mehr zu interessieren. Der Maler David Marchand, wie Drummond im Schlafsaal N untergebracht, sieht ihn noch lebhaft vor sich: schweigsam und erhaben. Ihm als Einzigem erlaubte man, einen Bart zu tragen, das Verbot gilt für ihn schlichtweg nicht. Wenn das Essen gebracht wird, verlangt Don D., als Erster bedient zu werden, und keiner denkt auch nur im Traum daran, ihm dieses Privileg streitig zu machen.

Nach zwei Jahren Internierung stirbt er einen mysteriösen Tod. Seine Mutter, eine Frau aus dem einfachen Volk, die in Allman Town lebt, bittet den Kaplan der Alpha-Schule, die Grabrede zu halten. Alle Vorkehrungen sind bereits getroffen, doch im letzten Augenblick kommt es zu einem riesigen Theater: Die Krankenhausverwaltung weigert sich, den Leichnam herauszugeben. Einige Tage später wird Don Drummond in aller Heimlichkeit beigesetzt. Warum? Wie kann ein Mann von seinem Format einfach so verschwinden? Gerüchten zufolge wurde er umgebracht und die Tatsache, dass der Tote nicht aufgebahrt worden war, gibt Dons Freunden reichlich Anlass, sich in ihren Vermutungen bestätigt zu sehen. „Die Krankenhausverwaltung hatte dieses Getue um ihn einfach satt gehabt", mutmaßt David Marchand. „Irgendjemand wollte ihm eine Lektion erteilen." Es muss gar nicht der Chefarzt gewesen sein, sondern einfach einer dieser brutalen Pfleger, die, sobald sie sich unbeobachtet fühlten, an den Patienten ihren Sadismus auslebten. Einer dieser Typen hatte David schon dreimal fürchterliche Spritzen nebst Elektroschocks verabreicht. Don D. war keiner, der alles mit sich machen ließ. Hat er sich vielleicht gewehrt? Hatte er eine Auseinandersetzung mit einem der geistesgestörten Killer, die im Schlafsaal N untergebracht waren? Noch ein Rätsel, das wir nicht lösen können …

Kapitel 30

Reggae-Stars

Eine alltägliche Szenerie, wie sie auf den Bürgersteigen von Kingston keine Seltenheit ist: Ich befinde mich in der Winward Road, vor mir läuft ein Kind, da kommt ein „Bärtiger“ zu uns herüber und streicht dem Kind mit den Fingern durchs Haar: „O wie schön! Bist du Rasta, Kleiner?“ Lachend entfährt es mir: „Nicht jeder, der Locken hat, muss gleich ein Rasta sein!“ Noch zwei Schritte und wir sind auf einer Höhe. Aus seinen Augen blitzt der Schalk, seine ausgestreckte Hand schlägt in die meinige, dann zieht er weiter, im gleichen tänzelnden Schritt, und kichert in sich hinein: „Genau! Jeder versteht eben etwas anderes unter einem Rasta!“

Exakt jene Frage – was versteht man eigentlich unter einem Rasta? – stellt sich in den Jahren, als das Reggae-Fieber von Jamaika Besitz ergriffen hat, nahezu jeder, der die Insel besucht. Es gibt ebenso viele verschiedene Messages wie Sänger. Einige von ihnen rauchen Joints, aber längst nicht alle. Einige trinken Alkohol und essen Fleisch, andere wiederum nicht. Einige predigen die Monogamie, doch die meisten sind auf eine unbekümmerte Weise polygam. Alle reden von Afrika, doch einige fordern auch auf Jamaika ihre Rechte ein. Für die einen steht die Rassenproblematik im Mittelpunkt, anderen ist dieses Thema gar nicht so wichtig.

Bei meiner Ankunft in Kingston verbinde ich mit dem Wort „Rasta“ zunächst diese direkte Art, auf Fremde zuzugehen, diese Augen, die mir fest ins Gesicht schauen. Jamaika trat in mein Leben, nachdem ich Anfang der Siebzigerjahre in den Vereinigten Staaten Perry Henzells Film *The Harder They Come* gesehen hatte. Als mich die amerikanische Einwanderungsbehörde ziemlich im Regen stehen ließ mit meinen Fragen, habe ich einfach ein Flugzeug bestiegen und bin ins Land der Rastas gereist.

Nach New York, wo sich Schwarze und Weiße auf der Straße keines Blicks würdigten – was für ein frischer Wind! Man könnte glauben, die Sklaverei habe hier bei den Menschen keine Spuren hinterlassen. „Auf Jamaika gehen die Leute aufrecht", sagt der französische Rocksänger Bernard Lavilliers, als er in den Siebzigerjahren hierher kommt wie viele andere auch: die Rolling Stones, die Beatles, Serge Gainsbourg, Manu Dibango ... Nicht nur die Musik und das Ganjakraut locken die Menschen an, sondern auch ein gewisser Zauber, der unsere lieb gewonnenen Klischees ins Wanken bringt. Die Rastas, die ich treffe – wie auch die anderen Jamaikaner, denn mittlerweile ist die gesamte Jugend infiziert –, haben so viele Fragen an mich und auf der anderen Seite so viele Dinge, die sie mir erzählen möchten, dass wir uns einfach niederlassen, wo wir gerade gehen und stehen – unter einem Baum oder am Straßenrand –, und reden und reden, egal wo, während ich fleißig meine Notizen mache. In der Maxfield Avenue, wo ich unterkomme, als ich kein Geld mehr habe, um meine Miete zu bezahlen, tragen meine Freunde keine Locken; dennoch ist Jah mit ihnen, wenn sie abends ihre traurigen Lieder singen und dazu auf einer alten verstimmten Gitarre herumschrubben.

Ich sitze auf einem Treppenabsatz im Hof und lausche den harmonischen Klängen, die in die Nacht hinauswehen. Leid wird beschworen. Gemächlichen Schrittes bewegen sich die Brüder zwischen den wackeligen Hütten, das Ganja und die Unterernährung lassen sie langsam werden, dennoch sind ihre Gesten klar und folgen stets dem gleichen Rhythmus. Eines Abends, als sie gerade wieder schmachtend ihr „Jah! Ras Tafari ..." seufzen, spüre ich so etwas wie einen Hauch in meinem Nacken und ich glaube, „Ihn" wirklich zu sehen. Ich, die Atheistin, sehe plötzlich in diesem Hof eine geheime Kraft am Wirken. Irgendetwas, das diese Leute inmitten des Drecks und Gestanks der Shanties würdevoll dahinschreiten lässt. Irgendetwas, das Könige aus ihnen macht.

Über den Reggae bekommen die Rastas immer mehr Verbündete: Jugendliche aus der ganzen Welt, die gerade die Hippie-Bewegung erlebt haben, sehnen sich nach Gurus und rauchen Joints. Aus dem Hippie-Bruder wird der Rasta-Bruder. Der neue Rhythmus drückt ein neues Lebensgefühl aus. Die Musik ist echt, getragen von einer Vision. Jeder Musiker spielt seinen Part in dem klaren Arrangement, unterstützt durch die sanften Akzente des Repeater. Ein Instrument respektiert das andere, lässt ihm Raum, sich zu entfalten.

Wir hören die Musik und sind begeistert, doch dabei entgeht uns nur allzu leicht das Ambivalente am Reggae: eine rebellische Botschaft, propagiert von einem weißen Kapitalisten. Chris Blackwell, Gründer von Island Records und jener Jamaikaner, der aus Bob Marley den ersten Superstar der Dritten Welt macht, ist blond und blauäugig. Er ist es, der Perry Henzell in dem Roman *Power Game* als Vorlage für die Figur des De Malaga diente:

„Er war zum Erfolg geboren, eine starke Persönlichkeit und ein Kind der Extreme: ein Geschäftsmann, der den Lebensstil eines Künstlers pflegte; reich, aber nicht arrogant; ein Spieler zwar, doch einer, der das Risiko mit einkalkulierte. [...] Er fühlte sich wohl in den Tropen, hier war er als Kind zusammen mit den kleinen Bauernjungen barfuß über die Felder seines Vaters gesprungen, bevor er dann nach England geschickt wurde zum Studieren; und sehr früh schon begriff er, dass es für ihn nichts Besseres geben konnte, als den Vorteil, reich und weiß zu sein, mit dem Schick zu kombinieren, der die armen Schwarzen umgab. Er war ein Weißer, der die Musik der Schwarzen liebte."

Warum war es Bob Marley, auf den Chris Blackwell sein Augenmerk richtete? „Weil er der Beste war", sagt Blackwell. „Keiner auf Jamaika komponierte wie er. Wenn ich ihn nicht groß herausgebracht hätte, dann hätte es ein anderer getan." Er kapierte auf Anhieb, wie

Marleys Rebellen-Attitüde zu vermarkten war – ein Image, von dem jede Promotionfirma nur träumen kann. Jimmy Cliff, der noch vor Bob seinen Durchbruch erlebte und der auch bei Blackwell unter Vertrag stand, schaffte es nicht, die Rolle des Rasta-Botschafters auszufüllen, die schließlich Marley zufiel. Er ließ sich die Haare wachsen und man spekulierte auf satte Plattenverkaufszahlen im Fahrwasser von *The Harder They Come.* Doch als der Film dann endlich in die Kinos kam (nachdem sich der Regisseur drei Jahre lang den Kopf zerbrochen hatte, wie er die finanziellen Mittel für die Dreharbeiten aufbringen konnte), ging Jimmy zum Friseur und bekannte sich zum Islam! „Er hat seine Chance vertan", sagt Henzell. „Bob war es dann, der im Anschluss an den Film vom Interesse an den Rastas profitierte."

Bongo Sheffan, ein Rasta der ersten Stunde, hat eine andere Erklärung, warum Marley zum „bedeutendsten Star der Dritten Welt" wurde: Er ist ein Mischlingskind. Und hier stoßen wir wieder auf diese Ambivalenz: Der moderne Held der Schwarzen, der ihnen ihre Identität zurückgibt, ist selbst Sohn eines weißen Plantagenbauern! Was tut es zur Sache, dass sein Vater von der reichen Familie Marley enterbt wurde, weil er sich zu dem Kind bekannte, das er mit einer farbigen Bäuerin gezeugt hatte? Wenn wir von Rasse sprechen, so war Bob Marley schwarz und weiß. Er hatte dies auch schon genügend zu spüren bekommen, damals als Kind im Ghetto von Trench Town, wo man Mischlinge wie Aussätzige behandelte. Sein Leben lang – auf dem Schulhof, bei seiner Ghetto-Bande, in den Studios – musste er immer wieder beweisen, dass in seinen Adern schwarzes Blut floss. Und wenn er besonders verbittert war, sagte er stets: „Ich stehe nicht auf der Seite der Schwarzen und ich stehe nicht auf der Seite der Weißen – ich stehe auf Gottes Seite."

Die Auseinandersetzungen mit Chris Blackwell bewältigt er so gut, weil ihn die Hautfarbe eines Menschen nicht weiter bekümmert. Seine Botschaft ist universell und Chris bietet ihm die Möglichkeit, sie in die Welt zu tragen. Mortimer Planno, sein geistiger Lehrer, drängt ihn, sich der Herausforderung zu stellen. Er formt ihn beharrlich und bereitet ihn auf diese Rolle des Botschafters vor. Er öffnet ihm die Augen für „die wahren Instanzen der Macht". Mit seinen scharfsinnigen Analysen ist Mortimer für Marley ein unersetzlicher Guide. Er hilft ihm auch, dass bei Verhandlungen alles zu seinem Vorteil läuft – und er gibt Marley Ratschläge, wie er sich seine Unabhängigkeit bewahren und gleichzeitig den Politikern geschickt eins auf die Nase geben kann.

Als sich Bob und Chris Anfang der Siebzigerjahre zum ersten Mal begegnen, steht die Insel an einem neuen Wendepunkt ihrer Geschichte. Die PNP gelangt gerade wieder an die Macht und die Rastas setzen, trotz ihres ewigen Misstrauens gegenüber der Politik, einige Hoffnungen in den Kandidaten Michael Manley, den Sohn Norman Manleys. Michael war es, der die Idee hatte, Selassie nach Jamaika einzuladen, und ihm überreichte der Kaiser auch die „Zuchtgerte", die in der Fantasie der Rastas zum Hirtenstab des neuen Josua wurde.

Michael Manley seinerseits hegt durchaus Sympathien für die Rastas. Jamaika ist gerade dabei, sein Selbstbewusstsein zurückzuerobern, und Manley weiß, welch wichtige Rolle den Rastas hierbei zukommt, daher schätzt er sie. Und er weiß auch, welchen Nutzen es ihm bringen kann, wenn er sich insgeheim mit ihnen verbündet. Sie vermitteln den Menschen auf emotionaler Ebene das, was er auf intellektuellem Level zu transportieren versucht, und sie erreichen damit ein Publikum, das ihm unzugänglich bleibt. Er selbst sagt: „Ich kann nicht behaupten, dass ich durch die Reggae-Texte etwas erfahren habe, das ich vorher noch nicht wusste; sie bestätigten mich einfach in meinen sozialistischen Ideen, sie griffen das an, wogegen ich als Gewerkschafter auch immer gekämpft hatte. Aber ich war ja nicht im Ghetto aufgewachsen und bestimmte Dinge hatte ich einfach selbst nie erlebt. Durch den Reggae bekam ich nun einen emotionalen Zugang und dies hat mich stark geprägt."

Bob Marley glaubt an die Ehrbarkeit Manleys – zumindest hält er es für opportun, nichts Gegenteiliges verlauten zu lassen. Ende 1971 willigt der Sänger ein, die PNP bei ihrer Kampagne zu unterstützen, und reist mit dem Politikertross durchs Land, von Kundgebung zu Kundgebung. Manleys Partei geht aus diesen Wahlen als Siegerin hervor, doch Bob kommt die flüchtige Liaison mit den Mächtigen noch teuer zu stehen. 1976 wird seine Band von einer Gang aus dem feindlichen politischen Lager mit Maschinenpistolen angegriffen, die *gunmen* feuern mehrere Kugeln ab, der Sänger, seine Frau und sein Manager werden dabei verletzt. War es ein Fehler gewesen, die PNP zu unterstützen?

Eines ist sicher: Ob es nun die Musik war, welche die Politik trug, oder umgekehrt – die beiden Mandate Manleys zwischen 1972 und 1980 fallen mit der großen Zeit des Reggae zusammen. Auch wenn das Bündnis mit der Politik den Rasta-Botschafter im Ghetto in Gefahr bringt, so verleiht es ihm andererseits eine Art Immunität gegenüber dem Establishment und er darf sich ein Maß an öffentlicher Provokation und Arroganz erlauben, wie es bislang noch kein Rasta gewagt hat – zumindest nicht ungestraft. Als ihn Blackwell in einer Nobelvilla unterbringt, schleift der Sänger das halbe Ghetto an und verkündet: „Ich will meine Nachbarn stören *in a rub-a-dub style!*“ Aus dem schönen Park wird alsbald ein Gemüsegarten. Marley nimmt Jugendliche bei sich auf, die von der Polizei gesucht werden, sowie Freunde aus Kindheitstagen, die auf die schiefe Bahn geraten sind. Einen Nachmittag in der Woche hält er „Audienz“. Für tausende von armen Menschen sind diese Empfänge ein letzter Rettungsanker. Sie erhalten hier etwas Geld, etwa um ein krankes Kind zum Arzt bringen zu können oder um eine Existenz aufzubauen.

Die Verantwortung lastet schwer auf Marley, sie erdrückt ihn schier. Schließlich schaltet er sich sogar in die kriegerischen Auseinandersetzungen der politischen Gangs ein und versucht zu vermitteln. 1978, während des berühmten Konzerts für den Frieden im Stadion von Kingston, holt er die Parteiführer der PNP und der JLP gemeinsam auf die Bühne und trotzt ihnen einen Handschlag ab – ein historischer Augenblick. Bob reist auf eigene Kosten nach Simbabwe und gibt dort ein Konzert für die Unabhängigkeit. Er versucht, die Rasta-Grüppchen zusammenzubringen, damit sie gemeinsam handeln können. Gleichzeitig arbeitet er wie ein Besessener an seiner Musik. Die zehn Alben, die er für Island aufnimmt, sind allesamt Meisterwerke. Auf seinen Schultern lastet das Gewicht zweier Welten – der Welt der Schwarzen und der Welt der Weißen. Das kann kein Mensch lange Zeit verkraften. Bob stirbt 1981 an einem Krebsleiden, kurz nachdem die JLP wieder die Macht errungen hat. Eine Epoche ist zu Ende.

Der weiße Stratege und der Mischlingssänger erobern die Medien. Die Spirale beginnt sich zu drehen, Reporter aus aller Herren Länder berichten über die Rastas. Das Anliegen der Bewegung tritt völlig zurück hinter das Pittoreske. Die gewalttätigen Übergriffe scheinen willkommene Kulisse zu sein – jener kleine Adrenalinstoß, den eine gute Story verlangt. Das Bild, das jene Geschichten vermitteln, deckt sich in keinster Weise mit der Realität, wie ich sie hier vorfinde. Die Leute, mit denen ich im Ghetto spreche, sind wach und wissen, wovon sie reden. Sie plaudern in ihrem exotischen Dialekt; dabei vermischt sich auf subtile Weise das Denken dreier Welten: Afrika, Orient und Westen. Marxismus und Garveyismus, Animismus und Christentum, Buddhismus und Ökologie haben sie verdaut. Ja, es ist schon richtig, sie bemühen sich nicht besonders um ein stimmiges Weltbild: „Das Leben ist eine große Straße und die Hinweistafeln am Rand sind zahlreich. Wenn du auf Reisen bist, dann nimm die Dinge einfach so, wie sie kommen“, singt Marley. Die Rastas nennen es *livity* – das Leben erfahren. Es ist keine graue Theorie, die in den Köpfen der Rastas herumspukt, sondern ein immenses Reservoir aus Garvey-Zitaten, Bibelversen, Volksweisheiten, Liedern und sogar Wildwestromantik. Die alltäglichen Anfeindungen pariert man mit der Gelassenheit der Asiaten, den Rhythmen der Afrikaner und der Dialektik der Europäer. Das jamaikanische Denken ist stark geprägt von Begegnungen auf der Insel; es wird auf der Straße geboren, so wie es einst in den Wüstencamps seinen Ausgang nahm: Ein Reisender erzählt eine Geschichte, in der ein Satz vorkommt, worüber die Leute den Kopf schütteln, und schon wird ein Sprichwort daraus. Man erzählt dir von einem Heiligen. Du gehst hin, um ihn zu sehen und seine Reden zu hören, dann machst du dich wieder auf den Weg, ein wenig weiser, doch immer noch frei. Es gibt keinen einheitlichen Glauben. Die Politik hat die Religion ausgespart. Die Jamaikaner brauchen keinen Papst; hier empfängt man die Anweisungen direkt von Gott.

Als das Geschäft mit dem Reggae seinen Aufschwung nimmt und sich die Musiker vor Interviewanfragen kaum noch retten können, wird die Rasta-Gemeinde von einer traurigen Nachricht überrascht: Ras Tafari ist gestorben, am 27. August 1976. 1974 war Haile Selassie durch einen Militärputsch seines Amtes enthoben worden und hatte dann streng bewacht zwei Jahre in einem Seitenflügel seines Palasts zugebracht – bis zu seinem Tod. Es heißt, man habe etwas nachgeholfen (er soll mit dem Kopfkissen erstickt worden sein).

Jeder macht sich jetzt lustig über die Rastas. Doch Ras Tafari kann gar nicht tot sein. „Zeigt uns doch seinen Sarg, bringt uns zu seinem Grab!", fordern die Rasta-Jünger zornig. Burning Spear entreißt sich ein strahlendes „Jah no Dead", während Marley „Jah Live" singt:

„Die Leute sagen, Rasta, dein Gott ist tot;
Doch dies ist, wie wenn ein Hund versucht,
Einem Vogel hinterherzubellen,
Der hoch oben am Himmel seine Kreise zieht;
Jah lebt, meine Kinder, Jah lebt."

Doch die Stimmung ist getrübt. Die Rastas sind uneins und verbittert. Die Kluft zwischen den Reggae-Stars und den armen Kerlen in den Ghetto-Camps wird immer tiefer. Der kommerzielle Reggae driftet ab, wird immer schlaffer, alles dreht sich nur noch um Sex – die Zauberformel der Achtziger. Überlebt die Rasta-Bewegung den dekadenten Sturzflug des Reggae?

Kapitel 31

Zwölf Stämme

Die grossen Reggae-Stars fahren jetzt in ihren BMW spazieren, doch was machen die Nyabinghis, Howelliten, Emmanueliten und die anderen Rasta-Grüppchen aus den Ghettos einstweilen?

Claudius Henry zum Beispiel gründet nach Verbüßen einer siebenjährigen Haftstrafe in Greenbottom eine Rasta-Gemeinde; er unterhält wie Howell eine Bäckerei, stellt Holzkohle her, baut für seine Anhänger Häuser – und er kümmert sich um die Erziehung: Er gründet eine Schule, in der mehr als hundert Kinder unterrichtet werden können. Dergleichen hatte der Gong nie getan.

Die Nyabinghis führen weiterhin die isolierteste Existenz. Sie leben in völliger Armut, versprengt in einzelne Grüppchen. Da sie auf Land siedeln, das ihnen nicht gehört, werden sie oft vertrieben, was zu ihrer Unstetigkeit beiträgt. Ein- oder zweimal im Jahr kommen sie an einem abgelegenen Ort oben in den Hügeln zusammen, um Haile Selassies Geburtstag oder die Befreiung aus der Sklaverei zu feiern; drei Tage lang wird dann gemeinsam getrommelt und gebetet. Aber sie verfügen über keinerlei zentrale Organisation.

Auch der Ethiopian World Federation ist es nicht gelungen, alle Rastas zu einen. Dem ersten Versammlungslokal, Raum 17, der 1938 ohne große Formalitäten bezogen wurde, folgt ein Büro, das die EWF 1955 während des Besuchs ihres New-Yorker Delegierten Maymie Richardson eröffnet. Von da an ist es die EWF, über die alle Kontakte zwischen den Rastas einerseits sowie Haile Selassie und Äthiopien andererseits laufen – eine Monopolstellung, die manch einen in Rage versetzt. Ein Dutzend weiterer Niederlassungen werden gegründet;

eine von ihnen leitet Claudius Henrys Ehefrau. Doch trotz der mit sehr viel Ansehen verbundenen Patenschaft von Haile Selassie gelingt es der EWF nicht, die Massen für sich zu gewinnen. Die Kader sitzen in New York und sind keine Rastas – allenfalls *Black Jews* (schwarze Juden) oder Christen. In der EWF auf Jamaika, die mehr Mitglieder zählt als die Mutterorganisation, ist man ungehalten darüber, mit ansehen zu müssen, wie Letztere alle Entscheidungsgewalt an sich reißt und das von Selassie geschenkte Shashamanital für sich allein in Anspruch nehmen will. Die Retourkutsche aus New York folgt prompt: Die EWF brandmarkt die Rastas als Gesetzlose – „jene so genannten Leader, Menschen ohne Skrupel, ohne Gott und ohne jeden Sinn für Kultur".

Der Gemeinde von Count Ossie geht es indessen gut – trotz der gelegentlichen Polizeirazzien. Die Band hat sich mit den Mystics vereint, der Bläserfraktion von Cedric Brooks, und nennt sich von nun an Mystic Revelation of Rastafari. Als die PNP an die Macht gelangt, rehabilitiert sie die afrikanische Kultur und den Trommlern stehen alle Türen offen. Die Regierung lässt die Musiker zu offiziellen Empfängen und hohen Staatsbesuchen aufmarschieren. Zweimal erhält die Gruppe einen Preis beim karibischen Musikfestival *Carifesta.* Count Ossie kauft ein Grundstück ganz oben im Wareika-Viertel und beginnt, dort sein Kulturzentrum aufzubauen. Bald eröffnet er eine Schule. Die Bibliothek füllt sich mit Wälzern über Geschichte und Wirtschaftskunde, aber auch Handbücher über Medizin gibt es dort. Während die anderen Rasta-Camps nach außen abgeschottete Wellblechburgen darstellen, steht das Zentrum von Count Ossie jedem offen. Die Leute aus dem Viertel schicken ihre Kinder dort zur Schule. Niemand wird gezwungen, Locken zu tragen oder an den Gebetsritualen teilzunehmen.

Verena Reckord berichtet: „Intellektuelle von der Uni und Straßenhändler, Novizen und Virtuosen, echte Heilige und Scharlatane, wahre Könner und Blender kamen bei Count Ossie zusammen, in einem Geist der Friedfertigkeit und des gegenseitigen Respekts." In Wareika steckt die Polizei auch weiterhin Hütten in Brand, doch im Camp wirkt die starke Ausstrahlung des Count wie ein Bollwerk gegen den Terror – bis zum 18. Oktober 1976, jenem Tag, an dem Ossie hinter dem Steuer seines Lastwagens zu Tode kommt. Er fährt im Anschluss an ein Konzert ein paar Musiker nachhause, da stößt sein Fahrzeug mit einem Bus zusammen, dessen Fahrer betrunken ist und dessen Bremsen nicht funktionieren. Drei Menschen sterben. Der unverkennbare Stil des Trommlers bleibt der Nachwelt auf zwei ausgezeichneten Werken erhalten, „Grounation" und „Tales Of Mozambique". Beide lassen die Herzen von Fans der Rasta-Musik höher schlagen.

Was ist aus Prince Edwards Emmanuel geworden, der das große Rasta-Treffen von 1958 initiiert hatte? Nachdem sein Camp in Back O'Wall 1959 gestürmt worden war, steckte man seine Anhänger ins Gefängnis, aus dem sie dank des Plädoyers eines renommierten Anwalts, der schon die kenianischen Mau-Mau-Rebellen verteidigt hatte, wieder freikamen. Die Rasta-Gemeinde gewinnt dadurch ein gewisses Ansehen. Prince Emmanuel hat nicht das Charisma eines Howell oder eines Henry und seine kleine Blattsammlung *Black Supremacy* ist kein sehr bedeutendes Werk; doch er versteht sich auf Rituale, hat Sinn für Kostümierung und sein strenger Sittenkodex lockt jene Rastas an, die aus puritanischen Elternhäusern stammen. Prince Emmanuel zählt nicht zu den Auserwählten, die bei der Afrika-Mission dabei sein dürfen. Doch er ist einer der einunddreißig Rasta-Ältesten, die 1966 als Ehrengäste am offiziellen Empfang von Kaiser Haile Selassie teilnehmen; von Selassie bekommt er dann schließlich die goldene Medaille mit den Insignien des Löwen von Juda überreicht.

Als sein Camp in Back O'Wall von den Bulldozern der JLP platt gemacht wird, räumt Prince Emmanuel das Feld und zieht mit seinen Anhängern in die Hügel von Bull Bay. Die lang gezogenen, aus Brettern gezimmerten Häuser, die in den Rasta-Farben Grün, Gelb und Rot angestrichen sind, machen sein Dorf zu einem der malerischsten auf Jamaika. Von hier aus hat man einen wunderbaren Ausblick auf die Bucht, doch Besucher sind nicht sehr willkommen. Viele Jahre lang wusste die Außenwelt über die strikten Regeln der Sekte so gut wie gar nicht Bescheid. Alles, was man kannte, war das vertraute Bild des emmanuelitischen Bürstenverkäufers mit seinem hohen Turban und dem khakifarbenen Aufzug – diese Typen streiften überall auf der Insel herum.

Im Camp läuft alles nach einem strengen Ritual ab, nicht so wie damals im Pinakel, wo jeder nach seiner Fasson lebte. Dreimal am Tag wird gebetet – erst auf den Knien, dann ausgestreckt auf dem Bauch, den Kopf gen Osten gewandt. Die Sabbatregel wird streng eingehalten. Während einundzwanzig Tagen im Monat werden die Frauen von den Männern getrennt. In dieser Zeit bleiben sie völlig unter sich – „eine Art Empfängnisverhütung", vielleicht aber auch eine Möglichkeit, seine Frau unter Verschluss zu halten, während man mit dem Karren durchs Land zog und Bürsten verkaufte. Die Familien sind nicht sehr kinderreich: Ein oder zwei Sprösslinge sind die Regel. 1978 lebten im Dorf stolze „vierzehn Priester, sechzig Propheten und vierzehn Kaiserinnen".

Die Emmanueliten, auch Bobos genannt, blieben dreißig Jahre lang die Rasta-Gruppe, die am geringsten geschätzt wurde – selbst ihre Brüder suchten kaum den Kontakt. Doch nach dem Tod von Prince Emmanuel im Jahr 1994 nimmt das Schicksal der Sekte eine überraschende Wendung: Die Bobos gelten auf einmal in den Ghettos von Kingston als die neuen „Heiligen" – eventuell eine Gegenreaktion auf die Sex- und Gewaltwelle, die das Land überrollt. Stars wie Sizzla tragen plötzlich Turban. Doch die Gemeinde in Bull Bay spaltet sich in zwei verfeindete Lager (es heißt, eine der beiden Fraktionen habe von Rita Marley, die ein Haus in der Nähe besitzt, finanzielle Unterstützung erhalten). Ein paar Rastas gehen sogar so weit, dass sie die Hütten der anderen anzünden; die Schuldigen werden geschnappt und landen im Gefängnis.

Ein Zweig der Rasta-Bewegung profitiert jedoch vom Erfolg der Reggae-Welle – er nennt sich Twelve Tribes of Israel.

Diese Gruppe wird 1968 von einem Eisverkäufer namens Vernon Carrington gegründet. Vernon geht davon aus, dass nicht jedes Individuum zu den gleichen Dingen berufen ist. Als Jakob auf dem Totenbett jedem seiner Söhne eine Aufgabe übertrug, geschah dies in dem Glauben, dass jeder Mensch eine andere Bestimmung hat, dergemäß er sich dann entwickeln soll. Die Rastas entnehmen ihr Schicksal der Schöpfungsgeschichte, sie lesen dort wie in einem Horoskop. Von welchem Stamm sind sie? Zwölf Söhne, zwölf Monate: Dies ist des Rätsels Lösung. Je nachdem, wann sie geboren sind, gehören sie diesem oder jenem Stamm an. Wer im Januar auf die Welt kommt, ist Nephtali, im Februar Joseph und so weiter. Wie bei allen Horoskopen, so gibt es auch hier Glückliche, mit denen es das Schicksal besonders gut meint: Burning Spear ist nach seinem Geburtsdatum Benjamin, „ein reißender Wolf, der des Morgens Raub frisst und des Abends Beute austeilt". Bob Marley wiederum ist der perfekte Joseph, der Sohn, der von seinen eifersüchtigen Brüdern als Sklave verkauft wird und schließlich als Berater des Pharaos sein Volk vor dem Hungertod rettet, indem er es auffordert, mit ihm nach Ägypten zu ziehen. In der Bibel im ersten Buch Mose heißt es:

„Joseph wird wachsen, er wird wachsen wie ein Baum an der Quelle, dass die Zweige emporsteigen über die Mauer.

Und wiewohl ihn die Schützen erzürnen und gegen ihn kämpfen und ihn verfolgen, so bleibt doch sein Bogen fest und seine Arme und Hände stark durch die Hände des Mächtigen in Jakob, durch ihn, den Hirten und Fels Israels."

Dank dieser unkonventionellen Sichtweise, was die menschliche Identität anbelangt, zeigen sich die Twelve Tribes auch offen gegenüber Mischlingen, Reggae-Stars, emanzipierten Frauen, verwöhnten Söhnchen aus bourgeoisen Elternhäusern … Es gab zahlreiche Kinder von Politikern, die nach ihren Studienjahren in Europa oder Kalifornien, wo sie Joints geraucht und Reggae-Musik gehört hatten, die Nähe der Rastas suchten.

David Marchand meinte 1995 zu mir: „Es war die Zeit, als die Großbürger auf Jamaika so langsam unruhig wurden. Ihre eigenen

Kinder identifizierten sich nun mit den Rastas. Viele Sprösslinge aus der feinen Gesellschaft gehörten den Twelve Tribes an. Es war eine tolle Zeit, irgendwie wehte ein revolutionärer Wind. Cat Coore von Third World, Sohn des Arbeitsministers David Coore, zählte zu den Leadern. Auch die Tochter von Errol Flynn war damals mit von der Partie; sie verbrachte die Tage damit, sich auf ihrem Anwesen im Norden die Birne mit Gras zuzudröhnen …"

Die Twelve Tribes sind in den Siebzigerjahren die einflussreichste Rasta-Organisation. Sie bringen Sound Systems und vegetarische Restaurants in Mode und es gelingt ihnen – endlich! –, einige Kameraden nach Shashamani zu entsenden, da man über das nötige Kleingeld verfügt. Die Twelve Tribes ersetzen die polarisierende Sicht der Welt – Schwarz gegen Weiß – durch den „Mantel des Joseph, in dem alle Farben des Regenbogens enthalten sind"; es ist jener wundervolle Flickenteppich verschiedener Kulturen, der genau den Reichtum Jamaikas ausmacht.

Den großen Einfluss verdanken die Zwölf Stämme vor allem ihrem Vorsprung an Bildung, dem Rückhalt durch die Politiker und dem Geld, über das sie verfügen. Doch der Reichtum der einen lässt die Armut der anderen nur noch offener zutage treten. Mortimer Planno, ein kluger Taktierer, bedient sich Bob Marleys bei seinem Versuch, die verschiedenen Rasta-Gruppen miteinander auszusöhnen. Ende der Siebzigerjahre übernimmt der Sänger bei mehreren Beratungen den Vorsitz, doch die Diskussionen sind sehr anstrengend. Bob ist krank und müde. Kurz vor seinem Tod lässt er sich von der Ethiopian Orthodox Church taufen, wo auch Haile Selassie die Weihe empfangen hatte. Bob ist seit langem auf Jamaika der wichtigste Mäzen und Förderer dieser angesehenen äthiopischen Kirche; er finanzierte den Bau ihrer Büros an der Maxfield Avenue. Die Äthiopisch-Orthodoxe Kirche wird es auch sein, die einige Monate später sein Begräbnis ausrichtet: mit ihren Psalmgesängen, ihrem Weihrauch, ihren Priestern in Robe und deren prächtigen Kreuzen aus ziseliertem Silber. Keine schlechte Publicity für die Glaubensgemeinschaft!

Warum hat Bob den Rastas den Rücken gekehrt? Vermutlich sah er bereits dem Tod ins Auge und nahm alles Irdische nicht mehr so wichtig. Und schließlich: Wer hätte ihn in Kingston schon taufen können? Vor wem konnte er sich verneigen, wo doch alle Rasta-Führer sich um seine Gunst schlugen? In wessen Schoß sein müdes Haupt legen, jetzt, wo Selassie gestorben war? Die ehrwürdige äthiopische Kirche, eine der ältesten des Christentums, entführte ihn durch ihre Gebetstexte in der uräthiopischen, amharischen Sprache in eine Traumwelt. Sie beschwor das Mysterium in einer Welt, in der es keine Mysterien mehr gab.

Aber vielleicht haben ja auch noch ganz andere Dinge eine Rolle gespielt. Wer kann schon sagen, was im Kopf eines durch Krankheit geschwächten Mannes, gepeinigt von den Schmerzen eines Krebsleidens, vor sich ging? Vielleicht wollte er ja auch bloß seiner Mutter eine Freude machen, indem er zum christlichen Glauben übertrat. Doch für die Rastas ist es ein harter Schlag: Ihr Heilsbotschafter, ihr Prinz hat sich aufgemacht, um in den Armen von Jesus Christus zu sterben.

Kapitel 32

Das Ende

Was macht Howell, während sich der Ska weiterentwickelt und der Reggae seinen Triumphzug feiert? Man könnte meinen, er habe sich in Luft aufgelöst. Beim großen Rasta-Treffen 1958 in Back O'Wall ist er nicht mit von der Partie. Als die Universitätsprofessoren 1960 ihren Forschungsbericht vorbereiten, kommen sie gar nicht mehr auf die Idee, den Gründer der Bewegung zu interviewen; sie glauben, er sei bereits tot oder säße in einer psychiatrischen Anstalt.

Es ist schwierig, den Weg des alten Rastas über die letzten zwanzig Jahre zu verfolgen. Die Welt dreht sich auch ohne ihn. Die Periode vom Tag der Unabhängigkeit bis zum Tod Bob Marleys ist entscheidend für die Geschichte Jamaikas, doch Howell tritt kaum noch in Erscheinung. Als der Gong das Pinakel verloren hatte, wurde er auch nicht mehr von den Politikern protegiert. Ein wenig Geld konnte er beiseite schaffen, doch um Weihnachtsmann spielen zu können, reichte es schon lange nicht mehr, und all jene, die ihn für Gott hielten, müssen ihr Paradies nun anderswo suchen. Der Howell jener Zeit scheint wieder auf menschliche Dimensionen zurückgestutzt. Er ist ein alter Herr, der kein Auge mehr wenden kann von der blauäugigen Enkelin, die ihm sein ältester Sohn Monty geschenkt hatte, bevor er 1961 nach England ging. Howell lauert dem Kind vor der Schule auf, überhäuft es mit Süßigkeiten. Die Mutter ist besorgt – „Wir hatten Angst, er würde sie entführen!" – und gibt das Mädchen an eine andere Schule.

1971 geht auch Blade, der zweite der „Prinzen", in die Vereinigten Staaten. Er heiratet eine chinesische Mischlingsfrau, die gar nicht weiß, wessen Sohn sie da zum Mann genommen hat. „Er hat mich seinem Vater nie vorgestellt", sagt Curlyn und lacht. „Schade! Es muss schön gewesen sein, da oben in dem herrschaftlichen Haus!" Blade seufzt: „Tief in unserem Innern waren wir stolz auf ihn, doch manchmal fragten wir uns auch: Warum können wir keinen Vater haben wie all die anderen?"

Jetzt, wo seine „Prinzen" nicht mehr da sind, zieht es Howell nur noch selten in die Stadt. Er wendet sich wieder mehr dem kleinen Kreis von Anhängern zu, die ihm die Treue gehalten haben und jetzt in Tredegar Park leben. Was wird er ihnen wohl vorspielen? Es bleiben nicht mehr viele Rollen übrig für eine gelungene Inszenierung; eigentlich nur noch die des Christus. Seine Niederlagen wertet er als Kreuzigungen. Sechs hat er schon hinter sich. „Nach der siebten", verspricht er seinen Jüngern, „werde ich nicht wieder auferstehen." Wie zu erwarten, sieht es die Polizei als ihre Aufgabe, seiner Rolle als Märtyrer noch etwas nachzuhelfen. Erneut attackiert man ihn und zündet sein Haus an. „Eines Tages traf ich ihn. Er hatte sich in eine Grotte geflüchtet, dieser außergewöhnliche Mann!", sagt ein früherer Anhänger aus St. Thomas betrübt.

Zwanzig Jahre drang kein Journalist und kein Forscher zu Howell vor. Professor Barry Chevannes von der University of the West Indies, mit einer wissenschaftlichen Arbeit über den Bedwardismus befasst, hat Howell 1972 einmal von weitem in seinem Hof gesehen. Doch Howell verweigerte ihm ein Gespräch. 1979 – zwei Jahre vor seinem Tod – bricht der Gong das Schweigen und offenbart sich einer japanischen Völkerkundlerin. Die junge Frau ist eingeladen, ihn in seinem Ghetto zu besuchen. Dort wohnt er in einem Bretterhaus, in das man über eine Furt gelangt. Ein greiser Herr steht vor der jungen Frau – einundachtzig Jahre ist er nun alt –, doch wenn man ihn auf die „schönen Ehefrauen" anspricht, die er in Nagasaki während einer Japanreise geliebt hatte, lächelt er noch immer … Ist es der Mensch Howell, der sich hier erinnert, oder ist es der Fantast, der permanent damit beschäftigt ist, an seiner Legende zu stricken?

Ungefähr zu jener Zeit – um 1980 – findet seine letzte „Kreuzigung" statt. An einem Donnerstagabend hören die Howell-Jünger in

Tredegar Park ganz deutlich, wie eine Stimme in die Nacht hinausruft: „Schnappt ihn euch! Schneidet ihm die Zunge ab! Werft ihn auf den Friedhof von May Pen, da kräht kein Hahn mehr nach ihm!" Im ersten Moment kommt es den Anhängern Howells gar nicht in den Sinn, dass es da draußen um ihren Leader gehen könnte. Doch ein paar Nächte später stürzt sich eine Bande unbekannter Männer auf den alten Mann und überwältigt ihn. Die Kerle versuchen tatsächlich, ihm die Zunge abzuschneiden; Howell bekommt mit der vollen Handfläche die Klinge des Messers zu fassen, doch er kann nicht verhindern, dass ihm die Spitze durch die Backe fährt. Blutüberströmt geht er heim und verarztet sich. Tiefe Einschnitte sind in seiner Hand zu sehen: seine siebte Kreuzigung. Noch einmal ist er davongekommen, doch er ist müde. Er hat es ja versprochen, er wird nicht wieder auferstehen ...

Der Gong ist jetzt nur mehr ein weißhaariger Greis, der irgendwo inmitten der Ghettos in seiner Hütte kauert. Wird er in dieser erbärmlichen Umgebung sterben müssen und der Nachwelt das Bild eines gebrochenen Mannes hinterlassen? Wird er auf so gewöhnliche Weise aus einem ungewöhnlichen Leben scheiden? Nein, einen Akt hat der Inszenierer noch in petto. Ende 1980 zieht er los und mietet sich im *Sheraton* ein, in einem der teuersten Hotels Jamaikas! Der Zimmerpreis pro Übernachtung ist so hoch wie das Monatssalär eines Arbeiters. Und er zahlt mit Cash. Miss Gertrude Campbell begleitet und betreut ihn; bis zum 12. Februar 1981 logieren sie dort. An jenem Morgen bittet er Miss Gertie noch, ihm eine Orange auszupressen. Dann trinkt er den Saft und schließt die Augen. Für immer.

Gar zahlreich sind die Howell-Kinder, die zur Beerdigung anreisen; sie kommen aus Kanada, den Vereinigten Staaten oder England. Vielleicht hatten sie sich Hoffnungen auf eine große Erbschaft gemacht. Daphney Howell zufolge wird das Testament im *Hotel Pegasus* verlesen. Blade, der von New York herübergekommen ist, kümmert sich um alle Beerdigungsformalitäten. Miss Campbell übergibt ihm einen kleinen Koffer aus grauem Karton, der die letzten Aufschriebe des Gong, ein paar Schriftstücke und einen Packen kleiner Fotos von Ras Tafari enthält – verschwommene und retuschierte Abzüge der allerersten Postkarte. Was hat der Gong zu vererben? Auf seinem Bankkonto ist zwar noch etwas Geld, doch so wenig, dass Blade es gar nicht abhebt; es muss wohl immer noch dort lagern.

Miss Campbell strahlt Gefasstheit aus. Der Meister kann gar nicht tot sein; er ist lediglich für einen Moment fortgegangen. Als der Leichnam gewaschen und angekleidet ist, wenden sich die Begräbniswärter an die alte Dame, die still in ihrer Ecke verharrt: Weiß sie vielleicht, wie seine Krawatte zu binden ist – in jener einzigartigen und unverwechselbaren Weise? Also, ein letztes Mal beugt sie sich über den gottgleichen Mann und schlingt sorgfältig die schwarze Seide zu einem Knoten – so, wie sie es bei ihm schon tausende Male gesehen hatte: „Nie tiefer als der zweite Knopf!"

1999, Runaway Bay. David liegt auf der Lauer. Die Wolkendecke am Horizont hat die Sonne verschlungen wie ein Stück Butter, jetzt zeichnen sich am Firmament blass die Sterne ab. David kommt aus dem Staunen nicht mehr heraus. Die Konstellation, die er gerade beobachtet, kommt ihm nicht bekannt vor. Prüfend schaut er zum Himmel. Er kann es um diese Uhrzeit noch nicht sicher sagen. Er wartet, bewegt sich nicht, sein Gesicht leuchtet kupferfarben unter dem Glorienschein seiner wilden Haartracht. Vielleicht hat er sich ja auch getäuscht. Aber dieser eine merkwürdige Stern da oben ...

Heute will ich noch das Grab von Leonard Percival Howell besuchen. Morgen werde ich abreisen. Ich befinde mich bereits in jenem eigenartigen Zustand, in den jeder verfällt, sobald sich eine Reise ihrem Ende zuneigt: Die Zeit zerrinnt mir zwischen den Fingern. Das Taxi. Die üblichen Rangeleien. In Spanish Town stürzen sich so viele Leute im Sturmangriff auf die Wagen, dass stets alle Plätze besetzt sind, noch bevor ich fragen kann, wohin die Fahrt geht. Endlich finde ich mich zusammen mit sechs anderen Personen in einem kleinen Lada wieder. Ich ersticke fast. Was soll's, in Gedanken bin ich eh schon halb weg. Leonard Howell ist tot und morgen fliege ich.

Das Taxi setzt mich mitten in der Pampa ab. Felder, auf denen kein Baum wächst. Doch, da drüben stehen ein paar Bäume. Es sind Zypressen: Hier muss er sein – der Friedhof von Dove Cot. Dennoch, keine Grabsteine. Das Ganze wirkt wie ein riesiges Fußballfeld mit ein paar Bäumen in regelmäßigen Abständen drauf. Als ich näher komme, sehe ich die Grabstätten, markiert durch kleine Kupfertäfelchen, gerade mal so groß wie Keksdosen. Ein Name, zwei Daten. Und eine Nummer. Es sind tausende, die sich hier auf diesem Fußballfeld aneinander reihen. Ich bewege mich auf allen vieren vorwärts, um die Namen, die an meinem Auge vorüberziehen, besser lesen zu können. Na bitte, hier ist es. Nummer 563. Leonard Percival HOWELL. Darunter ist folgende Inschrift zu lesen:

> NIEMAND IST UNENTBEHRLICH, DOCH BESTIMMTE
> MENSCHEN SIND EINFACH NICHT ZU ERSETZEN.

Ich lasse mich im Gras nieder, direkt vor der Kupferplatte. Sitze ich jetzt vielleicht direkt über ihm? Schwer festzustellen. Aber ich fühle nichts. Mein Herz ist leer, so leer wie ein Fußballfeld ohne Spieler. Ich mache mich wieder auf den Weg, querfeldein über Wiesen gelange ich zur Straße zurück.

In Tredegar Park will ich noch vorbeischauen, mich von Miss Amy und Miss Vinette verabschieden. Ich berichte ihnen von meinem Abstecher nach Dove Cot. Sie gehen dort nie hin. „Und?" Ich erzähle ihnen, dass ich mich auf dem Grab ins Gras gesetzt und dabei nichts gefühlt habe. Er war gar nicht da. Amy und Vinette tauschen ein paar Blicke und beginnen schallend zu lachen. „Nun, hast du uns etwa nicht geglaubt, als wir dir sagten, dass er gar nicht tot ist?" Vinette fügt mit leiser Stimme hinzu: „Natürlich ist er nicht in Dove Cot. Wir haben doch höchstpersönlich den Sarg getragen. Er war leer!"

David ist von seinem Sitz aufgestanden und hat sich bis zu dem kleinen Steinmäuerchen bewegt, das ins Meer hinausragt. Gerade eben ist der Stern größer geworden. Er hat jetzt bereits einen größeren Umfang als die Planeten, er entfaltet sich am Himmel wie eine aufblühende Blume. Und auf den Wellen entrollt ein Schwarm fluoreszierenden Planktons, von dem Kometen zum Leben erweckt, seine Lichtzungen am Fuße der schwarzen Felsen.

Paris, 1999

Index

I

J

K

L

M

N

O

P

R

S

T

U

V

W

Z